国家出版基金项目
NATIONAL PUBLICATION FOUNDATION

中國田制叢考

陳伯瀛◎著

山西出版傳媒集團
山西人民出版社

圖書在版編目(CIP)數據

中國田制叢考 / 陳伯瀛著. —太原: 山西人民出版社, 2014.12
(近代名家散佚學術著作叢刊 / 許嘉璐主編)
ISBN 978-7-203-08690-1

Ⅰ. ①中… Ⅱ. ①陳… Ⅲ. ①土地制度－研究－中國－古代 Ⅳ. ①F329.02

中國版本圖書館 CIP 數據核字(2014)第 2059214 號

中國田制叢考

主　　編　許嘉璐
著　　者　陳伯瀛
責任編輯　梁晉華

出 版 者　山西出版傳媒集團·山西人民出版社
地　　址　太原市建設南路 21 號
郵　　編　030012
發行營銷　0351－4922220　4955996　4956039
　　　　　0351－4922127(傳真)　4956038(郵購)
E－mail　sxskcb@163.com　發行部
　　　　　sxskcb@126.com　總編室
網　　址　www.sxskcb.com

經 銷 者　山西出版傳媒集團·山西人民出版社
承 印 廠　山西出版傳媒集團·山西人民印刷有限責任公司

開　　本　700mm×970mm　1/16
印　　張　21.25
字　　數　217 千字
印　　數　1—3000 册
版　　次　2014 年 12 月　第 1 版
印　　次　2014 年 12 月　第 1 次印刷
書　　號　ISBN 978-7-203-08690-1
定　　價　47.00 圓

《近代名家散佚學術著作叢刊》編委會

出版説明

近代名家散佚學術著作叢刊選取一九四九年以後未再刊行之近代名家學術著作共一百二十册，編例如次：

一、本叢書遴選之著作在相關學術領域具有一定的代表性，在學術研究方向、方法上獨具特色。

二、爲避免重新排印時出錯，本叢書原本原貌影印出版。影印之底本皆經專家組審定，原書字體大小，排版格式均未做大的改變，原書之序言、附注皆予保留。

三、本叢書分爲八大類，以作者生卒年編次。

四、爲使叢書體例一致，本叢書前言後記均采用繁體字排版。

五、個別頁碼較少的版本，爲方便裝幀和閱讀，進行了合訂。

六、少數學術著作原書内容有個別破損之處，編者以不改變版本内容爲前提，部分進行修補，難以修復之處保留缺損原狀。

七、原版書中個別错訛之處，皆照原樣影印，未做修改。

八、所選版本之抽印本頁碼標注，起始至所終頁碼均照原樣影印，未重新編排標注新頁碼。

由於叢書規模較大，不足之處，殷切期待方家指正。

總序／

披沙瀝金，以爲鏡鑒

◇許嘉璐

多年來有一個問題始終在我腦中盤桓：爲什麽在十九世紀末到二十世紀初，在短短的幾十年裏，中國的各個學術領域竟涌現了那麽多大師級的人物？這是中國近代史上一個極爲重要的現象，我認爲，如果不能給出令人滿意的答案，我們撰寫的近代學術史將是不完整的，甚至是缺乏靈魂的。後來我知道，著名人類學家克羅伯曾提出過一個問題：爲什麽天才成群地來？看來這種現象的出現並非中國所獨有，思考其所以然的也大有人在。而在那一次世紀之交中國的情况，似乎應驗了「天才成群地來」這個令克氏久久不解的疑問。錢學森先生曾從相反的方向提出了相同的疑問：爲什麽我們這個時代出現不了杰出人才？後來人們稱這個問題爲「錢學森之謎」。

要回答這些疑問不是件容易的事。與其迅速地囫圇地探尋，不如先多了解那些讓中國近代學術（應該包括人文科學和自然科學）史上閃耀着光輝的大師們的作品和自述，從而在腦海里盡量「復原」他們所處的環境和在那種環境下的心理路徑，從中或許可以得到一些啓示。

有一點是顯然的，這就是他們雖然都已遠離塵世而去，但是他們獨立思考的品性、求知治學的真誠、困厄窮愁中對節操的堅守，恐怕是他們共同的主觀因素，一直影響到現在，而且將會永遠留存下去。

就思想界、學術界而言，二十世紀上半葉是一個新説和舊説碰撞，中學和西學融匯的大時代。那時的學人極爲重視言行操守，同時具備現代知識分子的理想信念；他們的學術研究十分純净，絶少功利因素；他們的視界開闊，以包容的心態和嚴謹的風格造就了成果的大氣與厚重。至於在客觀因素一面，他們實際是在用工業化時代的事實解説着太史公所説的名山之作「大抵聖賢發憤之所爲作」，困厄苦難使得他們「皆意有所鬱結」。這種鬱結，幾乎和個人的名利毫無牽涉，他們永遠不能釋懷的，是民族的存亡、國運的興衰、民衆的福禍和文脈的續斷。

那個時代也是近代歷史上最大規模的中西古今學術調適、創新的時期，學術方法上的交互滲透和融合、創新亦可謂「於斯爲盛」。斯時之學人是要在封閉的屋墻上鑿出窗子的勇士，是使人能够看看外部世界的第一批導夫先路者；或者可以説，他們是在「意有所鬱結」時「彷徨」和「吶喊」的「狂人」。

相對於那時的哲人們，後來者是幸運兒。現在的形勢是，近三十年來學界空前繁榮，衆多學科有了長足之進，其中很重要的一點是學界有了更新穎、更廣闊的國際視野，似乎接續上了百年前的學壇盛事。但細想想，「古」與「今」還是有差别的。其异，主要不在於世界情勢、學術進展、工具改善這些客觀存在，而在於在廣泛吸收各國優長的同時，自身文化的主體性越來越受到重視，换言之，「拿來主義」已經延長了「拿來」的程序，加上了試用、甄别、篩選、吸收、融合、成長。就我孤陋所見，在當今地球上，面向所有異質文明，努力汲取我之所缺，其範圍之大和心態之切，似乎無出中國之右者。從這個角度説，我們已經超越了前輩。但是事情還有另外一面，學術，特别是人文學科，其職業化、「沙龍化」和功利性，以及隨之而來的浮躁病却嚴重了。從這個角度説，是不是我們已經後退得够可以的了？而這是不是我們這個時代出不了大師的原因之一呢？

民國學術界的特點之一是極爲注重對傳統的反省、批判與繼承。他們對傳統文化盡最大的努力進行整理和研究。一方面，由於戰亂頻仍，民不聊生，學者們擔起了讓中華文化薪火相傳的歷史責任；另一方面，他們要通過對中國傳統文化的整理、挖掘來重振民族自信心。這一時期對傳統文化進行整理的全面而深入是前所未有的，舉凡文字學、語言學、經濟學、法學、哲學、政治制度、書法繪畫、金石學……規模之宏大，研究之精微，令人嘆爲觀止。

民國學術推動了現代學科體系的建立。在對傳統文化整理和研究的基礎上，吸收西方的文化思想和理念，推動和建立了中國現代學科體系。例如，在對語言文字和音韻學成果進行整理、研究的基礎上開始着手規範之，建立了國語學；深入研究書法、國畫，將其融入了現代美術學科；在廢除舊有學制後逐步建立起小、中、大學較完整的科目和學科體系。

民國學術也改變了傳統學術方式，建立了新的研究範式。以現代科學考古爲發端，科研的實踐和成果使中國知識界真正認識到在實驗、比較基礎上的邏輯分析對學術研究的重要，推進了中國學術的一大演變。至於我們常説的打破士大夫傳統、走出書齋到田野鄉村和市民中進行調查研究、結束了經學時代、以歷史眼光檢視儒學和諸子等等，都是確立新學術範式的努力。這一轉變，也標誌着中國學術界脱胎換骨，全面進入了現代，爲此後的學術發展奠定了堅實的基礎。當然，西方啓蒙運動以來，在「現代性」和「現代化」裏潛伏着的缺陷和謬誤也傳到了中國，這些不能不在前哲的著作裏留下痕迹。這並不奇怪。類似的情況，古往今來孰能免之？猶如今天的我們，誰敢自稱我之所見就是永恒的真理？在這個問題上兩個時代所異者，或許就在昔時大家創立新説或譯註西學著作，往往是懷着對學術和前哲的敬畏而爲之，故而常常誤不在我；當今則往往出於對學問和他人的輕蔑，或以所研究的對象爲謀己的工具，因而難辭主觀之咎吧。翻閲他們的心血之作，這些復雜的狀況可以顯見，可以視之爲我們的一面鏡子。

滄海桑田，世事變幻，歷史的動盪和時代的遮蔽，使當年許多大師的一些極有價值的學術著作被棄於故紙堆中，不能不令人有遺珠之憾。爲此，山西人民出版社不惜以數年之艱辛，披沙瀝金，編輯出版這套近代名家散佚學術著作叢刊，凡一百二十册，計文學、史學、政治與法律、美學與文藝理論、民族風俗、宗教與哲學、經濟、語言文獻共八大類別。所選皆爲作者之純學術著作，無論是其見解、精神，抑或是其時代烙印，都是後輩學人可資借鑒的寶貴財富。他們出版這套叢書，意在讓世人不忘來程，知篳路藍縷之不易，爲民族文化的傳承再增薪木。

出版社的初衷，與我近年來所思所慮近似，故願略述淺見於書端，以與策劃者、編輯者和讀者共勉。

二〇一四年七月六日

改定於自安東回京途中

前言

◇汪高鑫

中國近代的歷史，交織着多重矛盾。有傳統社會所具有的階級矛盾，有因帝國主義入侵而激化的民族矛盾，還有新舊思想觀念的矛盾，等等。正是社會矛盾的激盪，促進了近代社會的運動、嬗變與轉型，帶動了社會各種思潮的不斷涌現，進而引發了各種史學思潮的興起和近代史學的發展。一言以蔽之，近代中國史學與史學思想的發展變化，與近代中國社會的變遷是休戚相關的。

民國時期的社會變遷與轉型，直接促成了民國史學的發展和史學觀念的改變以及史學方法的創新。縱觀民國時期社會變遷與史學的發展，大致可以劃分爲兩個時期，第一個時期從一九一二年民國成立到一九三七年抗戰爆發，第二個時期從一九三七年抗戰爆發到一九四九年新中國成立。

第一個時期，中國社會的變遷大致經歷了從中華民國建立到北洋軍閥統治、從五四運動的爆發到兩次國内革命戰争兩個階段。與此相對應，民國史學的發展也緊隨時代變化，明顯呈現出時代特徵。

在第一個階段，中國爆發了辛亥革命，結束了兩千多年的帝制統治，建立了資産階級民主共和體制的中華民國，然而資産階級臨時政府的權力很快又落入到袁世凱北洋軍閥手裏，中國政治進入了北洋軍閥黑暗統治時期。以梁啓超爲代表的一些早期提倡新史學的史家，因爲對袁世凱政府抱有幻想，而參加了北洋軍閥政府，由於忙於事務性的工作，早前由他們發動的資産階級新史學工作因此被耽擱了。這一時期新史學流派的歷史研究没有取得什麽實質性的成果。

北洋軍閥政府的獨裁統治與尊孔復古，激起了全社會的反抗，隨着維護資産階級民主共和的護國運動和護法運動的相繼開展，思想文化領域反對尊孔復古的新文化運動也於一九一五年開始廣泛開展起來，「民主」與「科學」便是這一運動所打出的旗幟。與此同時，大概自一九一六年以後，隨着一些留美、日、歐學生先後歸國，帶來了各種資産階級新思想。一時間，各種西方新學説不斷涌入，如英國羅素的社會改良主義、法國柏格森的生命哲學、德國李凱爾特的新康德主義、美國杜威的實用主義、馬克思主義，如此等等，當時中國的思想界可謂非常活躍。這些新學説、新思想的涌入，大大激發了這一時期中國史學家們的史學思想與歷史研究，各種新的史學研究方法得到介紹和提倡，史學出現了新的氣象。

從新文化運動到一九一九年五四運動時期，史學的代表人物主要有胡適、王國維、李大釗等人。胡適一九一七年留美回國後，很快成爲新文化運動的代表人物之一。在治學方法上，他將美國學者杜威的實驗主義運用到史學研究當中，於一九一九年提出了「大膽的假設，小心的求證」的治史方法和「整理國故，再造文明」的口號，發表了中國哲學史大綱這一以實驗主義研究中國歷史的示範之作，由此開啓了近代中國實證主義史學。王國維一九一六年留日歸國後，致力於甲骨文、今文和古器物考釋等的研究，一九一七年寫成的殷卜辭中所見先公先王考、殷周制度論，是考古學與歷史學相結合的開創性的研究成果。胡適與王國維等人的史學研究與方法，開創了近代中國史學研究的新範式。李大釗是近代中國第一個傳播馬克思主義的史學家。他於一九一六年留日歸國後，便積極投身於新文化運動中。當年發表了長文民彝與政治，從學理上論述如何根除帝制獨裁問題；次年發表了自然的倫理觀與孔子，對北洋軍閥政府尊孔復古進行抨擊；一九一九年在新青年上發表了我的馬克思主義觀，開始係統介紹馬克思主義史學理論，由此奠基了中國馬克思主義歷史觀。

第二個階段，爲中國兩次國內革命戰爭時期。第一次國共合作北伐，取得了反對北洋軍閥統治的勝利；第二次國共內戰，其間日本帝國主義不斷擴大侵華，民族危機日益加重。盡管這一時期的中國戰亂不已，國家還面臨着嚴重的民族危機，卻是民國史學大發展時期；而造就這種大發展的原因，既有五四新學術思想的持續爆發的因素，也與二十世紀二三十年代社會變遷密不可分。

二十世紀二三十年代民國史學的大發展，突出表現在新歷史考證學上，這顯然是對五四時期開啓的實證史學的繼續和發展。一九一九年底，胡適發起「整理國故」運動，從歷史學的角度提出「整理國故」的步驟與方法，繼續宣揚他的所謂學術求真。胡適認爲，「整理國故」的目的在於學術求真，並非現實致用，並提出了「整理國故」的四個具體步驟：第一步是條理係統的整理，第二步是尋出每種學術思想發生原因和效果，第三步是要用科學的方法做精確的考證，第四步是綜合前三步的研究還他一個本來面目。應該説胡適的「整理國故」對於歷史研究有着方法論的意義。受胡適疑古實證思想影響的顧頡剛，在史學上的突出成就和影響，是提出「層累地造成的中國古史」的觀點，以及創辦古史辨，推動中國古史的研究。顧頡剛古史辨的具體成就，除去提出「層累地造成的中國古史」的命題，還揭示了三皇五帝古史係統由神話傳説層累造成，打破了民族出於一元和地域向來一統的傳統説法，以及對古書著作時代的大量考訂。顧頡剛的治史宗旨，用他自己的話來説，就是「只當問真不真，不當問用不用」（注一）。傅斯年曾經留學德國，深受西方蘭克「史料即史學」的實證主義影響。一九二八年創辦中央研究院歷史語言研究所，大力宣揚蘭克史學思想。按照傅斯年的説法，「學問之道，全在求是」（注二），一分材料只能説一分話，史學便是史料學。王國維在這一時期的歷史考證涉獵廣博，於漢晉木簡研究有流沙墜簡考釋、墜簡考釋補證和簡牘檢署考，於敦煌寫卷研究有與羅振玉合編的敦煌石室遺書，於甲骨文等古文字研究貢獻尤大。在治史方法與理論上，王國維的

「二重證據法」之「古史新證」理論，對於民國史學的影響極大。陳垣這一時期的治史集中於宗教史和文獻學。於宗教史上，從一九一七年至一九二三年，他先後發表了元也里可溫考、開封一賜樂業教考、火祆教入中國考和摩尼教入中國考，合稱「古教四考」；於文獻學上，他對目錄學、年代學、史諱學和校勘學等領域多有建樹。陳垣治史以重史源、講類例爲其特點。以上史家雖然治學方法與特點不盡相同，但都以考證見長。

這一時期「新史學」史家的史學研究與方法也取得了一定的成就。梁啓超這一時期的史學研究可謂多產，從一九二〇年至一九二七年，先後發表清代學術概論、先秦政治思想、中國歷史研究法及補編、中國近三百年學術史和古書真僞及其年代等，治史重點在學術史與方法論。與當年發起「新史學」相比，梁氏這一時期的史學研究呈現出廣疏多變的特點。何炳松在「新史學」思潮中可謂獨樹一幟，他於二十世紀二三十年代中國史學界的最大影響，便是對魯濱遜新史學的介紹和評論。何炳松係統闡發了「新史學」的「綜合史觀」，主張歷史研究要反映人類活動的全部，史學研究的方法應該多元化，如統計學的方法、生物學的方法等等，要綜合利用各種學科的成果特別是新學科的進展開展歷史的研究，並表達了對於歷史學的意義、價值和發展前景的看法。

與此同時，這一時期的馬克思主義史家對歷史學的研究繼續做出了貢獻。一九二四年，李大釗出版史學要論，運用唯物史觀對歷史、歷史學、歷史學的係統、史學在科學中的地位、史學與其他相關學科之間的關係、現代史學的研究及於人生態度的影響等史學基本理論問題作了闡述。一九二七年大革命失敗後，一些關注中國前途與命運的學者受到困惑，於是一場關於中國社會性質的大論戰逐漸開展起來。馬克思主義史家積極參與其中，郭沫若便是其中的杰出代表。一九三〇年，郭沫若出版了中國古代社會研究一書，這是民國時期中國第一部運用唯物史觀分析、解剖中國古代社會的著作。該書以物質資料生産方式的發展和變革來解釋中國古代社會歷史發展的全過程，論證中國歷史發展與世界歷史發展的共同性，對中國古史分期提出了自己獨創性的看法。參與社會史大論戰的馬克思主義史學家還有吕振羽、何幹之、翦伯贊、侯外廬、鄧拓等人。但總體來看，與歷史考證學派相比，這一時期的「新史學」派和馬克思主義史學派並不佔據主流。

第二個時期，中國經歷了抗日戰争和解放戰争，民國史學在這個時期的表現有兩個顯著特點：其一是緊緊服務於抗戰的需要而出現的抗戰史學；其二是馬克思主義史學得到了迅速發展，逐漸形成自己的革命史學體系。

抗日戰争的爆發，引起了中國史學界巨大的震撼。面對中華民族出現前所未有的嚴重危機，在第一時期佔據史學主流地位的新考證學派史家，他們過去那種一味重視學術求真，而不講究學術致用的治史價值取向，在這時發生了重大改變，開始以史學積極服務於抗戰。早在九一八事變以後，面對中華民族的危機，顧頡剛、傅斯年、陳垣等考證學派史家就開始拿起自己的史筆，積極投身於抗日救亡的時代大潮中。顧頡剛一九三四年創辦禹貢半月刊，開始高舉愛國主義的民族主義旗幟。之所以要以「禹貢」爲刊名，按照顧頡剛的説法，是「今日談起禹域，都會想起『華夏之不可侮與國土之不可裂』」（注三）。很顯然，禹貢半月刊的宗旨，便是要通過對於邊疆歷史地理的研究，激發全民族抵抗日本帝國主義侵略的熱情與决心，以達到維護祖國領土完整的目的。傅斯年在九一八事變後，出版了東北史綱，以大量史實論證東北自古以來就是中國的固有領土，對日本帝國主義御用歷史學家的種種歪曲史實的謬論予以駁斥。全面抗戰爆發後，傅斯年又寫了中國民族革命史一書，雖然是未完稿，卻已經表達了他的民族思想。該書以歷史爲依據，充分論證了中華民族的同一性、整體性和不可分割性，因此，在面對日本帝國主義侵略中國的嚴重危機的緊要關頭，中華民族應該團結起來共同禦侮，要發揚中華民族百折不撓的精神，樹立起中華民族抗戰的必勝信心。陳垣在新中國成立後給友人的書信中講到了九一八事變後他的治史取向的轉變：「九一八以前，爲同學講嘉定錢氏之學；九一八以後，世變日亟，乃改顧氏日知録，注意事功，以爲經世之學在是矣。」（注四）抗戰爆發後，陳垣當時身陷淪陷區，卻堅持以史學爲抗戰服務，其中最具代表性的史著便是「宗教三書」和通鑑胡注表微。所謂「宗教三書」，是指明季滇黔佛教考、清初僧諍記和南宋初河北新道教考，雖然講的是宗教，卻表現了愛國的民族情操。明季滇黔佛教考是表彰明末遺民的愛國精神與民族氣節；清初僧諍記是通過宗教史的研究，來揭露變節者，抨擊賣國求榮的漢奸；南宋初河北新道教考也是用以表彰抗節不仕之遺民。通鑑胡注表微是陳垣最具代表性的史學著作，也是一部關注現實的史著，書中表現出了陳垣對歷史前途和民族命運的思考。錢穆在抗戰時期的史學研究，愛國的民族主義色彩也非常濃厚。一九三七年，錢穆寫成了與梁啓超同名史著中國近三百年學術史。該書以思想文化爲基礎和綫索，以學術傳承爲核心，通過史實證明中國傳統文化的優越性，旨在提醒國人要重視挖掘中國傳統文化的長處和價值，持守中國傳統文化的精神，保持一種民族的自信心。毫無疑問，這種民族自信對於全民族團結抗戰是非常必要的。一九四〇年，錢穆多年國史教學講義國史大綱出版。該書以「國史」作稱謂，反映了作者作史的民族國家本位意識。錢穆明確指出：「治國史之第一任務，在能於國家民族之内部自身，求得其獨立精神之所在。」（注五）該書的具體内容也充分體現了這一精神，它將文化、民族與歷史三者結合起來對中國歷史加以考察，認爲這種歷史發展過程即是民族文化精神的演進過程，歷史研究的目的不僅在於弄清楚歷史的真實，更重要在於弄清楚歷史背後蘊藏的民族文化精神，從而積極地去傳承這種民族文化精神。

當然，新考證學派史家開始轉向經世致用，只是治史的價值取向發生了變化，並不等於放棄了一貫的注重考證的治史方法。相反，在民國後期，這種治史方法還得到了發展，并且取得了很多重要成果，陳寅恪的詩文箋證和「民族文化之史」的論述便是典型代表。陳寅恪屬於考證學派代表人物之一，這一時期出版的隋唐制度淵源略論稿和唐代政治史述論稿是其考證隋唐史的力作。陳寅恪對於史料的運用有自己獨到的見解，認爲史家之於史料應該善於審定，辯證地看待真僞；同時要善於利用史料，詩詞、小説，以及裨史、筆記等，都可以用做歷史研究的材料，這顯然是一種「通識」的史料觀。陳寅恪詩文箋證的治史方法，即是在這種史料觀的指導下産生的，具體做法是以歷史記載去箋證詩文，同時詩文又可用以證史、探討史事，從而開闢出了一條新的證史路徑。一九五〇年出版的元白詩箋證稿，以及晚年寫成的巨作柳如是别傳，便是運用這種方法的代表作。陳寅恪關於「民族文化之史」的論述，其基本内涵包括政治制度、社會習俗、學術思想、文學藝術。陳寅恪的歷史觀念，是要以民族文化爲根基，同時吸收外來學説，由此構建起本民族思想文化體係；而不談經濟基礎的作用，則是其歷史觀念的局限性。

這一時期的中國馬克思主義史學家，不但積極投身於抗戰史學當中，爲全民抗戰進行歷史研究，而且把歷史研究與當時的革命鬥争相結合，逐漸形成了馬克思主義的革命史學。縱觀這一時期中國馬克思主義史學研究，主要在以下三個方面取得了顯著成就：其一是社會史研究，代表史家有吕振羽、鄧初民、侯外廬等人。吕振羽於一九四二年出版了中國社會史諸問題，該書是對二十世紀二三十年代中國社會史問題論戰的一個較爲係統的總結，正如作者在新版序言中所説，該書「反映了中國新史學在歷史科學戰綫上的鬥争過程中的若干情況，也反映了有關各派對中國史問題的基本立場、觀點、方法及其在一定時期的發展過程，可作爲中國馬克思主義史學史的參考資料」。鄧初民於一九四〇年和一九四二年分别撰寫出版了社會史簡明教程和中國社會史教程，兩書運用馬克思主義唯物史觀，分别論述了人類社會歷史的發展過程及其規律和中國社會歷史的發展過程及其規律。在中國社會史教程一書中，鄧初民指出了中國社會發展的前途是光明燦爛的，我們應該要「努最後必死之力，加以争取」。侯外廬於一九四七年出版了中國古代社會一書，内容涉及生産方式、政治結構、階級關係、國家和法以及道德起源等問題，見解頗爲深刻。總體來説，這些社會史著作可以被看作是二十世紀二三十年代社會史大論戰的總結、延續和深入。

其二是通史研究。這方面的成就尤爲突出，吕振羽的簡明中國通史、范文瀾的中國通史簡編和翦伯贊的中國史綱都是這一時期的通史名作。吕振羽於一九四一年出版簡明中國通史上册，如同其出版序言所説，該書「與從來的中國通史著作頗不同」，這種「頗不同」主要表現在它「把中國歷史作爲一個發展過程在把握」，「還盡可能照顧到中國各民族的歷史及其相互關係」。一九四八年出版下册，在跋語中作者申明該書的基本精神是「把人民歷史的面貌復現出來」。范文瀾於一九四二年出版了中國通史簡編，該書的基本精神旨在將歷史研究與中華民族的前途相結合，如同作者在上册序言中所説的，「我們要瞭解整個人類社會的前途，我們必須瞭解人類社會過去的歷史；我們要瞭解中華民族的前途，我們必須瞭解中華民族過去的歷史」。這也正是中國通史簡編撰寫的初衷。本着這樣一個目的，該書的編寫運用馬克思主義觀點，肯定勞動人民的歷史作用，重視探尋社會發展的規律，注意分析階級鬥争的本質，積極反映生産鬥争的面貌。翦伯贊於一九四三年和一九四六年分别出版了中國史綱第一、二册，該書運用馬克思主義觀點，剖析了商周社會性質以及戰國秦漢社會性質的轉變，注意將中國歷史置於世界歷史的大背景下進行考察，在研究方法上重視以考古材料與文獻資料相結合。

其三是思想史研究，代表史家有吕振羽、何幹之、侯外廬等人。吕振羽於一九三七年出版了中國政治思想史，這是我國第一部運用馬克思主義理論論述中國政治思想的著作。撰述的初衷，是針對陶希聖的同名著述，可以被視爲社會史論戰的延伸。作者解釋所謂的政治思想史，「本質上係同於社會思想史」。全書按社會性質及其發展階段，對上自商朝下至鴉片戰爭前的中國政治思想史作了係統論述。何幹之於一九三七年出版了近代中國啓蒙運動史，該書重視將思想運動和社會的經濟結構、政治形態聯係在一起來進行研究，肯定評價各種思想文化必須運用「歷史的眼光」，把思想文化放在特定的歷史環境中進行考察、分析和評價。侯外盧關於思想史的研究建樹最多，他於一九四四年出版了中國古代思想學説史，具體探討了歷史演進與思想發展、新舊範疇與思想變革、思想發展過程與時代個别學説、學派同化與學派批判、學説理想與思想術語、現實與遠景等等的關係，見解深刻；一九四五年出版了中國近世思想學説史，這是一部論述十七世紀至二十世紀中國思想學説發展史的著作，以十七世紀爲啓蒙思想期、十八世紀爲漢學運動期、十九世紀以後爲西學東漸期做劃分；一九四七年主持編寫出版了中國思想通史第一卷，該書編寫的主旨思想，作者在出版序中説，是「特在於闡明社會進化與思想變革的相应推移，人类新生與意識潛移的聯係」。

如果説五四運動以來至抗戰以前的中國馬克思主義史學的傳播主要還只是李大釗、郭沫若等少數人的努力的話，那麽隨着抗日戰爭爆發，這樣的局面得到了很大的改觀，馬克思主義史學在此後得到了迅速發展。隨着馬克思主義史學家們在史學研究各個領域的全面開展，并且取得了許多重要的研究成果，一種新的「革命史學」體係便逐漸建立起來了。這種「革命史學」爲抗日戰爭和全國解放戰爭的勝利做出了重要貢獻，成爲中國共産黨領導的中國革命事業的重要組成部分。

縱觀民國時期史學的發展，明顯呈現出以下特點：首先是階段性。民國史學如同民國社會一樣，處在不斷的嬗變當中，故而呈現出明顯的階段性特點。這種階段性，大致可以分爲民國建立前後從傳統史學向新史學的轉變，五四時期及此後新史學向考證史學（廣義而言考證史學也屬於新史學）的轉變，抗戰時期考證史學向經世史學的轉變，從抗戰到解放戰爭時期，馬克思主義革命史學迅速發展。

其次是經世性。民國史學的嬗變，呈現出階段性特點，又是與史學發揮其經世功能緊密相連的。五四新考證學派史學雖然標榜自己的學問「只當問真不真，不當問用不用」，其實他們的考證史學是與五四新文化運動提倡的科學精神分不開的。新考證史學雖然有傳承乾嘉治史方法的因素，更有學習西方，希望建立科學的史學的願望所在。正如顧頡剛所説的，「五四運動以後，西洋的科學的治史方法，才真正傳入，於是中國才有科學的史學可言」（注六）。這種科學的史學，與當時建立科學、民主的中國的社會訴求是相一致的，其實也是具有經世的內蘊於其中的。抗戰時期，包括實證主義和馬克思主義等在內的史家都積極投身於宣傳民族文化當中，則是與當時的救亡圖存聯係在一起的，這種史學經世直面社會問題、直面民族危機，其方式當然更加直截了當。毫無疑問，民國史學在其不同階段，整體上都没有脱離經世的主旨，這也是中國史學的優良傳統。

再次是流派多。這一時期的史學流派可謂异彩紛呈，有新史學派、國粹派、新考證學派、馬克思主義學派等等。每一學派下面又可具體劃分出具有不同特點的派别，如新考證學派雖然都以考證見長，但他們的學術風格還是不盡相同的，據此又可細劃出以胡適爲代表的實證派、顧頡剛爲代表的古史辨派、傅斯年爲代表的史料學派、王國維爲代表的考古派等等。一些學者根據各自不同的標準，對民國史學流派作了不同的劃分，如有信古派、疑古派與釋古派之分，有傳統派、革新派與科學派之分，有考據學派、唯物史觀派和理學派之分，有掌故派、社會學派之分，如此等等，不一而足。

總體來看，民國史學影響最大者，莫過於新考證學派和馬克思主義學派，抗戰以前以新考證學派最盛，抗戰以後馬克思主義學派得到迅速發展。這些史學流派的史學理論與方法，迄今依然成爲我們歷史研究的重要範式。

近代名家散佚學術著作叢刊選取了一九四九年以後未再出版的十六部民國時期的史學著作進行重刊，它們分別是朱謙之的扶桑國考證、魏應麒的中國史學史、衛聚賢的中國考古小史、陳伯瀛的中國田制叢考、謝國楨的清初流人開發東北史、張鵬一的唐代日人來往長安考、鍾歆的揚子江水利考、梁盛志的漢學東漸叢考、顧頡剛、楊尚奎的三皇考、陶棟的歷代建元考、陳述的契丹史論證稿、陳寶泉的中國近代學制變遷史、陳里特的中國海外移民史、鄭鶴聲的史漢研究、章中如的清代考試制度資料和郭伯恭的永樂大典考。之所以重刊這批史學著作，是看到了它們在今天依然有其學術價值所在。作爲一份豐厚的史學遺産，值得我們去加以發掘和繼承。

從所選十六部史學作品來看，明顯打上了民國史學的時代烙印，體現了民國史學的時代特徵。首先，研究内容涉獵廣博。涉獵廣博，是民國史學的基本特點，反映了民國史家學術視野的開闊。選擇重刊的雖然只有十六部史著，涵蓋面卻非常廣博，有史學史方面的，如中國史學史、史漢研究；有學術史方面的，如漢學東漸叢考、永樂大典考；有教育史方面的，如中國近代學制變遷史、清代考試制度資料；有經濟史方面的，如中國田制叢考、揚子江水利考、清初流人開發東北史；有考古史方面的，如中國考古小史；有民族史方面的，如契丹史論證稿；有中外交往史方面的，如扶桑國考證、唐代日人來往長安考、中國海外移民史；還有名號、年號史方面的，如三皇考、歷代建元考等。這樣的全方位的歷史研究，是民國史學的一個縮影。

其次，治學方法重視考證。重視考證，是民國史學的顯著特點。在十六部史著中，除去魏應麒的中國史學史、衛聚賢的中國考古小史、陳寶泉的中國近代學制變遷史、陳里特的中國海外移民史、鄭鶴聲的史漢研究和章中如的清代考試制度資料等六部外，其他十部都是考史著作。涉及的考證領域很廣，有國名、田制、開發、交通、水利、學術、名號和學制等等。在具體考證上，重視方法的運用。如朱謙之的扶桑國考證，按照作者自己在自序中所説，該書是「從文獻學、民俗學、考古學三方面的史料搜集和批評的結果」，這裏既是講史料搜集問題，也是講歷史考證方法。又如陳伯瀛的中國田制叢考，作者也在自序中交代了其作史、考史方法：首在網羅放失，整輯舊聞；次在探究原本；三則覆核名實；四則辨正事蹟；五則鑒古度今。可見該書對廣占資料、辨證核實的重視。

再次，治學宗旨强調致用。經世致用，是民國史學的重要特點，抗戰以後的史學表現尤其突出。所選十六部史著，也體現了重視經世致用的特點。如陳伯瀛之所以要撰述中國田制叢考，按照作者的解説，是因爲田制與農人、社會和國家休戚相關。該書「敍引」就説，田制影響農人生計，農人生計又會影響到社會秩序與和平。又如鍾歆的揚子江水利考，作者在該書「敍言」中論述了撰述該書的原因：一方面民國以前揚子江鮮有水患，所以過去這方面的論著很少；另一方面民國以來的數十年間，揚子江水患頻發，國家需要計劃治理，而治理水灾，就必須要先瞭解水文歷史。很顯然，該書是爲了治理揚子江水患的需要而撰寫的，經世意圖非常明顯。再如陳寶泉作中國近代學制變遷史，其實是蘊含了作者教育救國的思想於其中的。在該書自序中，作者明確指出學制與人才問題關係到國家興亡的根本。他有感於當時各國教育制度的日新月異，而中國卻沒有關於教育制度的專書作比較，致使切合國情的新的教育一時無由發現。他撰寫該書的目的，便是希望通過總結近代中國學制的變遷，找尋出一種更加適合當時中國需要的新的學制。

最後，歷史見解精辟獨到。如朱謙之扶桑國考證考證扶桑國爲何處，這是對當時世界史學界討論的一個熱點問題的積極回應。自從一七六一年法國人歧尼（De Guignes）發表中國人之美洲海岸航行及住居亞洲遠東之幾個民族的研究，提出扶桑爲美洲墨西哥説以來，引起了世界史學界的長期大討論，基本觀點無非有肯定與否定兩種，否定中又有扶桑國爲日本和樺太的不同説法。朱謙之依據文獻、民俗和考古資料，比較了世界史學界諸説的異同和存在的問題，得出了扶桑即美洲墨西哥的結論，不但駁斥了扶桑非美洲説的觀點，而且對美洲説也作了補充論證，更有説服力。又如魏應麒的中國史學史的問世，按照作者的説法，是「前無作者」的史著，卻表現得非常成熟。該書對中國史學的特質與價值、史籍的位置與類别、史館建置與職守、史學發展之情形、史書體裁之發展、史學理論與方法之運用等等，都提出了自己的見解，即使在今天，也不失爲有創見的反映中國史學史的著作。又如顧頡剛、楊尚奎的三皇考，這是民國考證派史學的代表作之一。在該書中，作者對「皇」、「三皇」、「太一」等相關概念作了係統闡釋，對三皇説與太一説的消長及其相互關係進行了論述，對與三皇相關的伏羲、盤古、女媧等古聖王的地位變化作了考察，對三皇、太一在道教中的地位作了説明，對歷史上關於三皇的信仰與祭祀情況作了梳理，并且旁及河圖洛書、三墳五典等等内容。這樣一個係統的考察，旨在論證「三皇」傳説只是托古改制的産物，認爲民族自信力應該建立在理性上，而不是虚假的三皇上。書中闡發的觀點，在當時史學界有很大的影響。應該説所選十六部史著，都是作者的心得之作，這裏不一一贅言。

挖掘、清理和總結民國史學，對於我們全面認識和係統借鑒民國史學，推動新時期中國史學與史學思想的發展是很有裨益的。借此對主持重刊工作的山西人民出版社表達一個史學工作者的由衷敬意！

二〇一四年五月於北京師大京師園

注一　當代中國史學，遼寧教育出版社一九九八年版，第一百五十三頁

注二　史料論略及其他，遼寧教育出版社一九九七年版，第二百頁

注三　禹貢四卷十期，禹貢學會募集基金啓事

注四　陳智超陳垣來往書信集，上海古籍出版社一九九〇年版，第二百一十六頁

注五　國史大綱，商務印書館一九九四年版，第十一頁

注六　當代中國史學，遼寧教育出版社一九九八年版，第二頁

作者簡介

陳伯瀛，生平不詳。

序

田制叢考者，不佞二三年來治史之結果也。

昔馬端臨撰文獻通考自謙自抑，以爲『後之君子，倘能略矜其仰屋之勤，俾免於覆車之媿；庶有志於經邦稽古者，或可悉焉。』文獻通考自敘 而世所豔傳『馬端臨之父廷鸞，卒後爲冥府。謂其鄉人曰：「可憐吾兒讀書，將來自有用處。」蓋自元訖今，徵古者必於文獻通考；鬼固已先知之矣。』閻若璩潛邱劄記卷六 案通考之始，固始於田賦考七卷；端臨之爲此書，綱舉目張，規模閎大。雖以今觀之，其事固有未盡者；然亦無怪於馬父之矜持矣。

夫史家所貴，首在網羅放失，整輯舊聞。井田之毀，世皆以爲毀於商君也。然董悅引水利拾遺言『李悝以溝洫爲墟，自謂過於周公。』七國考卷二頁十六守山閣叢書本 則傳聞有異說矣。又如減免佃稅，世皆以爲猶盛於元也。然余繼登典故紀聞又載明宣宗時，以減免公賦，嚴富乞以江南富戶之佃租，如例減免。典故紀聞卷十 是元人減租之外，明人亦嘗減租矣。諸如此類，當輯存之！

次則曰，探究原本。自來論私人佔地者，率指秦將王翦之請地，漢相蕭何之買田。然案蘇秦佩六國相印之後，曾有「使我洛陽有負郭田二頃，吾安得佩六國相印」之歎；史記六十九蘇秦傳 則是王翦蕭何以前，固已有私人地主焉。又如佃權之起，使土地之主人分爲所有權人，及佃耕權人者，宋魏泰東軒筆錄卷八已載李誠莊有撤廩移業之事。則王慶雲石渠餘記卷四所謂「不許增租奪佃」者，當起自宋世，固非始於淸代者也。諸如此類，當探究之！

三則曰覈核名實。如元魏均田之制，均配土田也。元稹長慶集卷三十八之同州均田狀，則均稅而已，非均田也。又如漢世之限人名田，其見於漢志者，限人所佔有之田也。後世若宋史食貨志亦載「限田」之名。然核之以李心傳建炎已來繫年要錄所記，則知宋世「限田」，限品官免稅之田耳。同是「均」也，同是「限」也，而內容迥異，有如是者。諸如此類，當覈核之。

四則曰辨正事蹟。如井田之制，古人所說，均振振有詞。然問道於孟子，則孟子未能詳也。（說詳孟子井田說考。）取準於周禮，則周禮自有矛盾也。（說詳周禮井田說考。）尋證於大田之詩之「雨我公田」，然管子乘馬篇亦有「公田」，夏小正亦有「公田」，不能推之以爲「中有公田」之井田「公田」焉。又如唐初世業口分之制，新舊唐志，均言之歷歷。然證以唐書各傳，則知豪奪巧取之事，層見迭出。揆情度理，自亦虛立其制而已。諸如此類，當辨正之！

五則曰鑒古度今。如減免私租之近代法規，采有聞必錄之義，不以其爲簿書而簡忽之也；即以顧炎武等之法減私租，爲其前驅焉。如平均地權，收賣土田，估價定稅，不以其尙未實行而簡忽之也；即以李剛主惲臯聞之收田說，公定地價說，爲其前驅焉。至於勸政府之勿多疑慮，慰地主之毋自憤惋，蓋亦鑒挈古今，勉思於無用之文字中，稍得展有用之效歟！

然則區區之作，頗不自限於追隨端臨而已也！

若夫故國阽危，山河變色。此爲追補綴訂之物，未必資敵人以蠟車，先將爲智者所覆瓿。固不敢自詡於學術，自附於學藝，以無用之言，大言欺人以自欺也。嘗自期於無一閑文，無一廢句，又不知果否能如所願！——然則葑菲之物，雖不願於自棄；而與端臨之作，相形並提，亦不自知其能否如敝帚之與千金也？家大人見之，當必不肯如馬父之贊許於其子爾。

民國二十二年十二月三十日，餘姚陳伯瀛自識。

目次

卷八　宋金元田制考……一七八

卷九　魚鱗與莊田……二〇九

中國田制叢考

卷首　敍引

一　先哲田制論略

田制考奚爲而作焉？田制者，影響農人之生計；而農人生計，實影響國家社會之秩序與和平者。

論語子路篇，述孔子旣庶且富之訓。孟子語梁惠王，亦以養生喪死，爲王政之始。荀子亦云：『足國之道，節用裕民，』又云：『田野縣鄙者，財之本也。』以上均見荀子富國篇 然則先秦時儒家之教，胥注意於農人生計也。

胡宏語云：『井田封建，學校軍制，皆聖人竭心思致用之大者也。欲復古，最是田制難得且合法，』宋元學案卷四十五引五峯語 張橫渠云：『治天下不由井地，終無由得平，周道止是均平。』宋元學案卷十八 『朱子上封事曰：臣所讀者，不過孝經、語、孟之書。知南康日，有示价文曰：孝經云，用天之道，分地之利，謹身節用，以養父母，此庶人之孝也。』東塾讀書記卷一引 然則知田制之難得，而求其均平，又宋儒所念茲在茲者。

明王鏊云：『井田之法，後世不復行。愚以爲，江南信不可行矣。北方平原沃野，千里彌望，皆不起科，使勢要得占爲莊田。於此略仿井田之法，爲之溝塍畎澮，公私有分，旱潦有備，不亦善乎？而世皆以爲不可行。餘地姑未能論，卽如河南梁惠王所治，山東齊宣王所治，滕縣滕文公所治也。孟子豈漫不知事，而以對三君乎？姑於此先試之：自一鄉漸推之一州、一郡，以至一省。庶民不驚，事不擾，然必得好古力行之君子，使爲守令，假以便宜，不拘文法，不求近功，不聽浮言，天子親命之，使民曉然知此意，乃或有濟。』（震澤長語卷上食貨門。）此明儒言井田，亦以見明儒之垂意均平。

其在清初，則黃宗羲言：『余蓋於衞所之屯田，而知所以復井田者，亦不外於是矣。世儒於屯田則言可行，於井田則言不可行，是不知二五之爲一十矣。每軍撥五十畝，古之百畝，非卽周時一夫授田百畝乎？……天下屯田見額，……居其十分之一，授田之法，未行者，特九分耳。由一以推之九，似亦未嘗難行。況田有官民，……州郡之內，官田又居其十分之三，……則天下之田，自無不足。』（明夷待訪錄田制一。）顧炎武雖痛惡胡虜，而其論後魏田制云：『後魏雖起朔漠，據有中原。然其墾田均田之制，有足爲後世法者。於是……有口分世業之制，唐時猶沿之。嗟夫，人君欲留心民事，而創百世之規，其亦運之掌上也已。宋林勳作本政之書，而陳同甫以爲必有英雄特起之君，用於一變之後，豈非知言之士！』（日知錄卷十。）而與炎武同時之博野顏元，則託於下列之問答：『或問思古人曰：「井田之不宜於世也，久矣。子之存治，果何執乎？」曰：「噫！此千餘載民之所以不被王澤也。夫謂不宜者，類謂奪富民田，或謂人衆而地寡耳。豈不思天地間田，宜天地間人共享之！若順彼富民之心，卽竭彼萬民之產，以給一人，所不卹也。王道之順人情，果如是乎？

況一人而數十百頃，或數十百人而不一頃，爲父母者，使一子富而諸子貧可乎。』顏氏遺書存治編頁一至二。然則清儒之教，梨洲也，亭林也，習齋也，固亦留心於井田「本政」，思夫「天地間田宜天地間人共享之」也。

其在近世，則孫文亦言：『中國的人口，農民是佔大多數。但他們由辛苦勤勞得來的粮食，被地主奪去大半。自己所得到的，幾乎不能夠自養，這是很不公平的。我們要增加粮食生產，便要規定法律，對於農民的權利，有一種鼓勵，有一種保障，讓農民可以自己多收幾成。』民生主義第三講 又云：『考諸歷史，吾國固主張社會主義者。井田之制，卽均產之濫觴；』社會主義的分折 然則中山亦畜意均田者。

原夫土地私有，由來遠矣。然先秦以來，下迄近世，哲士仁人，對於田制，思所因革，則亦非一朝一夕。玆但引其昭昭大者，餘則隨文附見云。

二　農民與社會秩序和平

志士仁人，對現有之田制，思有所以因革，則以田制者，影響農人生計；而農人生計，又能影響社會之秩序與和平也。

稽之於古，漢何休嘗演論曰：『夫飢寒竝至，雖堯舜躬化，不能使野無寇盜。貧富兼併，雖皐陶制法，不能使強不陵弱。是故聖人制井田之法，而口分之。一夫一婦，受田百畝，以養父母妻子，五口爲一家，公田十畝，所謂什一而稅也。廬舍二畝半凡爲田一頃十二畝半，八家而九頃共爲一井，故曰井田。……還廬舍，種桑荻雜菜，畜五母鷄，二母豕，瓜果植疆畔，女上蠶織，老者得衣帛焉，得食肉焉，死者得葬焉。……吏民春夏出田，秋冬入保城郭，田作之時，春，父老及里正，旦開門坐塾上，晏出後時者不得出，莫不持樵者不得出。五穀畢入，民皆居宅，里正趨緝績，男女同巷，相從夜織，至於夜中。……三年耕，餘一年之積，三十年耕，有十年之儲，雖遇唐堯之水，殷湯之旱，民無近憂，四海之內，莫不樂其業，故曰頌聲作矣。』（春秋公羊傳宣十五年注）休言云云，卽言農人生計，能影響社會之秩序與和平焉。

宋魏泰東軒筆錄言：『章樞密淳，少善養生，性尤眞率，嘗曰：「如遇飢，則雖不相識處，亦須索飯。當食飽時，雖父兄亦不拜。」』（卷十三第二葉稗海本）社會秩序，正如人間道德，乃一準於衣食，此與何休所言，乃互相表裏矣。

明陳繼儒（眉公）白石樵眞稿言：『昔蜀道寇作，臨汝侯嘲羅研曰：「卿蜀人，何樂亂至此？」研曰，「蜀中百家爲村，有食者不過數家。貧迫之人，十常八九。束縛之吏，十有二三。若令有五母鷄，二母彘，床上有百錢，甑中有數升麥飯，雖蘇張巧說於前，韓白案劍於後，將不能一夫爲盜矣。』（卷十二賑荒議）五鷄二彘之說，蓋又擧何休之說，而傳陳之者焉。

淸陳之蘭限田論云：『夫木性本直，得雨露之潤，日新月盛，至於蔽日干雲而不屈。然而懸厓之下，必無直木矣。豈生而盡不材，有逼之者也。飢寒者，民之懸崖也，千金之子，賞之不竊；非其性獨異人，治生有餘也。治生無賴，而禮義繩之，故上求而下不應；非不應也，心甚欲之而不得取，手足有所急也。……苟可以救一朝之急，何所不忍？故恩愛薄而乖離起。苟可以延一日之生，何所不爲？故廉恥輕而慳貪生。苟可以智取，何所不譎？故忠信漓而詐僞出。苟可以力獲，何所不爭？故禮讓衰而攘奪起，由是言之，立授田之法，非正教民爲善也；而善焉往？廢授田之法，非正教民爲不善也；而不善焉往。』陸燿切問齋文鈔卷十五引 此又清人之敷言田制與農人農人與社會秩序和平者。

三 農亂史略

易言之，言農人與田制，卽言農民生活之不穩，足以騷擾社會之秩序和平，而因以釀成農亂者。

例如前漢王莽之篡，翟義討而不成，翟所謂：『百姓傾首服從，莫能亢捍國難；』前漢書翟義傳 蓋以其時農民生活尚穩，故義欲討莽而終不成。及光武起事，則漢書食貨志云：『枯旱霜蝗相尋；』王莽傳云「枯旱霜蝗饑饉薦臻。」後漢書光武紀云：『莽末天下連歲旱蝗寇盜蜂起。地皇三年，南陽荒饑，諸家賓客，多爲小盜。』劉玄傳云：『王莽末，南方饑饉，人庶羣入野澤，掘鳧茈而食之。新市人王匡王鳳，爲平理諍訟，遂推爲渠帥，衆數百人，諸亡命馬武等往從之，共離鄉聚藏於綠林中。』劉盆子傳云：『時青徐大饑，寇盜紛起。』宗室四王傳注云：『王莽末年，天下大旱，蝗蟲蔽天，盜賊蜂起，四方潰叛，』馮異傳云：『人相食，黃金一斤，易豆五升。』——然則綠林新市光武等之所以起事，蓋在於能利用農亂也。

又如隋末李密之亂，劉肅大唐新語云：『李勣少與鄉人翟讓，聚衆爲盜，以李密爲主。言於密曰：「天下大亂，本爲饑苦。若得黎陽一倉，大事濟矣。」遂襲取之。時在饑荒，就食者數十萬人。魏徵高季輔杜正倫……皆客游焉。』大唐新語卷七 然則隋末之亂，又農亂所逼成者。

又如唐末王仙芝黃巢之亂，通鑑謂：『上年少，政在臣下。南牙北司，互相矛盾。自懿宗已來，奢侈日甚，用兵不息。賦斂愈急，關東連年水旱，州縣不以實聞。上下相蒙，百姓流殍無所控訴，相聚爲盜，所在蜂起。……是歲，濮州王仙芝，聚衆數千，起於長垣』卷二五二僖宗元年 舊唐書謂：『黃巢曹州冤句人，乾符中，仍歲凶荒，人饑爲盜，河南尤甚。王仙芝尙君長，聚衆起於濮陽，攻剽城邑，陷曹濮及鄆州。』卷二百黃巢傳 然則王仙芝黃巢之所以亡唐，以連年水旱故「人饑爲盜」也。

又如明季李闖之亂，蓋因「崇禎元年，陝西大饑」而自成從舉人李信之計，『散所掠財物振饑民，民受餉者，不辨信自成也。雜呼曰：「李公子活我。」信復造謠詞云：「迎闖王，不納粮。」使兒童歌以相歙，從自成者日衆。』明史三〇九流賊傳 夏允彝云：『流賊始於陝西。陝西連年饑饉，民窮賦重，從寇者遂日衆。』明季稗史彙編倖存錄卷下流賊大略 文秉烈皇小識云：『先是天啓丁卯，陝西大旱。澄縣和縣張耀采催科甚酷，民不堪其毒。……遂闖入城守門者不敢禦，直入縣殺耀采。衆遂團聚山中，巡撫胡庭宴，老而耄，置之不問。又延慶連歲荒旱，去冬有王嘉允者，倡亂於府谷，蔓延於西漢以南。

』原注曰『此流賊之始也。』卷二崇禎二年九月——統三家之說而觀之，則流賊所以起事，又在利用農亂也。

又如清季洪楊之役，曾國藩於咸豐元年，因粵寇益棘，上封事云：『乙巳道光二十四年一八四四以後，秦豫三省之旱，東南六省之水，計每歲歉收，恆在千萬以外。又發帑數百萬以救之，天下財產，安得不絀？』朱孔彰中興名臣事略卷一曾文正公事略 稻葉君山云：『道光二十七年一八四七廣西大饑饉……越二年，而廣西之土匪，蜂起於四方。……彼等以白布作大旗。上書官逼民變，或天厭滿清，或朱明再興等字。至咸豐元年秋八月，洪秀全乃佔領廣西永安州城。』清朝全史第六十二章 即天國中後起之秀，忠王李秀成，亦言：『廣西自道光二十七八年上下，盜賊四起，擾亂鄉鎮。……我在家中，貧寒；父養我兄弟二人，弟李明成，家中之苦，度日不能。種山幫工就食。十歲之後，俱自與我父母尋食度日而已。至二十六七歲，方知有洪先生。……西王在我家近村居住，傳令「凡拜上帝之令，不必畏逃。同家食飯，何必逃乎？」我家寒苦，有食不逃。臨行營之時，凡是拜過上帝之人，房屋俱要放火燒。寒食無食之故，而從他也。』李秀成供狀第三頁 然則太平天國之起，固由於「種山幫工」者，流度日不能；而「寒家以無食之故，而從他也；」蓋希冀於「同家食飯」也。

綜言之，舉莽末之亂而言，舉隋末之亂而言，舉唐末之亂而言，舉明末之亂而言，舉清季之亂而言，農民生活之不穩，其關係社會之秩序與和平，重大至斯。容曰禍變之來，其由多端。然不得謂農民生活之疾苦，非戰亂突起之一重要原因，故曰農亂史也。

余基於上述，感慨有三。知先哲之田制改善論，幾於無時無之，一也。農民生活與社會秩序有關，二也，國史上之大變動，往往與農亂有關，三也。然則體先哲之遺意，而欲維護社會國家之秩序安寧者，於農民生活極有關之田制，不當注意之乎？

卷二　井田有無考

四　井田傳說以前

田制之起，其在農業文明既啓之後乎？

國語稱『戎狄薦處貴貨而易土。』（晉語第七）「易土」云云，猶諸所謂「甌脫。」然漢書謂『東胡……與匈奴，中間有棄地莫居千餘里，各居其邊爲甌脫。東胡使使謂冒頓曰：「匈奴與我界甌脫外棄地，匈奴不能至也，吾欲有之。」冒頓問羣臣，或曰此棄地與之。冒頓大怒云：「地者，國之本也。奈何與之，」』（卷九四匈奴傳）於此見游牧之民，視土地之重要，亦在半意識中。

蓋「甌脫」「易土」云云，求諸吾國古史，固有其痕跡焉。

孟子言：『湯居亳，與葛爲隣，葛伯放而不祀，……湯使遺之牛羊，葛伯食之，不祀。湯又使問之，曰：「何爲不祀？」曰：「無以供粢盛也。」湯使亳衆往爲之耕，』曰「往爲之耕，」豈有分土宅民之意哉？又言『昔者太王居邠，狄人侵之。事之以皮幣，不得免焉。事之以犬馬，不得免焉。事之以珠玉，不得免焉。乃屬其耆老而告之曰：「狄人之所欲者，吾土地也。吾聞之君子不以所以養人者害人。二三子，何患乎無君？吾將去之。去邠，踰梁山，邑於岐山之下，居焉。邠人曰：「仁人也，不可失也。」從之者如歸市。』曰從之者如歸市，足徵古人輕離其鄉，而不以土地為重也。

案太公徙居，互見莊子讓王、呂覽審為、詩大雅綿毛傳、淮南道應、說苑至公、史記周本紀、吳越春秋太伯傳。

卽在西周以後，下至戰國，農田亦未必全然開墾。故史記李牧傳稱：『趙王怒李牧，召之，使人代將。歲餘，匈奴每來，出戰；出戰數不利，失亡多，邊不得田畜。……李牧至，如故。……大縱畜牧，人民滿野。單于聞之，大率衆深入。』史記卷八十一是戰國之時，趙有畜牧也。蘇秦說燕云：『南有碣石雁門之饒，北有棗粟之利，民雖不由田作，棗粟之利，足食於民矣。』國策燕策一是燕之民不必盡由農作也。然則謂西周以前，未有完美之農業，殆不為過。

曰西周以前者，舉夏商周而通言之也。言農業未美備者，言其時之田制，當更不完備；而曷為乎在夏商之間，有秩序井然之井田哉？

井田之制，人羣以為殷制也。清光緒二十五年己亥，河南安陽城西小屯，發現殷墟甲骨文字，據羅振玉殷墟書契考釋卷下所記：書契之中，卜田狩者一百八十六，卜漁者十一，卜征伐者六十一，卜年者三十四，卜風雨者一百十二，卜出入者一百七十七，卜祭者五百三十八，雜卜四十七。其祭時用牲之數，或一，或二，或三，或五，或六，或十，或十五，或二十，或三十，或三十三，或三十七，或四十，而至於百。則畜佃之風，豈不瞭然。

王國維觀堂集林卷九王亥云『……曰貞登王亥羊，曰貞之於王亥□三百牛。觀其祭日用辛亥，其牲用五牛三十牛，四十牛，乃至三百牛。乃祭禮之最隆者，必爲商之先王先公無疑。』此亦可見商人用畜之多。豈但用牲多也，而殷之國都，又復不常厥居，常有遷徙。

史記殷本紀：『自契至湯八遷。』其後『帝仲丁遷於隞，河亶甲居相，祖乙遷於邢，盤庚之時，殷已都河北，盤庚渡河南，復居成湯之故居。遷五遷，無定處。帝武乙立，殷復去亳遷河北。』羅振玉云：『史記殷世家張守節正義言竹書紀年：「自盤庚徙殷至紂之滅，二百七十五年，更不遷都。」然考盤庚以後，尙徙都者再。史記殷本紀「武乙立，殷復去亳徙河北。」……今者龜甲獸骨，實出於安陽縣城西五里之小屯，當洹水之陽，知其地爲殷墟。武乙所徙，蓋在此也。』殷周貞卜文字考

此等遷徙之頻繁，實由其俗習使然。故或問毛奇齡：『書盤庚三篇，不知何故遷殷？考史本紀，言殷王五遷，皆不言其故，並不道及河患。似乎殷之習俗，原好遷徙，並無他說。』奇齡以爲『據書序及本紀，契至湯有八遷，湯至盤庚，有五遷，共十二遷。且盤庚後，更有遷者，似乎遷徙是殷家故事。然亦惟殷之所都，皆在河南北，屢受河患，故屢遷。』詳所著經問卷八 然治史者率謂三代以前，並未河決，以六經中並無河決字樣也。然則由殷人多遷徙而謂殷人尙事游牧，無語病焉。

案殷周之時，卽有農業，亦不過開闢草萊。故皇兮之詩云：『作之屏之，其菑其翳；修之平之，其灌其洌；啓之辟之，其檉其椐；攘之剔之，其檿其柘。柞棫斯拔，松柏斯兌。』可徵當時開辟草萊之工事也。

以其不常厥居，以其畜牧之盛，足徵殷人卽非游牧民族，要亦離游牧民族不遠。安土重遷，爲農人之特徵。所謂古者重去其鄉，是也。魏絳曰：「貴貨而易土」，知其易土，知其遷移矣。知其易土，知其無田制矣。吾於殷人，亦云然。故卜辭中，雖有關於田制之文字，如「田」，如「疇」，如「囿」，如「圃」，然亦不足證明其碻有制度。而揆諸國史，則盛傳殷人有計口給田之井田制度者，二三千年矣。

孟子謂：『夏后氏五十而貢，殷人七十而助，周人百畝以徹，其實皆什一也。徹者，徹也；助者，藉也；龍子曰：「治地莫善於助，莫不善於貢。貢者校數幾之中以爲常，業歲粒米狼戾，多取之而不爲虐，則寡取之；兇年糞其田而不足，則必取盈焉。』所謂「其實皆什一也」，一若孟子親見殷周之制者。其迷惑學者，蓋數千年也。故辨錄之。

五　井田傳說尋源

案所謂計口給田之井田制度，其根據約有三者：

一、則爲由古籍中之單詞隻語而施推叚。如根據夏小正之「初服於公田」，詩大雅之「雨我公田，遂及我私」者，是也。又如信彼南山中，僅有「中田有廬」，而韓嬰卽指此以徵井田，亦卽此類。

二、則爲孟子之傳說，案孟子言貢助徹後，又引龍子之言。而又謂：『夫世祿，滕固行之矣。詩云：「雨我公田，遂及我私，」由此觀之，雖周亦助也。』（滕文公上）此卽後此漢書食貨志所本。齊召南云：「按井田畝數，何休注公羊，趙岐注孟子，范寧注穀梁，皆本此志之說。惟鄭康成毛詩箋，稍爲不同。」（漢書二十四食貨志考證）此可謂孟子瓶說，而何休范寧班固繼之者。

案孟子自「由此觀之，」而敷言井田爲：『方里而井，井九百畝。八家皆私百畝，同養公田。公事畢，然後敢治私事。』（滕文公上）其後何休注公羊，述「井田口分」之制，（第二節）與孟子同。范寧注穀梁傳，亦稱『古者三百步爲里，名曰井田，井田者，九百畝，公田居一，公田爲居，井灶葱韮盡取焉。』（宣十五年）而韓詩外傳；（卷四）『古者八家而井田，方里而爲井。共田九百畝，八家爲隣家得百畝，公田十畝，餘二十畝，共爲廬舍，各得二畝半。』班氏漢志則謂：『理民之道，地著爲本。故必建步立畮，正其經界。六尺爲步，步百爲畮，畮百爲夫，夫三爲屋，屋三爲井，井方一里，是爲九夫。八家共之，各受私田百畝，公田十畝，是爲八百八十畝。餘二十畮，以爲廬舍。』（漢書二十四上）——足徵此一派的井田說法，自成一系。惟孟子不云廬舍在公田中，而公羊何注以下，推進一步，明言於公田中除廬舍若干畝，以合於什一之數。至於殷人七十而助之義，各家均不言如何「七十。」惟朱子集注，『夏時一夫授田五十畝，計其五畝之入以爲貢。商人始爲井田之制，以六百三十畝之地，劃爲九區。區七十畝，中爲公田，其外八家，共授一區。』——此亦「望孟子之文，而故生其『義』者。

三、則爲周禮之傳說。計其間，又可細析爲三。

其一、周禮中未言公田之制；故考工記鄭玄注，以爲周制，畿內用夏之貢法，稅夫無公田。邦國，用殷之助法，制公田不稅夫。

其二、則如地官小司徒職文，「乃經土地，而井牧其田野。九夫爲井，四井爲邑。……以任地事，而責貢職。」而考工記謂匠人『爲溝洫，九夫爲井。』曰「九」，似成井字；曰「九夫，」似未有公田而但有「井」形者。

其三、則如遂人職文：『凡治野，夫間有遂，遂上有徑。十夫有溝，溝上有畛。百夫有洫，洫上有涂。千夫有澮，澮上有道。萬夫有川，川上有路，以達於畿。』遂人之制，以十進者。則是僅有溝洫，並無井字，更不必論其有公田也。

六　井田事理尋論

今姑不問三家之說，且問井田之制，如果實行，於事理亦能通否

其一、以人情論之，井田不能有也。

蓋所謂豆腐干塊式之計口給田，能滿足人之私佔慾乎？宋范成大桂海虞衡志言邕州之羈縻州洞，『其田計口給民，不得典賣，惟自開荒者，由己，謂之祖業口分田。』（知不足齋本第三十三葉）清張慶長黎岐紀聞（頁二）云：『生黎地不屬官，

亦各有主。間有典賣授受者，以竹片爲券。蓋黎內無文字，用竹批爲三，計邱段價值，劃文其上，兩家及中人各執之以爲信。近日狡黠輩，頗紛紛以詐僞生爭矣。』然則卽以蠻猺而言，似已獎勵人之私有。史所稱八家先耕公田，後耕私田；「公事畢然後敢治私事，」容曰古人醇朴，於人情究未合也。無怪夫清高宗言：『如三代井田之法，豈非王政之善？當時所謂八家同養公田，公事畢然後敢治私事，此亦宜於古而不宜於今。近世人情日薄，誰肯先公後私？』乾隆東華錄三十六乾隆四十六年條 又云：『古者八家共井，同養公田，此亦宜於古而不宜於今。今若用此法，必致八家各顧其私，互相觀望；公田竟至荒蕪不治。』同上卷三十七四十七年條 斯言也，不得以人而非之，古今人相去要不甚遠。孰肯舍己之田而先耘人之田耶？故曰以人情論之，井田不能有也。

其二、以人事論之，井田不能有也。

萬歷間，張璲著論，言井田不可行云：『井田，未易言也。周制，凡授田：不易之地一百畝，一易之地二百畝，再易之地三百畝。則田土之肥瘠，所當周知也。上地家七人，中地家六人，下地家五人，則民口之衆寡，所當周知也。上農夫食九人，其次食八人，其次食七人，則其民務農之勤怠，又所當周知也。農夫每戶，授田百畝，其家衆男爲餘夫，年十六則別受田二十五畝。士工農五口，乃當農夫一人；則其民或長或少，或爲士，或爲商，或爲工，又所當周知也……後世蓋有爭田之訟，歷數十年而不能決者矣。況官授人以田，而欲其均平乎？』千百年眼卷一 清張爾岐蒿庵閑話卷下云：『嘉靖八年，林希元上荒政叢書，言救荒有二難：曰得人難，曰審戶難。』得人審戶，自古爲艱。謂古之時，能審戶以行井田乎？況審戶，僅爲井田制中之一事，其他稽察鈎知手續繁多；謂古人能之乎？

其三、以「地勢」言之井田亦不可通也。

小戴禮云：『廣谷大川異制。民生其間者異俗。剛柔輕重，遲速異齊，五味異味，器具異制，衣服異宜。中國戎夷四方之民，皆有性也，不可推移。』王制篇　商君書言：『地方百里者，山陵處什一，藪澤處什一，谿谷流水處什一，都邑蹊道處什一，惡田處什二，良田處什四。』來民篇　以地勢言之，知井田之不可通。故宋盛如梓庶齋老學叢談，謂『前輩謂井田之法，如畫棋局，則丘陵原濕，必不可行。遂謂井田不可行於後世。襄公二十五年，楚蔿掩爲司馬，子木使庀賦，掩書土田，有曰：「度山林，鳩藪澤，町原防，井衍沃」。東萊先生曰：「原防之間，其地不得方正如井田，則別爲小頃町。至衍沃平美之地，則用井田之法。先王之制，曷嘗槩之以棋局之畫哉？」近觀石洞紀聞有曰：「方里而井，是一里畫爲一井。古人所井者，只是中原平曠之地。若地方高低處，如何井得？想江南只用貢法，蔿掩之說，偶忘之。』知不足齋本卷上，十一頁　然則以地勢而言，井田不可通焉。

其四、以地形論之，不能言井田之可行也。

清初余懷山志論井田云：『余嘗謂古法有極善而必不可行者，井田是也。昔張子欲行井田，二程子云：「地形不必寬平，可以畫方，只可用算法折算田畝。」張子謂先必正經界。經界不正，則法終不定。地有坳垤處不管，只觀四標竿中間。地雖不平饒，與民無害。又經界必須正南北，假使地形有寬狹尖斜，經界則不避山河之曲。其田則就得井處爲井。不能成就處，或五七，或三四，或一夫，其實田數則在。又或就不成一夫處，亦可計百畝之數而授之，無不可行者。』（山志二集卷二井田條）然則就地形而言固有「就得井處」與「不能成就處」焉。即以「就得井處」而言，方里而井，方之外，井之外，畸零狗齒之地，將授之何人乎？抑棄之不耕乎？故李塨王源以爲『井田之法，方；方則利平壤，不利曲狹。利於整，不利於散。棄地多，概用之恐不便。』（平書訂卷七第二頁畿輔叢書本）然則以畸零狗齒言之，不能必井田之可能也。

其五、以工程言之，不能言井田之可通也。

昔宋張載，『有志於三代之法，以爲仁政必自經界始，經界不正，即貧富不均，教養無法，雖欲言治，牽架而已。與學者將買田一方，畫爲數井，以推明先王之道，未就而卒。』（宋元學案卷十七橫渠學案上）是橫渠未能小試井田工程焉。蘇洵謂：『井田之制，九夫爲井，井間有溝；四井爲邑，四邑爲邱；四邱爲甸，甸方八里，傍加一里，而爲成，成間有洫。其地百井，而方十里。四甸爲縣，四縣爲都，四都方八十里，旁加十里，爲一同，同間有澮。其地萬井，而方百里。百里之間，爲澮者一，爲洫者百，爲溝者萬。既爲井田，又必兼備溝洫之制。夫間有遂，遂上有徑；十夫有溝，溝上有畛；百夫有洫，洫上有涂；千夫有澮，澮上有道；萬夫有川，川上有路。萬夫之地，蓋三十二里有半。而其間爲川爲路者一，爲澮爲道者九，爲洫爲涂者百，爲溝爲畛者千，爲遂爲徑者萬。此二者，非塞谿壑，平澗谷，夷邱陵，破坟墓，壞廬舍，徙城郭，易疆隴，不可爲也。縱使能盡得平原曠野，而遂規畫於其中，亦當驅天下之人，竭天下之粮，窮數百年專力於此，不治他事，而後可以望天下之地，盡爲井田，盡爲溝洫。已而又爲民作屋廬於其中，以安其居，而後可。』（通考卷一）葉適亦謂『其爲法煩細瑣密，非今天下之所能任。』通考卷一明張璲千百年眼卷一井田不可行條又踵述蘇葉之說，而以爲「井田不可行。」——第彼輩之論，均謂井田煩瑣，今不可復。雖然，言今之不可復者，猶言古之不能行也。何也？「今」猶不能復，而「古」者人事簡朴，其能以繁瑣之工事付之「行」哉？

案後世實行井田「溝洫」之工事者，惟紀昀閱微草堂筆記灤陽消夏錄卷三記一笑話：『劉羽沖，滄州人。先高祖厚齋公，多與唱和。好講古制，實迂闊不可行。嘗倩董天士作畫，倩厚齋公題詩。內秋林讀書一幅云：「兀坐秋樹根，塊然無與伍。不知讀何書？但見鬚眉古；祇愁手所持，或是井田譜。」……嘗讀古水利書，伏讀經年，自謂可使千里成沃壤。繪圖列說於州官，州官亦好事，使試於一村。溝洫甫成，水大至。順渠灌入，人幾爲魚。自是抑鬱不自得，恆獨步庭階，搖首自語曰：「古之人豈欺余哉？」』——然則，張載幸不小試；如有小試，亦無非呈顯其「不可能性」而已。

其六、以遺產言之，不能必井田之可行焉。

清同治中，王侃著巴山七種，其衡言卷一云：『授田之法，八家子孫，世世皆止一子乎？一人數子，一子受田，餘子將安置之？復授以田，則同井異井，井井各有八家，八家復多生息，閑田既盡，又將何如？如謂受田以後，世世子孫，守此百畝；子孫少者，數世之後，或能養給；子孫多者，能無饑走四方乎？』此則以子孫滋殖，而決其不可行也。

其七、以其創始與痕跡言之，不能言井田之曾見於行焉。

井田之起，有謂起於禹者。王應麟云：『溝洫之成，自禹至周，非一人之力。溝洫之毀，自周衰至秦，非一日之積。』（困學紀聞卷四）通考同此，亦謂井田創始於禹。（通考卷一）然亦有謂始於黃帝者，杜佑謂：『黃帝經土設井，以塞爭端；立步制畝，以防不足。使八家爲井，井開四道，而分八宅，鑿井其中。』（通典卷一）而玉海引李衞公問對，亦謂『黃帝始立邱井之法，井分四道，八家處之，其形井字，開方九焉。』今無論「百家言黃帝，其文不雅馴」，且前乎杜佑諸人，如淮南子之言黃帝，亦但言：『田不侵畔，漁不爭限。』（冥鑒訓）但歷時愈後者，列說較詳，吾人寧得信之？然則就井田之創始而言，蓋渺飄不足憑也。

容曰，制度之起，或無起原可尋。然如此鉅大之工事，其普徧易見，過於長城運河；將曰其圮其河，毫無史證可尋耶？故余懷山志引張橫渠言：『經界隨山隨河，不害於畫之也。苟如是畫定，雖便是暴君汚吏，亦數百年壞不得。經界之壞，亦非專在秦時；其來亦遠，漸有壞矣。』（二集卷二井田條）謂數百年壞不得者，則井田之其遺型舊跡，竟無史人之記耶？案井田之毀，大都謂毀於商君，此說余別有考。魏了翁言：「井田者，一變於宣王之料民；再變於齊桓之內政，大壞於渠梁商君之決裂阡陌。周人以厲宣幽平並稱，其有以夫。」（宋元學案八十鶴山學案引）是謂井田始變於周宣王也。明張璲言：『世儒罪秦廢井田，不知井田之廢，始於管仲作內政，已漸壞矣。至秦乃盡壞耳。元陳孚題管仲詩；「畫野分民亂井田，百王禮樂散寒煙。平生一勺潢汚水，不信東溟浪沃天。」可謂闡幽之論。』（千百年眼卷二廢井田自管仲條）是謂井田始毀於管仲也。明董悅作七國考，引水利拾遺言『李悝以溝洫爲墟，自謂過於周公，』（水利拾遺卷二守山閣叢書本）是謂井田始毀於盡地力之李悝也。廢井田非細事也，而或謂商君，或言周宣，或言管仲，或言李悝，悠悠之論，未能得廢井田之遺痕焉。

案井田之最後痕跡何在，前人皆言商君相秦『廢井田，制阡陌，任其所耕，不限多少。』詳史記商君傳漢書食貨志商君書來民篇然卽言商君開阡陌，亦有聚訟。朱子謂「開阡陌」之「開」當爲開墾之開，而非開置之開。以爲井田遺址，爲商君開墾淨盡；『商君以其急刻之心，行苟且之政。但見阡陌之佔地太廣，而不得爲田者多，則病其地利之有遺。又當世衰法壞之際，不免有煩擾欺隱之姦，而阡陌之地，均近民田，必又有隱居以自私，而稅不入於公上者。是以一旦奮然不顧，盡開阡陌，悉除界限，而聽民兼併賣買，以盡人力墾闢棄地，悉爲田疇，而不使其有尺寸之遺，以盡地利。……則所謂開者，乃破壞剗削之意，而非創置設立之名。所謂阡陌，乃三代井田之舊，而非秦之所置矣』朱子文集七十二開阡陌辨是朱子以爲摭住井田遺跡，硬派井田爲商君所毀焉。至清初張爾岐蒿庵閑話卷上則謂：『孟子言方里而井，井九百畝，周公百步爲畝，每里三百八十一步，方之當得一千二百九十六畝。自九百畝而外，尚餘三百九十六畝，以爲溝洫道路之制。則地之不稅者多矣，此商君之所以銳意剷除也』其說尤奇。然亦大抵本朱子之說，而必以阡陌陳迹，歸罪於商君之毀者。然武斷商君爲壞井田之罪人，殊非信讞。案孟子對滕文公使臣畢戰之問，已言正經界，已言經界不正，井地不均。則孟子不曾親見溝洫殘骸可知。卽云孟子晚於商君，然左傳謂『子產使田有封洫，……從政一年，輿人誦之曰，「取我田疇而伍之，孰殺子產，吾其與之？』襄三十年傳則子產以前，田無封洫可知；田無經界可知，奚待於商君之開墾?朱子云云：亦終乎其為「辨」而已矣，非事實也。

是故論井田者，不必自詩經夏小正推覈，不必篤信孟子，更不必見縛於周禮。即以人情推論，以人事推論，以地勢推論，以地形推論，以工程推論，以其原始與殘骸推論，——亦足斷井田之制，為烏有之傳說也。

七　毛詩夏小正井田考

今復舉三家之井田論而推敲之。

第一，由單詞隻語推證古史本大險事。且夏小正之「初服於公田。」詩之「雨我公田，爰及我私，」「中田有廬」諸語，均無井田之碻徵焉。

「初服於公田，」「雨我公田，」雖均有公田字樣。但此所謂公田，是否井田傳說之公田乎?考古之君主，兼酋長與地主，其例頗多。故陳澧言：『古者君授民田，其君若今之業主，其民若今之佃戶。』東塾讀書記卷七 胡適於井田制度有無的研究中以下簡稱井田研究 亦謂：『試看詩經豳風、七月、小雅、信彼南山、甫田等詩，便可看見一副奴隸行樂獻壽圖；那時候的臣屬，眞能知足。他們自己無衣無褐，卻偏要盡力為公子裘，為公子裳。』井田研究第四葉 然則「初服公田，」「雨我公田」之「公田，」當係臣民為長上竭力不關井田制中之「公田」「私田，」「貴公賤私」矣。

案日本服部宇之吉著井田私考云：『詩經裏的公田，是屬於公家之田，叫人民來佃作的。不必是行助法的公田。好像漢代稱天子所有的田，做公田一般。』井田研究第七葉引 左春谷三餘偶筆卷二云：『管子乘馬篇云：「正月，令農始作服於公田。農耕及雪釋，耕始焉，芸卒焉。」然則周有公田，不獨見於六田之詩矣。』夫管子之時，何來井田制中之公田，或如宋元之世，亦有國家主有之公田。此與私人佔有之私田，相對而言；不必文飾爲「中百畝爲公田」之公田焉。

至於詩「中田有廬，疆場有瓜。」漢韓嬰云：『古者八家而井田，方里而一井。廣三百步，長三百步，爲一里，其田九百畝。廣一步長百步爲畝，廣百步長百步爲百畝。八家爲隣，家得百畝。餘夫，各得二十五畝。家爲公田十畝，餘二十畝爲廬舍。各得二畝半。八家相保，出入更守。疾病相憂，患難相救，有無相貸，飲食相召，嫁娶相媒，漁獵分得，仁恩施行。是以其民和親而相好，詩曰：「中田有廬，疆場有瓜」此之謂也。』韓詩外傳卷四 祇因「中田有廬」一語，便爾敷文生義；儼如何休注公羊，謂「廬舍在內，瓜果植疆。」公羊宣十五年注 此甚可疑。殊不知小雅南山之詩，已述爭田之訟。豈可以中田有廬，而言有均平之井田制哉？實則今日之瓜田，爲防止獾猪及竊盜，尚屬中田有廬。非特閱微草堂筆記聊齋誌異等書，常有所述及。「中田有廬」之瓜舍，其在江南，固婦孺皆知者。焉在其所可以以中田有廬四字。而推論及井田之制哉？

且就「中田有廬」之田中廬舍言，韓嬰何休，均以爲公田百畝中，八家各得二畝半，共爲二十畝；且此二畝半之地，建舍而外，又須種桑種菜，畜豕畜鷄，亦事理之不可通者。何也？田中佔有廬舍二畝半之說，其說不足爲訓，一也。

卽云：田中有廬舍二畝半，然以二畝半之面積言之，不得如韓嬰何休，所敷陳之廣衺而足於用也。二也。

何以言「中田有廬，」不必卽係何休所謂「廬舍在內？」韓嬰所謂八家『各得二畝半？』致百畝公田，削爲八十；而適合於什一之稅也？趙翼謂後人『以孟子五畝之宅，注爲家二畝半在田，二畝半在邑，其說起於趙岐。又本漢食貨志。……然孟子，一則曰五畝之宅，再則曰五畝之宅，……明是五畝爲一宅矣。……然則五畝之宅，共在邑中。所謂廬舍者，蓋不過苫茅於隴間，爲憩息地；而非於公田中占其二畝半也。』陔餘叢考卷四五畝之宅條舉孟子五畝之宅，以駁韓何輩「廬舍二畝半」之「中田有廬，」足以闢詩傳之臆說矣。

案詩信彼南山，鄭氏箋，中田，田中也，農人作廬焉，以便其田事。於畔上種瓜。亦以爲公田中，並無正式廬舍。必以五畝之宅在公田中，則井田爲九頃二十畝，其數奇零，如後漢書劉寵傳注所云者矣。且何休之廬舍云云，顯然受仇香等政績之影響者。觀范書一九〇仇香傳自明。

何以言中田有廬，而二畝半之面積，不足以當韓嬰所謂之疆場有瓜，范寧所謂之「井灶葱韭盡取，」何休所謂「環廬植桑荻雜菜，畜鷄豕植瓜果」也？蓋卽使承認二畝半之在「中田，」而二畝半之面積，建廬舍外，決不能如韓范何等所云之綽有餘也：以雜植桑菜，雜畜鷄豕也。蓋古之二畝半，於今不過五六分。建舍之外，疆場何以有瓜？井灶葱韭，何得可以盡取？桑菜鷄豕，何以植畜之乎？

案二畝半，合今日，究得若干畝乎，當先問古今畝積之大小何如？考明以前人大抵謂古今百畝，當今四十餘畝如宋李泰伯盱江集卷十六富國策第一云：『周制井田，一夫百畝，當今四十一畝有奇。』而明董穀碧里雜存，亦謂『古以百步爲畝，漢高帝以二百四十步爲畝。故今時俗語云，橫十五，豎十六，一畝田，穩穩足。蓋以十五乘十六，正是二百四十。若古之百步，以今弓准之，則其一畝，當今四分強耳。』碧雜存第九頁明里人小說本·論畝

但古代一畝準今畝「四分」之說，清代諸儒，類多不以爲然。江永羣經補義云：『古者百畝，當今二十三畝四分三釐有奇。就整爲二十三畝有半。……有問程朱者，謂「古百畝當今四十一畝餘。」……不知若何折算，恐未密也。』卷五清經解本沈彤周官祿田考言：『古者百畝爲畝，自漢至今，常以二百四十步爲畝。大於古百四十步。古步六尺，今步五尺。漢之尺，與古同。今之尺，以一尺當古一尺三寸五分，五尺當古六尺七寸五分。故今二百四十步，當古三百六十四步強。百之爲三萬六千四百六十四步。其萬步爲古之百畝，以三百六十四步除之，得二十七畝強，則所當今之畝數也。』卷二清經解本·蓋古以六尺爲畝然，古尺短，一步之長，未必卽多於今者「五尺。」而古者百步爲畝，則人無異辭：黃以周儆季雜著論秦漢唐宋田制異同云：『六尺爲步，步百爲畝，周法也。管子及司馬法言之，說經家咸宗是說。今以二百四十步爲畝，起於何時歟？曰，說文晦字下云：「秦田二百四十步爲畝。」玉篇「畮字」下云：「秦孝公二百四十步

爲畝，三十畝爲畹。」通典州郡門云：「商鞅佐秦改制，二百四十步爲畝。」原注：『困學紀聞引通典云：「商鞅佐秦，以爲地利未盡，更以二百四十步爲畝」翁注云「通典無此文，失檢。唐突厥傳，亦引杜佑是語。」』是畝二百四十步，始自秦孝公之說也。鹽鐵論云：『御史曰：「古者制田，百步爲畝。先帝哀憐百姓，制田二百四十步爲畝。」』玉海引寶儼云：『小畝步百，周之制。中畝二百四十，漢之制。大畝三百六十，齊之制。』是二百四十步起於漢初之說也。……今五尺爲步，其亦始於斯時歟？曰，步用六尺，秦漢之制同也。何以言之？新序言商鞅之法曰：「步過六尺者，有罰。」……史記記始皇之制曰：「數以六爲紀。輿六尺，六尺爲步。」是秦孝公至始皇，其步尺一同周制矣。且非獨秦制爲然，漢亦如是。漢志言古十二夫之地爲晦五頃，是畝二百四十步，步六尺也。又考九章算術，以及孫子算經，五曹算經諸書，亦莫不以六尺爲步，二百四十步爲畝。是漢雖變畝法，而六尺爲步之制，亦相承不改也。魏晉以來，尺漸加長至六朝之末，遂有五尺爲步之名。』史說略卷三。卽言今畝大於古畝，以步數多；今步之尺數，少於古步之尺數，然古尺短也。

然則「中田有廬」云云，卽云在公田中，各家劃取二畝半。以清儒所準合之今畝，不過六分強。以古者一畝，當今二分三四釐也。以六分強之地，寧得如韓嬰范寧何休所敷張。綽有餘地以種養桑荻鷄豚耶？況二畝半之制度，未必可靠；故閻若璩引炳燭齋隨筆：『五畝之宅，古者皆謂二畝半在邑，二畝半在田，此說之極不通者。』又謂『孟子云：「願受一廛而爲氓。」禮記云：「儒有一畝之宮，」足知二畝半之說爲妄矣。』四書釋地卷四。後人明知孟子言「五畝之宅，」又明知二畝半在田說之不妥。則有如後漢書注引『春秋井田記，人年三十，受田百畝，以養五口，五口爲一戸，父母妻子也。公田十畝，廬舍五畝，則成田一頃十五畝。八家，共九頃二十畝，合爲一井。廬舍在內，貴人也；公田次之，重公也。』（後漢書一〇六劉寵傳注）不知九頃二十畝之「井」如何畫法？無非欲以中田有廬一語傳會井田，則不得不有離奇之牽合也。

然則，夏小正之「初服於公田」，詩之「雨我公田」，實不容引此以徵井田之制。而「中田有廬」云云，後人依文傅合，亦不得就此以徵井田。——而韓嬰何休等所敷陳者，其可靠性自亦不難偵知！

八　孟子井田說考

其二、如由孟子以推井田之有無，事更逕直易斷。

孟子滕文公篇，其間令人可注意者：蓋有二語。一爲「其實皆什一也。」一爲「由此觀之，雖周亦助也。」合二語而比辭屬觀，則知孟子不曾見周時田制，更不見三代田制。孟子亦不過信口言之而已。

考孟子萬章下曰：『北宮錡問曰：周室班爵祿，如之何？孟子曰：其詳不可得而聞也。諸侯皆惡其害己也，而盡去其籍。然而軻也，嘗聞其略也。』則孟子於井田，何嘗目睹。惲子居大雲山房文集初稿卷一三代因革論四云：『孔子無一言及於兵與農者，何也。其事，當以時變者也。……孟子於民產，蓋屢言之。然必曰：「此其大略也。若夫潤色之，則在君與子。」亦孔子之意也。』亦云孟子未能斷定井田也。

夏后氏五十而貢，貢者歲取其五畝，則信爲什一矣。至於行井田之法，則孟子明言：『方里而井，井九百畝，其中爲公田，八家皆私百畝，同養公田。公事畢，然後敢治私事。』則是每家得百十二畝半，出稅十二畝半，是九取其一也。卽如何休等言八家公田中有廬舍二十畝，則每家得地百十畝，出稅十畝，是什一而取一也。貢之與助，焉在其爲「其實皆什一也」哉？

且貢者五十，助者七十，徹者百畝。由夏之五十，而爲商之七十；由商之七十，而爲周之百畝。溝洫疆界，用否更易？如更改之，則勞擾之至矣。如不改之，則畝數有所不同，稅法有所或異。安得曰其實皆什一也哉？

案顧炎武釋其實皆什一也云：『周之疆制，猶古之遺法也。……夫井田之制，……其間爲川爲路者一，爲澮爲道者九，爲洫爲涂者百，爲溝爲畛者千，爲遂爲徑者萬。若使夏必五十，殷必七十，周必百，則是一王之興，必將改畛涂，變溝洫，移道路以就之。爲此煩擾而無益於民之事也，豈其然乎？蓋三代取民之異，在乎貢助徹，而不在乎五十七十百畝。其五十七十百畝，特丈尺之不同，而田未嘗易也。故曰：其實皆什一也。』日知錄卷七。錢塘三代田制解云：『三代田制曷以異？曰：無異也。無異，則孟子何以言五十七十百畝？曰：名異而實不異。非不欲異，其制不能異也。……其名何以異？曰：以度法之不同也。……是故同此一夫之田，夏以廣十尺長五百尺爲畝，殷以廣八尺長五百六十尺爲畝，周以廣六尺長六百尺爲畝，如其畝法，而五十七十百畝之數立矣。』溉亭述古錄卷二。亦繼述亭林之說，而曲爲之解者。

然是說也，仍有疑問二也。其一、既云同是一田，何必忽名五十，忽名七十？忽名百畝？故崔述痛駁之云：『夫王者興利除弊，制禮作樂，……豈尚不足新天下之耳目？而必取民之井疆變易之？』又曰：『若然，則商周之授田，與夏無異。仍其名焉，可已。何必改之？使若多者。是率天下之人，而教之僞也。』皇朝三大政考三代井田通考此語反攻，可謂針針見血！其二、即云：同是一田，如亭林溉亭所言以爲特丈尺之不同，而田未嘗或易；但以貢什一助九一徹什一之不同，又何得謂「其實皆什一焉？」然則孟子所謂「其實？」其實不實，可想知也。

孟子言三代田制，除「其實皆什一也」語實不實而外，其述助法，則援引詩經而曰：『詩云：「雨我公田，遂及我私；」由此觀之，雖周亦助也。』孟子，周季人也，周人言周，何必「詩云」「詩云，」「由此觀之？」似爲考據然耶？故胡適曰：『他孟子又引詩來說「雖周亦助也，」這可見孟子實不知周代的制度是什麼。不過從一句詩裏，推想到一種公田制。這證據已很薄弱了。他不能知道周代的制度，偏要高談一千多年前的「助」制，這不是韓非所謂非愚即誣嗎？』井田研究頁二十又云：『孟子是很佩服春秋的人，若是春秋裏有井田的根據，他又何必不用？呢？他又何必去尋出不痛不痒的兩句詩經，來證明周人之公田呢？』井田研究頁三十於此可見孟子之援引詩經，正足見孟子不及見井田遺跡；或井田之歷史記載矣！

案胡適所言，宋李覯已言之矣。李泰伯平土書第十二云：『孟子曰：「夏后氏五十而貢，商人七十而助，周人百畝以徹，其實皆什一焉。徹者徹也，助者藉也。」則孟子既知周制與商異矣。其下文云云：「雨我公田，遂及我私，惟助爲有公田。由此觀之，雖周亦助也。」則疑之之詞也。……夫如是，則詩、春秋、論語、孟子，皆不知周公之制有公田。諸儒解之者非也。』（盱江全集卷十九。）泰伯謂孟子不知周有公田，語亦精闢。胡適則更進一步，以爲周代公田，孟子尚然不知，則商之公田，孟子當更不能知耳。

楊愼丹鉛總錄（卷十二井田條）『孟子曰：詩云「雨我公田，遂及我私」，由此觀之，雖周亦助也。孟子，周末人也，公田私田，說已不詳。乃引詩而想像之，似隔世事。故曰「此其大略」，又曰「嘗聞其略」。……朱子謂，孟子言夏后之五十而貢一節，自五十增爲七十，自七十增爲百畝，田里疆界，都合更改，恐無此理，恐亦難信。』案楊說下文固爲孟子辨護者。然「由此觀之」之疑，可見不止李泰伯一人也。

綜言之，孟子之「其實皆什一也」「雖周亦助也」，僅足委爲孟子之含糊的考證，不能據以爲孟子所目擊之信史，是則可必。因之公羊何注，穀梁范注，班氏食貨志之井田說，後起於孟子，而取證於孟子者，其可靠性不難推知焉。

九　周禮授田說考

其三、由周禮以證井田，實則周禮本爲僞書，不足爲據。且就周禮中之田制而言，愈足證周禮之爲僞書焉。周禮田制之隙罅，一爲周禮中授田之畝數，一爲周禮中授田之方式。後者別論，今先論先者。

以授田畝數而言，傳說中之周制，一夫一婦，授田百畝。一見於何休所傳公羊宣十五年注一見於孟子所記，滕文公上三見於韓嬰所述韓詩外傳卷四殆爲古人有定之傳說。然地之肥瘠有異，夫田百畝，不得謂卽是均平。所以救濟夫田百畝之窮者，後人乃各逞其臆說矣。此殆周禮所本也。

後人爲救濟夫田百畝，其法不均之弊，何休臆解之以爲『肥饒不得獨樂，墝埆不得獨苦，故三年一換主易居。』宣十五年注然而換主易居，以分土宅民爲弈棋者然，無奈不便已極！何休之救濟方案，未免近於呆伯主張。於乎，僞周禮者，卽不取此說，而以「別地良否，授田多少，」救濟夫田百畝之不均矣。

周禮大司徒職：『不易之地，家百畝。一易之地，家二百畝。再易之地，家三百畝。』遂人職：『辨其野之土：上地，中地，下地，以頒田里。上地夫一廛，田百畝，萊五十畝，餘夫亦如之。中地夫一廛，田百畝，萊百畝，餘夫亦如之。下地夫一廛，田百畝，萊二百畝，餘夫亦如之。』別「一易」「再易」以分授受多少；別「田」與「萊」以定授受多少；較之受田百畝一定不易，固有進步；卽較之「換土易居」，亦爲較進步之辦法焉。

然此中已有破綻矣。

大司徒分田爲三類，而上下其畝數。遂人則田數不動，而上下其萊。此尙可通，孫詒讓謂大司徒所謂「易，」卽遂人所謂萊者，是已。然大司徒之上地只有百畝；而遂人上地百畝之外，附萊五十；則同是上地，而上下其制，是亦作僞者未及删定之殘迹焉。

案周禮之視田授田分級而高下其數，似有所本。管子乘馬篇云：『上地之壤，守之若干；間壤，守之若干；下壤守之若干。相壤定籍，而民不移。』相壤定籍，頗似於大司徒之『制其地域而封溝之，以其室數制之。』遂人所謂『辨其野之土上地中地下地，以頒田里』也。又呂氏春秋上農篇謂上田，夫食九人；下田，夫食七人；疑亦周禮所本。

然則僞周禮者，以欲均平，而反露其僞迹也。

李覯周禮致太平書云：『言井田之善，皆以均則無貧，各自足也。此知其一，未知其二。必也人無遺力，地無遺利……乎？』大司徒，『凡造都鄙，制其地域而封溝之，以其屋數制之，不易之地家百畝，一易之地二百畝，再易之地三百畝。』『不易之地，歲種之；歲種之地美，故家百畝。一易之地，休一歲乃復種，地薄，故家二百畝。再易之地，休二歲乃復種，故家三百畝。』遂人：『辨其野之土上地中地下地，以頒田里。上地夫一廛，田百畝，萊五十畝；餘夫亦如之。中地夫一廛，田百畝，萊百畝，餘夫亦如之。下地夫一廛，田百畝，萊二百畝，餘夫亦如之。萊，謂休不耕者。戶計一夫一婦而授之田。其一戶有數口，餘夫亦同受此田也。載師以宅田、士田、賈田，任近郊之地。以牛地、官田、賞田，任遠郊之地。宅田者，致化者之家所受田也。士田，仕者亦受田；賈田，在市賈人其家所授田也。官田，庶人在官者，其家所受田也。牛田牧田，畜牧者之家所受田也。若餘夫、仕者、致仕者、賈人、庶人在官者、畜牧者之家，皆受田，則是人無不耕。無不耕，則力豈有遺哉？一易、再易、萊皆頒之，則是地無不稼。無不稼，則利豈有遺哉？』（盱江集卷六國用第四）然則尊信周禮者，固僅能敷陳其田制之紛繁，而未能決大司徒職文與遂人職文之牴牾。其措設愈詳，而愈見其牴牾之甚。何也？未有詳爲設計者，而於其設計中，設爲兩種制度，而未嘗有所說明焉。

然則周禮中之授田之制，網漏於吞舟之魚，其罅漏可想知也。

一〇　周禮經界考

關於授田畝數，周禮已不能自圓其說；至於其言經界，則更有令人不易索解者。

其一、周禮不詳井田，僅考工鄭玄注『周制，畿內用夏之貢法，稅夫無公田。邦國，用殷之助法，制公田不稅夫。』孫詒讓據此，以爲周之井田，乃係因襲前代而未改者，以爲『先王以俗教安，不必強更其畛區，故周詩大雅亦有公田之文。』夫引詩以證周禮，二書性質迥異，本難相通。且康成云云，非特無所的據，卽以常理論之：邦國爲地方政府所在，政事尚簡，而乃責之以繁瑣之井田；畿內爲中央政府所在，官員輻輳，而僅行夫簡單之「稅夫」！是言地方政府，須行土地調查，人口調查，地質調查；而中央政府反晏然以「稅夫」爲治地也。有是理哉？有是理乎？康成之說，李覯已深非之矣，惜覯未及言中央地方之政情，以核其制度也！

案李泰伯平土書十二云：『或曰「古之人皆謂周有公田。公田百畝，以二十畝爲八家之居，八家各受百畝，以爲私田。通九百畝，爲一井。公田借民力以耕，不稅其私田。詩、春秋、論語、孟子之說皆然。特周禮爲異，稅夫無公田。康成以爲周之畿內助貢法，邦國用助法，……此論何如？」曰：「天子之政，自國而形天下者也。豈有天子之國，自稅民田而令諸侯但爲公田而不稅哉？……覯謂周之畿內，以及天下諸侯，一用貢法也。」』吁江集卷十九是泰伯亦不以康成爲然。

其二、周禮雖未言井田，然小司徒有「井牧其田野，」「九夫爲井」之言；而考工記匠人『爲溝洫，九夫爲井。井間方四尺，深四尺，謂之溝。方十里，謂之成。成間廣八尺，深八尺，謂之洫。』是周禮亦言畫井；特無公田而其數以九進耳。所可駭者，遂人職文，則言：『夫間有遂，遂上有徑；十夫有溝，溝上有洫。』則是不畫井而制十進之溝洫，與小司徒衝突矣。遂人匠人，中有衝突「九進」與「十進，」畫井與但制溝洫，一書而言兩制，此又周禮中之破綻也。

王應麟云：『遂人治野十進乃鄉遂公邑之制。匠人溝洫九進乃采地之制。鄭康成云「周制，畿內取夏之貢法，稅夫無公田。邦國用殷之助法，制公田不稅夫。」朱文公亦云：「溝洫以十爲數，井田以九爲數，決不可合。」而永嘉諸儒，薛艮齋陳止齋輩欲混爲一。康成注分爲二是也。愚案李泰伯平土書十二云『周畿內及天下諸侯，一用貢法。』蓋泰伯已與康成異矣。劉氏名彝字執中中義，以匠人溝洫求合於遂人治野之制，謂遂人言積數，匠人言方法。然周禮考工，各爲一書；易氏謂匠人，前代之制。』困學紀聞卷四此短論中，已含有四人聚訟。言匠人遂人，通行於內於，鄭康成之說也言匠人遂人，決不可合，朱子之說也。言遂人匠人，名異實同者，劉彝之說也。言匠人前代之制者，易祓之說也。

案康成之說，謂遂人行於內，匠人行於外，李泰伯已深非之。言匠人爲考工記文，而考工周禮原非一書，因指匠人爲前代之制，其說固是。然置匠人之「從九」於不論，而小司徒亦有「九夫爲井」之文，與遂人職文或異。然則，卽指匠人爲前代之制，足以泯滅周禮中九與十之背謬乎？至謂遂人匠人，制同名異者。則如陳及之云：『周制井田之法，通行於天下，安得有內外之異哉？遂人言十夫有溝，以一直度之也……匠人以九夫爲井，井間謂之溝，以實數言之。』陳祥道云：『遂人所言者，積數也。匠人所言者，方法也。積數，則計其所有者言之。方法，則積其所圍之內者名之，其實一制也。』困學紀聞卷四翁注引 上文所述，持遂人匠人之調和論者，其取義本極含混，極難索解，吾至今猶不知其所云。故王引之經義述聞，謂：『遂人溝洫之制，以十爲數；匠人以九爲數，此不可強合者也。而解者欲強合爲一，則謂遂人爲直度，匠人爲方度矣。』卷三十經義不同不可強爲之說條又云辨見程氏通藝錄 翁元圻困學紀聞注，亦謂：『遂人自十夫起數，匠人自九夫起數，井田之法，惟九夫共井，未有十夫共者。』卷四

——是淸代經師，不以匠人遂人之調和論者爲然也。

然則言周禮經界，九與十之牴牾，必如朱子之說，決不可合，而信乎其爲一書中之自相矛盾也。

其三、周禮於舉行授田時，似先注意於丁地調查。而揆其實在，則古人簡朴，萬不能任此也。如小司寇：『登民齒數，自生齒以上，登於天府。』如司民：『掌登萬民之數，書於版，辨其國中與其都鄙，及其郊野，異其男女，歲登下其死

生。及三年大比，以萬民之數詔司寇。司寇及孟冬飼司民之日，獻之於王。王拜受之，登於天府。』此言戶口之調查也。如大司徒：『掌建國之土地之圖，與其人民之數，以安擾邦國。以天下土地之圖，周知九州之地域，廣輪之數，辨其山林川澤丘陵墳衍原濕之名物；』此言地土之調查也。如小司徒：『乃均土地以稽其人民，而周知其數。上地家七人可任也者家三人。中地家六人可任也者二家五人。下地家五人可任也者家二人。』此言丁地之分配也。調查人口，調查地壤，相土宅人，以周初之純朴，而有此繁瑣之事例乎？無怪夫萬季野之謂其易生亂矣。易生亂者，譏其繁煩擾民，決不能行之於上古也。

案此項丁地調查，是否易辦？是否久行之而無弊。故李恕谷平書訂卷七云：『計口授田之法，平既久，生齒日繁。若又少其數以分之，則屢分爲煩。若初卽荒（剩）地若干，以待其後，又惜曠土，奈何？萬季野持此議，遂謂三代井田亦易亂。』但萬氏猶假定均丁配地，以爲能成於一時，不能垂於永後。殊不知相其土宅其民，卽在承平之初，豈不難行乎？故史記魯世家引周公語伯禽「政不簡不易，民不有近」也。

雖然，容曰煩擾之制，竟可行於古代純朴之世也。

然掛其一，不應漏其萬；煩複之中，不應遺其犖犖大端，如地，則別上地下地，田，則別仕田賈田，……而曷爲乎於授受之際，不言受田退田之年耶：不將抉鱗淸流，不遺其細，而吞舟之魚，則熟視無覩耶？謂周禮田制，而曾奉行者，然既云不易之地，一易之地，又云周知其數，登於天府；但對於授受時，最關緊要之年齡問題，曷爲不加提及耶？

案自孟子以訖何休諸人，皆將授田退田之年——最重要之一點——忽略不提。而僞周禮者，亦不提及。使其制誠付諸實行，必不容舍此不詳。孫仲容謂『受田之年，經無明文。據鄭氏內則注義，謂三十受田，陳奐云：「古者二十受餘夫之田，三十受一夫之田，六十歸田於公。」大凡三十取室生子，子年三十，父年必六十。陳說足證鄭義。』（周禮正義十三載師注）考左僖二三年，季隗謂二十五年而嫁，則古人取妻亦非必在三十。此處正足見漢之鄭氏，爲周制硬定「三十受田」；而後淸之陳奐，臆測古人三十必取室；三十必生子。又臆測父年六十，子年必三十。牽強附會，明顯之甚。但問陳奐因何而知其三十取室？取室而即產佳兒？而生子以後又曷爲乎父年六十時，子年適三十耶？蓋僞周禮者，漏此（受田之年）吞舟之魚；而後之經師，曲爲周全；適以成其爲臆說焉。

二　井田結論

然則姑不問井田之存在，是否適合古人社會之情勢；卽三家之井田論，逐一推敲，均脆弱不足爲據。詩之「雨我公田，」「中田有廬，」夏小正之「初服於公田，」並未含有井田之型迹。孟子之井田論亦不過「由此觀之」而推論田制，而非由目擊之證驗。不能依之以肯定井田制度之事實存在。至於周禮云云，一則畝數之或異，再則從九從十之歧混，三則授田明文之罅漏，亦決不能循此以求井田卽暫認三十而受，六十而退之說，然言之雖易，行之綦難。古代政習醇簡，能一一付諸實行耶？然則以制度之瑣屑論，不能必井田之必行也。且丁口日增，土地仍舊，韓非所謂：『今有五子，不爲多；大父未死，而有二十五孫。是以人民衆而貨財寡，事力勞而供養薄。』（韓非子五蠹篇）能以一定之地制，對付日增之人口乎？然則以人地之關係論，能必井田之可行耶？且由商訖周，歷禩盈千。世豈有千年不變之成法？由殷之七十而助，以至於「雖周亦助」乎？然則以制度之互久而言，非能必井田之曾行也。至於人愛其私，工事浩大等等。則上文亦略舉之矣。

故謂井田爲通行於商周之制度者，除許其信古之勇以外，吾人又何敢贊一詞？吾人如欲承認井田者，至多亦僅能云：在某一時期中，某一地域上，曾試行此制；而不能如孟子周禮之振振其詞焉。

昔惲敬譔三代因革論（三）云：『是故貢助徹三者，聖人皆先自國都行之，推之而至於諸侯之可行者，而亦行之。其不可者，待之。其可更者，更之。不可更，且不必更者，仍之。如是而已。何以知其然焉？井田者，始於黃帝，廢於秦末，……至行井田之時，貢亦不廢者，田有不可井，與可井而不及井，及上世已來，已定溝洫之制者也。是故五十而貢，夏禹治田之法，而其時黃帝之井田在焉；夏小正曰：「初服於公田，」是也。七十而助，成湯治田之法，而其時公劉之徹在焉；詩云：「徹田爲糧，」是也。百畝而徹，文王制田之法；而其時湯之助法在焉；公羊傳曰：「古者什一而藉，」是也。』（公羊宣十五年何休注：「什一以借民力，以什與民，自取其一爲公田。」）惲氏云云（詳大雲山房文稿初集卷一。）亦言貢助徹三者，當時或僅行於國都所在之附近，大酋長之分土宅民，也不過在慮所能周，力所能及之處而已。

案子居在三代因革論（四）中，亦有可取。其說在當時已每悍闢，卽至今猶可準則。然誤信井田起於黃帝，有如徐文長井田解所云：『自禹治水後，九州諸大水不大泛濫決徙者，蓋田以井故焉。井田間之水，自遂而溝，而洫而澮。溝廣深各四尺，洫廣深各倍之。蓋擇其細流以澤田，而水勢之流，千脈萬脈，如髮之析，而約於梳齒，無植膩不通之患。廢井田而爲阡陌；則在所析之細流，盡併而爲陸矣。』（青藤書屋集卷三 海山仙館叢書本）此其臆測，有相同者。

其在劉大櫆則海峯文集卷一論井田云：『或問井田，曰：此開國之制也。夏后氏之貢，殷人之助，周人之徹，皆禹湯文武之所經營，而後王無與焉。……周之末，至於八百年之久，天下之田不加多，而民日益衆。不知將何以給之？吾意先王之制，蓋當國家初定，取天下之田，與天下之民，合計而權之。而民各分以其可得之田耳。』

其在崔述，則亦持此說，云：『是故夏之五十而貢，夏之圻內，夫受田五十畝，而行貢法也。諸侯之國，不必皆五十而貢也。殷之七十而助，殷之圻內，夫受田七十畝，而行助法也；諸侯之國，不必皆七十而助也。周之百畝而徹，周之圻內。夫受田百畝；諸侯之國，不必皆百畝而徹也。故詩曰：「徹田爲糧，豳居久荒。」公劉當夏商之際，乃不行貢助而行徹；不必盡行於天下之之明驗也。……然則殷之先世，亦必本行助法；故湯因之。非夏時諸侯皆用貢，至湯而盡變易天下之溝洫，以爲助也。』（皇朝三代經界通考 三大政考）東壁云云，其子居所言，得失略同。其謂貢助徹之制，非必通行於「天下，」（故貢時有助，助時有徹，徹時亦仍有助）此說也，亦可謂打倒井田制度半個矣。較諸陳及之云：「周制，井田之法，通行於天下。」足徵宋經師與清經師之異同得失矣。

故最高限度之認可，祇能謂井田或曾行於一時一地，而非經久劃一之制，不然，魯宣公十五年之「初稅畝，」公羊穀梁均嘗其廢井而履畝。然孟子之距宣公稅畝，爲時不過二百年，夏商以來，千餘年間經久劃一之井田制度，其見廢也果見記於聖人之春秋者耶？春秋，孟子所深愛者焉。孟子曷爲不嘗宣公之廢井，不引宣公以前魯之井田耶？

案明都穆聽雨紀談（明人小說本六頁）『余嘗觀孟氏譜云：「孟子，周定王三十七年（前三九八年）四月二日，即今之二月二日生。赧王二十六年正月十五日卒，即今之十一月十五日。」然則孟子之生，距宣公十五年（前五九四年）適爲二百年光景。孟子深愛春秋，何以述井地時，偏不及此？然則公羊謂「初稅畝，何以書？譏。何譏爾？譏始履畝而稅也。」穀梁謂「古者三百步爲里，名曰井田。「初稅畝者」，非公之去公田，而履畝十取一焉。』漢食貨志謂：『周室既衰，慢其經界，徭役橫作，政令不信，公田不治，故魯宣公初稅畝，春秋譏焉』——一若春秋時，果有宣公廢井之事者。然孟子深愛春秋於此不提一語；則宣公壞井，豈可信乎？

近有胡漢民，以爲井田壞於前八世紀。廖仲凱根據「初稅畝」三字，亦以爲魯壞井田始此。胡適則謂稅法自稅法，田制自田制，與田之井不井，並無所涉。季融五則謂：『溝洫道路之平非一人一時所堪奏效，即云「宣公廢井，」孟子亦應得及見其痕跡。」（詳井田研究第一〇九頁）然孟子不以「初稅畝」爲魯廢井田，其事至明。況徵之他籍，揆之情理，井田實烏有子虛之制耶！故夏曾佑亦云：「以近人天演之理解之，不能有此；」（中國古代史一八五）允矣。

二　春秋時豪族爭田事略

雖然，敷言井地制者要當以孟子爲最有權威。蓋先乎孟子，無如孟子之言之綦詳者。良由孟子處春秋之後，殊有可以使其敷陳均田制祿者在也。

第一、顯實的史實，則爲豪族之奪田。如叔孫僑如圍棘，取汶陽之田。(左傳成公三年)而『鄭子駟爲田洫，司氏侯氏子師氏皆喪田焉。』所謂『鄭四富族奪民之田，』(上二同見左襄十年)是也。又如周甘人與晉閻嘉，爭閻田(左昭九年)而晉『韓獻子卒范宣子爲政，分祈氏之田，以爲五縣。分羊舌氏之田，以爲三縣。』(左昭二十八年)——豪族之爭土競地，此皆孟子生前事也。

度當時秉政列國之卿相，千倉萬箱，如坻如京；其地主之威燄，有足令孟子以不滿者。

案左襄十九年傳，『鄭饑，民病。子皮以子展之命，餼國人粟，戶一鍾。』夫子皮子展，鄭之賢者，其積穀多至如斯，當非力耕所得。蓋亦含有大地主之意味者矣。

第二、則當時國君，似可以任意支配土地。愛則以田爲賞，怒則以田爲罰。如晉獻公之喪，秦伯遣公子摯『弔公子夷吾。退而私曰：「中大夫里克與我矣，我命之以汾陽之四百萬。丕鄭與我矣，我與之以負蔡之田七十萬。』(國語晉語)二在左傳中，此例尤多：如「衞人賞仲叔於奚以邑」；(成二年傳)如『楚圍宋之役，師還，子重請取於申呂以爲賞田。王許之。

申公巫臣曰：「不可，此申呂所以邑也。是以爲賦，以御北方。若取之，是無申呂也；」』成七年傳 如『鄭伯賞入陳之功，享子展賜之八邑，享子產賜之六邑。』襄二十六年傳 如『鄭伯如晉，公孫段相，甚敬而卑，禮無遺者。晉侯嘉焉，授之以策曰：「子豐段父有勞於晉國，余聞而勿忘，賜爾州田，以酬爾舊勳。」』昭四年傳 ——此皆國君賜田，歷歷可考者也。又如『晉討趙同趙括，……以其田與祁奚。韓厥言於晉侯曰「成季之勳，宣孟之忠，而無後；爲善者，其懼矣。……乃立趙武而返其田焉。』左傳成公八年 ——然則國君又可以任意奪田矣。

第三、夷考當時，爲貴族而又相互爭田者，在春秋期中，其例亦多。左桓二年傳：「晉哀侯侵涇庭之田。」僖三十二年傳：『晉文公討曹，分其地，魯取濟西田。』襄八年傳：『莒人伐魯東鄙，以疆鄫田。』襄十年傳：『范宣子數戎子駒支曰「吾先君惠公有不腆之田，與汝剖分而食之。」對曰「昔秦人負恃其衆，貪於土地，逐我諸戎，……惠公賜我南鄙之田。』——此皆列國間爭田之可見者也。

綜言之：春秋時土地之糾紛，一爲地主間的相互侵奪，二則國君之以地爲貨，三則列國間之相互奪田。茲三者，皆所以呈露土地私有之弊，而茲三者之發動人，又皆政治上人物，故曰豪族爭田史焉。

案左昭三年傳載晏嬰使於晉，遇叔向。『叔向曰：「齊其何如，」晏子曰：「此季世也，吾勿知齊其爲陳氏矣。齊舊四量，豆、區、釜、鍾。四升爲豆，各有其四，以合於釜，釜十爲鍾。陳氏三量，皆登登即增也一焉。以家量貸，而以公量收之。……民參其力，二入於公，而衣食其一。公聚朽蠹，而三老凍餒？』此卽言政府當局之爲地主者，如何操制佃人？

故滕文公使畢戰問井地，孟子對以「夫仁政必自經界始」歟？故孟子雖不曾目擊井田，而敢於援引「詩云，」及「由此觀之」以證井地之爲古制而慫恿滕文公之復古歟？

可注意者，則春秋時之地主，大抵乃政治上之豪族也。如鄭之司氏堵氏，其人則鄭之大夫也。如晉之范宣子，分祈氏之田……，『晉討趙同趙括以其田與祈奚。』其人則皆晉之大夫也。晏子謂陳氏三量登一，陳氏，則齊之執政也。——然則當時所謂地主，殆爲屬於政治的豪族，而非屬於經濟的富族。胡適謂孟子『夏后氏五十而貢，殷人七十而助，……夫世祿滕固行之矣，詩曰：「雨我公田，遂及我私」由此觀之……，』細看本文說貢說助之間，忽插入「夫世祿……」一句。『可知孟子所談的，不過是把滕國貴族的世祿制度，略加整頓。不過是分田制祿的經界計劃。』（井田研究二十頁）孟子之分田制祿，固針對當時政治豪族之厚自封殖而言者歟？

秦漢之際，則有平民兼併以富族爲地主者矣。

一三　重農積穀與商君

自春秋之末，訖於孟軻之傳說「仁政，」高談「經界，」政治上之兼併，流轉而爲戰國。於是，足食足兵，遂推進田制之改演矣。

其一、爲春秋以來之足食政策：魯語：『季康子欲以田賦，使冉有訪諸仲尼。仲尼不對，私於冉求曰：「若子季孫欲其法也則有周公之藉矣。苟欲犯法，則苟而訪，又何訪焉。」』國語魯語下 魯哀公亦問有若：『歲饑用不足，如之何？』論語顏淵篇 欒武子之稱楚國也，亦曰：『楚自克庸以來，其君無日不討軍實而申儆之……訓之以若敖蚡冒，篳路藍縷，以啓山林。』杜預注：『二君勤儉以啓土。』佐傳宣公十二年 此皆春秋時之足食政策也。及戰國時，則引神農之教者，竟言『有石城小仞，湯池百步，帶甲百萬而無粟，不能守也。』此足以見足食政策之進步也。

案「石城十仞」語，語見前漢食貨志；實則班氏引戰國時人說也。

其二、則孟子之前後，各國積穀之史實實多。方是時也，魏文侯有御廩，說苑雜言 齊饑，齊宣王亦嘗發棠邑之倉，以振貧民。孟子盡心篇 而蘇秦說齊，謂齊粟如邱山。說楚說趙說燕，亦曰粟支十年。史記秦傳 春申君爲楚造兩倉，西倉名曰均輸，東倉周一里八步。越絕書外傳 秦國轉輸天下，其中『藏粟甚多。』史記酈生傳 成都郭外，亦有秦時舊倉。後漢書公孫述傳 卽韓地險惡，亦置敖倉於廣武山——凡此倉儲之興，皆春秋以降，列國積穀之表見焉。

其三、各國以從事兼倂，取民未免無藝。戰國之初，魏文侯『見路人反裘而負芻，曰：「臣愛其毛。」文侯曰：「裏盡而毛無所恃。」』『明年，東陽上計，錢布十倍。文侯曰：「此無異夫路人反裘而負芻也。」』新序雜事 『解扁爲東封，上計而入三倍；文侯曰：「吾土地非益廣，人民非益衆，入何以三倍？」』淮南人間訓 『齊宣王出獵於社山，父老相與勞王。王曰：「賜父老田不租，賜父老無徭役。」閭邱先生不拜曰：「春秋冬夏，振之以時，無煩擾百姓，臣可稍得以富焉。」』說苑善說荀子謂『成侯嗣公聚斂計數之臣也。』荀子王制篇則國家無饜之誅求，亦可以見矣。

足食也，積穀也，聚斂也，茲三者，皆足食足兵政策之表見，何怪夫孟子之畜意提倡井田乎。

故前乎孟子，魏有李悝『盡地力』之教『大熟糴三舍一，中熟糴二，下熟糴一。小饑發小熟之所斂，中饑發中熟之所斂，大饑發大熟之所斂。』漢食貨志『行之魏國，魏以富彊。』悝所爲無非調劑民食，而當時乃張大其詞；足見當時重農積粟之風氣也。

案悝盡地力之動機，漢志謂『地方百里，提方九萬頃，三分去一，爲田六百萬畝。治田勤謹，則畝益三斗。不勤，則損亦如之。今一夫治田百畝，歲收畝一石半，爲粟百五十石。除什一之稅十五石，食五人，終歲爲粟九十石。餘有四十五石。石三十，爲錢千三百五十。除社閭嘗新春秋之祠，用錢三百，餘千五十。衣五人，終歲用錢千五百。不足四百五十。不幸疾病死葬之費，及上賦斂，猶未及此。此農夫所以常困，而令糴至於甚貴。』然則悝不過令糴不甚貴而已。與重農積粟有關，與田制初無關係。正如范蠡告越王：『因其所置而定之。同男女之功，除民之害，以避天殃。田野開闢，府倉實，民衆殷，無曠其衆，以爲亂梯。』越語第一而水利拾遺第六節謂李悝破壞溝洫，自謂德過周公。不知盡地力之何關田制，而逞其臆說也。

後於李悝之相魏，則有商君之相秦。前三六一至三三八今存商君書：『夫農者寡，而遊食者衆，故其國貧危。……今一夫耕而百人食之，此其爲蛆蟯蚼蠋亦大矣，……故先王反之以農戰。故曰百人農，一夫居者王。十人農，一人居者危。半農半居者危。……夫一聚黨與說議於國，紛紛然，小民樂之，故其民農者寡而游食者衆。衆則農者殆，農者殆則土地荒……舍農游食，而以言相高也。……此弱國貧民之教也。』農戰篇 又曰：『訾粟而稅，則上一而民平。上一則信，信則不敢爲邪。民平則愼，愼則難變。上信而官不敢爲邪。民愼而難變，則下不非上，中不苦官。下不非上，中不苦官，則壯民疾農不變。壯民疾農不變，則少民學之不休。少民學之不休，則草必墾矣。』墾令篇 然則商君所言，殆亦不過重農墾地，猶李悝所謂盡地力而已。蓋當時重農積穀之時代需要，有以使之然爾。

案商君書雖未必盡然商君所爲。然史記鞅傳稱『太史公曰：「余讀開塞耕戰書，想見其爲人行事相類。」』則墾令農戰之書，未必卽鞅書，亦未必背鞅本意焉。

一四　商君破壞井地考

商鞅無非重農耕墾而已，於田制無所更張。以壞井田爲鞅罪，語實失諸不考。蓋商君之前，在秦實無井田也。史記秦本紀言：『秦簡公七年，始以禾爲租，』則是初不以禾爲租也。又言獻公十年，始爲戶籍，史記卷五 則是獻公以前，未有戶籍也以禾爲租之前，未有戶籍之前，（均在商君執政以前，）秦何以推行井田耶？此一疑矣。

史記商君傳：『民有二男以上不分異者，倍其賦。…‥大小僇力本業耕織，致粟帛多者，復其身。事末利及怠而貧者，舉以爲收孥。宗室非有軍功論，不得爲屬籍。明尊卑爵秩，各以差次名田宅。』『爲田開阡陌封疆，而賦稅平。』（史記六十八）可見商君爲政，無非在「致粟帛多」；其方式則爲「差次名田」「開阡陌封疆」也。初無壞井之語，此二疑矣。

案爲「賦稅平」而「開封疆，」又欲達到「差次名田」之目的，則開封疆之開字，正當作開置解。初無開墾阡陌之意，如朱子所云（第六節）也。且秦在獻公前，尚未有戶籍，而謂秦之有阡陌封疆耶？朱子文集（卷七十二開阡陌辨）謂其『悉除界限，墾闢棄地』；似全未考慮商君以前，秦究有無阡陌？又未考慮史記『差次名田』『而賦稅平』諸語。考朱子所引有力證據，爲國策蔡澤語應侯『商君爲孝公平權衡，正度量，決裂阡陌，教民耕戰』，（秦策三）以爲史記所用開字，係開墾而非「開置。」不當。如通典云：「廢井田制阡陌」也。愚案：決裂兩字，或可作割裂訓。商君以平賦稅而正經界，以阡陌而言，固爲新建置；以田畝而言，則爲割裂移易。故史記言開阡陌封疆焉。商君殆從豪族手中，以「差次名田」之手段，得到土地；而即以此類土地，賦諸平民，令後者盡力所耕，不限多少，地愈分愈細，不集中於豪族，則阡陌更東西絡布，如鄭子泗爲田洫也。此舉本爲創舉，於平民初亦有利。故史記曰：「家給人足。」此舉本不利於豪族，故曰：「異日世族反對」焉。

蓋史記並無斥責商君破壞井田之語。漢志始謂：『秦孝公壞井田，開阡陌，急攻耕戰之賞，雖非古道，猶以務本之故，傾鄰國而雄諸侯。然王制既滅僭侈亡度，庶人之富者累鉅萬，而貧者食糟糠。』卷二十四 凡此所述，與史記有隱微之岐異，一有顯著之不同。二言岐異，則史記未言商君廢井，而漢志明言開阡陌廢井田矣。言不同，則史記言「差次名田」而漢志言「王制既滅僭侈亡度」。史記言「家給人足」而漢志言「貧食糟糠」矣。——從遷之說，商君不過限人名田而奬勵農產。從固之說，則商君壞井田，而墾阡陌矣。

案漢書以後，則以鞅為破壞井田者，更刺刺有詞。杜佑通典卷一言：『秦地廣人寡，故草不盡墾，地利不盡出。……故廢井田，置阡陌任其所耕，不限多少。』此卽朱熹立說所本，而佑說固有未妥者；佑言草不盡墾，則是秦有曠土矣，卽有井田，何至如朱子所謂：『但見阡陌之占地太廣，則病其地利之有遺？』然則商君殆不過『墾闢棄地，盡為田疇』非『盡開阡陌，悉除界限』焉。開阡陌，則工事艱難；墾棄地，則着手較易。又可傍證商君之未嘗破壞井田。

綜言之，商君未嘗破壞井田，其說有三：一曰：商君壞井，史記未言；而漢志以後，反言之鑿鑿也。二曰：秦既地廣民寡，則卽有井田，不必費氣力以壞阡陌，因其不如墾草萊以盡地利也。三則：秦在商君以前，毫無井田之型迹。故簡公七年周威烈王十八年 西元前四〇八『初租禾。』獻公十年烈王元年 前三七五『初為戶籍相伍』孝公十四年顯王二十一年 前三四八『初為賦，』此皆在商君用事之前，秦無井田之碻徵。井田者，須地籍戶籍稅籍，粲然完備，而始能成其為授受者也。

意者，秦在商君以前，必有豪族競逐之處，又有草萊未啓之土，對於前者，商君臨之以『差次名田』；對於後者，商君臨之以『任其所耕。』——換言之：商君殆不過令地無遺利（墾殖）人無遺力（限田）以應付重農積穀之時代耳。漢書地理志孟康注「爰田」云：『三年爰田易土，古制也。末世寖廢，商鞅相秦，復立爰田；（爰，即轅也。晉有「轅田」見左傳十五年傳）上田不易，中田一易，下田再易。』此亦言秦有曠土，商君之勇於開辟秦土也。

蓋古者地主與功臣貴族，有時亦混而爲一。（第十二節）故商君爲秦致力者，第一乃係於貴豪手中，收回土地，而後賦之平民。此卽所謂「差次名田而賦稅平」也。以此之故，在上則國家可以多收田賦，在下則平民可以僇力耕桑。所謂「秦人富強，家給人足」者，殆以無軍功憑族閥之貴族，鞅制限之以差次名田之後，平民得有田而產業發達，家給人足歟！——然而，商君此爲，介於政府與平民之間之貴豪，則不能不無怨言矣。

案史記商君傳：『有功者顯榮，無功者雖富不得芬華。』又載趙良告商君：『君又南面而稱寡人，日繩秦之貴公子。詩曰：「相鼠有體，人而無禮。人而無禮，不如遄死。」以詩觀之，非所以爲壽也。』秦本紀云：「太子立，宗室多怨鞅。」而其後商君得罪，果由於「公子虔之徒告商君欲反」也。然則商君得罪，殆由得罪貴族故。平民於商君，初無與焉。商君開罪於貴族地主，殆以兩事：一卽限宗室非有軍功不得爲屬籍；其一卽「各以差次名田宅」歟。

案後此蘇秦說秦，尙言：『今天下之府庫不盈，囷食空虛，……今秦地續長補短，方數千里，……然而甲兵頓，士卒病，蓄積索，田疇荒，囷倉虛。』（秦策第一）則商君限人名田，以盡地利；任人所耕，以盡人力；勢固有所不得已焉。

蓋貴族而兼地主，戰國初猶春秋時也。其在戰國之初，如晉智伯索地於魏；而魏與之。索於趙，趙不應，因圍趙。韓魏反之於外，趙應之於內。三家者『遂滅智伯，而分其地。』（國策趙一）又如公孫痤爲魏將，而『勝韓，魏王悅，迎郊；以賞田百萬祿之，……痤反走而辭曰：「……此吳起之餘教也。」……王曰「善，」於是索吳起之後，賜之田二十萬。』（國策魏一）此皆左擁其貴，右擁其地；非富而多田，如後世之素封，有田而未必有祿者。

左擁其爵而右擁其地者，於佃人固無益事反之，則又於國家公賦，極有損者也。如趙奢爲趙之田部吏：『收租稅而平原君家不肯出。奢以法治之，殺平原君家用事者九人。平原君怒，將殺奢。奢因說曰：「君於趙爲貴公子，今縱君家而不奉公，則法削；法削，則國弱。君安得有此富乎？」』（史記八十一）平原君，貴公子也；非耕農也，卽曰湯沐邑，則趙所以養公子，趙奢安得責以租稅乎？然則平原君家不肯納租之田土，必爲平原所佔有而佃於平民者。又觀趙奢所言，則知富國強兵，首須令此等地主就範。此商君所以下令「名田」求「賦稅平，」而「開阡陌封疆；」而終不免於「宗室多怨」焉。

夏曾佑中國古代史（頁一八五）云：『井田之制，爲古今所聚訟。以近人天演之理解之，似不能有此。社會變化，千因萬緣，安有天下財產，可以一時勻平者？其實情蓋以土地爲貴族所專有，而農夫皆附田之奴；此卽民與百姓之分也。至秦商君，乃克去之。』竊喜私見之幸同也。

案自春秋訖秦末，政治力在集中，卽經濟力亦在集中。新蓬勃之貲產商人，能吸取土田矣。如鄭商人弦高以牛十二犒秦。（左僖三十三年）而鄭賈人又『如楚如鄭適齊，』（左襄三十一年）范蠡破吳以後，以爲『陶天下之中，諸侯四通，貨物所交易也。乃治產積居，與時逐……十九年之中，三致千金。』（史記一二九貨殖傳）此所謂「產，」未必卽係田產；然與孟子所謂「恆產，」比綜而觀，則知貲產階級，在世族把持之局面中，蓋漸漸興也。左傳稱『王臣公，公臣大夫，大夫臣士，士臣皂，皂臣輿，輿臣隸，隸臣僚，僚臣僕，僕臣臺。』（左昭七年）而史記貨殖傳，則謂『凡編戶之民，富相什，則卑下之；伯則畏憚之；千則役；萬則僕，此自然之理。』前者以政治地位而判尊卑，後者以經濟故而定尊卑。足見春秋之末，西漢以前，『編戶』中之貲產階級，聲勢漸大。而地主階級，本爲豪族所獨佔者，又須加入一新「行列」矣。

貲產地主的新行列，加入社會之後，勢態自異。商君大略以名田制限豪族之佔田，而允認富族之有機會以佔田耳。蓋前者未免有規避公賦之劣習，而後者則肯依法出賦；由不肯出賦之豪族收回土田，使肯出賦之富族，得有機緣占田。此亦時勢使然，原無功過可論。世盛罪商君，爰爲辨錄如上。

昔惲敬大雲山房文稿（初集卷一三代因革論）云：『儒者皆歸罪於商鞅，雖然，鞅之罪，開秦之阡陌也。彼自關以東，井田之廢，非鞅之罪也。』此語可爲旁證，用綴卷末云。

卷三　王田前後考

一五　西漢豪族占田考

資產地主之興起，於政府表面，似尚有利。蓋以彼等不至橫干政府，又能供應政府者也。至於耕農，則遇此等切偪肌膚之地主，其苦痛又何能減也？無怪乎新興之富族，易爲時人所嫉視。與政治上有特權之豪族，聯爲一談，而「形勢」「豪強」「豪民」之惡謚起矣。

新興之富者，在社會中自易爲人嫉視。以始皇之雄，而爲巴蜀寡婦清築女懷清臺史記一二九。及漢平天下，『高祖乃令賈人不得乘車衣絲，重租稅以困辱之。』史記三十此正見政治上的權威者，遇經濟上的權威者，有鉤引嫉妒之兩事焉？

豪強者，即政府間人之兼爲地主者。蓋假其政治的便利，而因以得土者。

如始皇命王翦伐楚，『始皇自送至灞上。王翦行請美田宅池園甚衆，始皇曰：「將軍行矣，何憂貧？」王翦曰：「爲大王將，雖有功終不得封侯。故及大王之向臣，以請園池爲子孫業耳。」始皇大笑。王翦既至關，使使還請善田者五輩。或曰「將軍之乞貸，亦已甚矣。」王翦曰：「夫秦王怚而不信人，今空秦國甲士而專委於人；我不多請田宅爲子孫業以自堅，顧令秦王坐而疑我耶？」（史記七十三白起王翦傳）曰「請美田宅，蓋以爲「子孫業」。」則是田舍郎縱不封侯，而積田宅以遺子孫，其利亦溥。然「請」田，「請」於帝室，則猶是以政治力而得土者。

漢興，蕭何乃第一功臣。『客有說相國曰：「……上……畏君傾動關中。今君何不多買田宅，賤貰貸以自汚，上心始安？」於是相國從其計。上罷（英）布軍還，民道遮行上訴，言相國彊買民田宅數百萬。』（史記五十三蕭相國世家）何以侵佔而得，又懼被人侵佔，故『何買田宅必居窮僻處。……曰：「令後世賢，師我儉；不賢，毋爲勢家所奪。」』（漢書卷三十九何傳）得諸「彊買」而恐爲人「所奪」，是買田置產，已爲通俗之舉；故高帝度其未能免俗，而泛然色「喜」也。——然假藉政治權力以詐取豪奪得土，則猶是豪族爭田爾。

漢興以後，則如武帝時之田蚡，『孝景后同母弟也。……嘗請考工地益宅，上怒曰：「君何不遂取武庫！」……武安……治宅甲諸第，田園極膏腴，』而與蚡同時之灌夫，『諸所與交通，無非豪傑大猾，家累數千萬，食客日數十百人。陂池田園，宗族賓客爲權利，橫於潁川。潁川兒乃歌之曰：「潁水淸，灌氏寧；潁水濁，灌氏族。」』（同見史記一〇七）此足見豪彊之淫威矣。

其在成帝時，則如尙書張禹，『內殖貨財，家以田爲業。及富貴，多買田至四百頃，皆涇渭溉灌，極膏腴上賈，它財物稱是。』（漢書八十一張禹傳）又如翟方進爲相，『汝南舊有鴻隙大陂，郡以爲饒。成帝時，關東數水，陂溢爲害。方進爲相，與御史大夫孔光，共遣椽行視。以為決定陂水，其地肥美。……及翟氏滅，鄉里歸惡，言方進請陂上良田，不得而奏罷陂云。王莽時，嘗枯旱，郡中歸怨方進。童謠曰：「壞陂誰？翟子威。飯我豆食羹芋魁。誰云者，兩黃鵠。」』漢書八十四翟方進傳 方進有無佔田事不可知。然豪族可以「請田」於上，可以壟斷水利，則亦不難推知消息矣。

此等假政治勢力而為地主者，其習氣實可熏人。故谷永嘗諫成帝『易稱得臣無家，言王者臣天下，無私家也。今陛下……崇聚剽輕無誼之人，以為私客，置私田於民間，畜車奴車馬於北宮。……昔虢公為無道，有神降曰：「賜爾土田」左莊三十二年傳 言將以庶人受土田也。諸侯夢得土田，為失國祥；而況王者，畜私田財物，為庶人之事乎？』漢書卷二十七中之上五行志 谷永蓋不齊其本而齊其末者：成帝畜私田，正與唐宣宗之自稱進士，明武宗之號大將軍，同為羨慕社會上之流行故事而已。

案成帝以前，帝王對於土地之私有習慣，固已十分尊重。如武帝以欲為祕密微行計，『舉籍河城以南，盩屋以東，宜春以西，提封頃畝，及其價值。又詔中尉左右內史表屬縣萊田，欲以償鄠杜之民。』漢書六十五東方朔傳 曰償值，曰償民，則漢時溥天之下，固非莫非王土。成帝所以置私田者正由羨慕私有習慣耳。宋胡致堂云：『董仲舒欲以限田漸復古制，其意甚美，而終不能行者，以人主自為兼併，無異於秦也。』讀史管見卷三 其意若曰「唐帝嘗自稱進士，則科舉在爾時，不可廢。國府主席，喜看電影，則電影在爾時，自亦不可廢也。」

一六　西漢富族占田考

以上云云，乃秦至西漢，二百年來政治地主之活躍，所謂豪族是也。

政治上的地主，屬於豪族者以外，則更有資產地主，今姑名之曰富者。

自商君以後，資產地主之活躍，已漸顯著。故如洛陽人蘇秦，『出游數歲，大困而歸。兄弟嫂妹妻妾，皆竊笑之，曰：「周人之俗，治產業，力工商，今子乃釋本而事口舌；困，不亦宜乎？」』此所謂治產，不知何解？然徵之以季子歸來，『嫂委蛇蒲服以面委地而謝，……蘇秦喟然歎曰：「此一人之身，富貴則親戚畏懼之，……且使吾洛陽有負郭田二頃，吾豈能佩六國相印乎？」』（史記六十九蘇秦傳）然則所謂治產，殆課僮奴而力作也。佩六國相印，屬於豪族；負郭田二頃，屬於富族，二者不可得兼，可以見當時社會所希冀之二事矣。

故史記載宣曲任氏之先爲督道倉吏，『秦之敗也，豪傑皆爭取金玉，而任氏獨窖倉粟。楚漢相距滎陽也，民不得耕種，米石至萬，而豪傑金玉盡歸任氏。任氏折節爲儉，力田畜，田畜人爭取善價，任氏獨取貴善，富者數世。然任公家約，非田畜所出，勿衣食。公事不畢，則身不得飲酒食肉。故富。』（史記一二九貨殖傳）則楊惲所謂：『是故身率妻子，僇力耕桑，灌園治產，以給公上；……田家作苦，歲時伏臘，烹羊炰羔，斗酒自勞。……奴婢歌者數人，酒後耳熱，仰天拊缶，而呼烏烏』（漢六十六報孫會宗書）者，宣帝時之地主行樂圖，西漢初，蓋已有之矣。

案惲報孫會宗書，載漢書（卷六十六）惲傳。此雖語涉怨望，以為「糴賤販貴，逐什一之利，」非惲家實錄。然西漢時，富族地主之行樂圖，則惲語殆已盡之。

此等富人之為田主者，其勢力大至何似？則卜式輸邊，事猶可徵。案式『以田畜為事，有少弟，弟壯，式脫身出，獨取畜羊百餘，田宅財物盡與弟。式入山牧十餘年，羊致千餘頭；買田宅，而弟盡破其產。式輒復分與弟者，數矣。時漢方事匈奴，式上書願輸家財半助邊。上使使問式：「欲為官乎？」式曰：「自少牧羊，不習仕宦，不願也。」使者曰：「家豈有寃，欲言事乎？」式曰：「臣生與人亡所爭；邑人貧者，貸之，不善者教之。所居人皆從式，式何故見寃？」』（漢書五八式傳）半其家財助邊，而使天子親為存問，此其為田宅也亦大矣。欲為官乎？欲言事乎？又見政府當局，傾倒於資產地主之甚也。故前漢貨殖傳：『其元成迄王莽……其餘郡國富民，兼業顓利，以貨賂自行，取重於鄉里者，不可勝數，故秦揚以田農，而甲一州。』孟康注：『以田地過限，從此而富，為州中第一也。』（卷九十一）任氏也，秦氏也，此其人皆無闕陛之尊，以田為富，雄其鄉里；亦可見平民為地主者之聲氣矣。

案史記游俠傳述郭解家『邑中少年，及傍近縣賢豪，夜半過舍，嘗十餘車，請得解客舍養之。及徙豪富茂陵也，解家貧，不中貲。吏恐，不敢不徙。衞將軍（青）為言：「郭解家貧，不中徙。」上（武帝）曰：布衣權至使將軍為言，此其家不貧。」』（卷一二五）解無綰朱佩紫之榮，而傾動將軍，舍客常滿，此尤足徵豪猾之勢矣。貨殖傳釋「素封」云：『此其人皆與人千戶侯等，」張守節曰：「不仕之人，自有園田收養之給，其利抵於封君，故曰素封。」尤可以見當時富族田主之聲勢也。

一七　西漢重農貴粟史

豪族請田，富族封植，前漢百餘年之社會病態，志士仁人，未嘗不思挽救，然政府所爲，不過重農貴粟。

秦始皇嘗令『百姓自實田。』（史記五始皇三十一年徐廣注）通考云：『秦廢井田之後，任民所耕，不限多少。已無所稽考，以爲賦斂之厚薄，其後遂舍地而稅人，則其繆更甚矣。是年始令黔首自實田，以定賦。』（卷一）此張耳陳餘所以稱其「箕會頭斂」也。

案「己無所稽考，」而必令「黔首自實，」正足反證井田制之不能存有。何者，於地猶「無所稽考，」而必令黔首「自實，」則如井田制之手續繁重，且在秦一統以前，能乎否也。

漢興高后元年，卽除孝弟力田之官，督民敦本。食貨志謂：『漢興，乘秦之敝，諸侯並起，民失作業，而大饑饉。凡米石五千，人相食。於是約法省刑，輕田租，十五而稅。』什五稅一，較什一更輕，『什一行而頌聲作』矣，然而不然。

案何休注公羊，謂什一行而頌聲作，正漢人田賦思想之代表。然當時，田賦之外，又有私租，於農人爲兩重負擔，故國家卽減田租，得益者，只地主耳。於農人疾苦，初無與焉。

文帝屢下重農之詔。二年（前一七八）詔：『夫農，國之本也。其開籍田，朕親率耕以給宗廟粢盛，』然結果何如？則十二年（前一六八）又詔：『朕親率天下農十年於茲，而野不加闢，歲一不登民有饑色。』（見漢書卷二文帝紀上同）是曷故耶？考是年，又賜天下民田租之半。十三年除民之田租：『農，天下之本務，莫大焉。今勤身從事，而有租稅之賦，是謂本末無以異也。其於勸農之道未備，其除田之租稅，』後至景帝二年（前一五五）令民半出田租，三十而稅一，——僅減租，果足以減農人之疾苦耶？

案黃宗羲南雷文約：『詩云：「普天之下，莫非王土；率土之濱，莫非王臣。」田出於王以授民，故謂之「王土」。後世之田，爲民所賣，是民土而非王土也。……孟子以二十取一爲貉道，以授田時言之也。若其所自買之田，卽如漢之三十而取一，亦未見其爲恩也。而況後世之賦，輕者十取其三，重者十取其五六，民何以爲生乎？』（卷三賦稅）然則民所以不受減賦之實惠，良由「王非王土」，民負私租，但免公賦，「固未見其爲恩」矣。

減租重農，而農不受其惠。重農之外則又有賤商也。史記謂：『天下既平，高祖乃令賈人不得衣絲，重租稅以困辱之。孝惠高后時，爲天下初定，復弛商賈之律。然市井之子孫，亦不得仕宦爲吏。武帝時，又詔賈人有市籍者及其屬籍，皆無得名田以便農。敢犯令，沒入田僮。』司馬貞曰：『若賈人更占田，則沒其田與僮僕，皆入之於官。』——此雖略示制限富族占田之意，然賤商果足以救農人疾苦耶？

賤商之外，申以貴粟。鼂錯告文帝云：『令農夫五口之家，其服役者不下二人，能耕者不過百畝。百畝之收，不過百石。春耕夏耘，秋穫冬藏，……四時之間，無日休息。……勤苦如是，尙復被水旱之災，急政暴賦，賦斂不時，朝令而暮改，於是有賣田宅，鬻子孫，以償責者矣。……方今之道，莫若使民務農而已，欲民務農，在於貴粟。』於是文帝從錯言：『令民入粟邊，六百石爵上造，稍增至四千石，爲五大夫。萬二千石，爲大庶長。各以多少，級數有差。』漢書二十四食貨志 然錯之貴粟，果減耕農之病苦耶？抑增耕農之疾苦習耶？以余觀之，則殆屬於後者也。

案以粟易官，非始於漢。史記六國表始皇四年，『蝗蔽天下，百姓納粟一石，拜爵一級，』卽先例已。錯意以『富民有爵，農民有錢，粟有所渫。夫能入粟以受爵，皆有餘者也。取於有餘，以供上用，則貧民之賦可損。所謂損有餘，補不足。』漢志 第錯言損有餘，補不足，其中甚有問題。胡寅謂『蓋當時務末者多，農賤粟貴，一以爵誘之，則盡驅而之南畝，所謂爲之者衆，則財常足。』通考一引 是寅謂貴粟乃有利農人者。今案王夫之云：『入粟六百石，而拜爵上造，一家之主伯亞旅力耕，而得六百石之贏餘者，幾何？無亦強豪挾利以多占，役人以佃，而收其半也。無非富商大賈以金錢籠致而得者也。如是，則重農而農益輕，貴粟而粟益貴。處三代以下，欲抑強豪富賈者難，而限田又不可猝行，則莫若分別自種與〔命人〕佃耕，以爲賦役之制；人所自占爲自耕者，有力不得過三百畝，審其子姓丁夫之數，以爲自耕之實。過是者，皆得〔命人〕佃耕之。輕科自耕之賦，而〔命人〕佃耕者倍之，以互相損益，而合於什一之數。水旱則盡蠲自耕之賦，而〔命人〕佃耕者，非極荒不得輒減。若其果能躬勤力分任丁壯，多墾厚收，饒有贏餘，乃聽輸粟入邊，拜爵免罪。而富商大賈，居金錢以斂粟；以及彊家濫占佃耕，厚斂多畜者，不得與。如是則奪金之貴，而還之粟，可十年而得也。』（讀通鑑論卷二）船山所謂自耕，以今語之，自耕農也。所謂佃耕，以今語之，命人佃耕者，即地主也。彼以爲漢世貴粟，無非令地主剝削耕者，更進一步。故彼欲體卹耕農，束縛地主，以達到重農貴粟。然如船山云：『水旱之時，只蠲耕農，不蠲地主。』夫地主不受政府之蠲，又安肯蠲其佃人？但船山知訾議地主之粟，斥漢人舉措之非，則固綽有見解也。

然則漢與百年，重農而減租，受惠者，則徧於地主也。貴粟而拜爵贖罪，無非誘取地主加緊於榨取佃人而已。僅有賤商，亦何補於佃人？蓋不謀於田制間有所更革，不謀其本而謀其末，果與佃農無與。無怪夫景帝元年詔，猶言：『民多乏食，夭絕天年』矣。

一八　名田裁限論者

荀悅漢紀論（卷八頁三）云：『古者什一而稅，以爲天下之中正也。今漢氏或百一而稅，可謂鮮矣。然豪強富人，占田逾侈，官家百一之稅，民輸大半之賦，官家之惠優於三代，豪彊之暴酷於亡秦。是上惠不通，威福分於豪彊也。今（文帝）不治其本，而務除租稅，適足以資豪強也。』此即言重農薄賦之無與於佃人焉。

案陳之蘭限田論云：『自授田法廢，而民無常生之業。天卽豐年能豐之於田之所在，不能豐之於田之所不在。君卽薄征，能薄之於驗之所及，而不能薄之於斂之所不及。』切問齋文鈔卷十五 意同。

此其驗，武帝時，董仲舒已言之矣。仲舒語武帝云：『古者稅民，不過什一，……至秦則不然，用商鞅之法，改帝王之制。除井田，民得賣買。富者田連阡陌，貧者無立錐之地。……邑有人君之尊，里有公侯之富。……或耕豪民之田，見稅什五。故貧民常衣牛馬之衣，而食犬彘之食。重以貪暴之吏，刑戮妄加；民愁亡聊，亡逃山林，轉爲盜賊，赭衣半道，斷獄歲以千萬數。漢興，循而未改。古井田法雖難猝行，宜稍近古。限民名田，以瞻不足。』漢書二十四食貨志 然武帝不及用焉。

案王應麟云：『漢董仲舒請限民名田。名田，佔田也。各爲立限，不使富者過制，貧弱之家可足也。』困學紀聞卷十六 蓋謂仲舒陳言，專爲當時富族而發。然案漢書又載仲舒言：『故受祿之家，不與民爭業。然後利可均布，而民所家足。故公儀子相魯，之其家，見織帛，怒而出其妻。食於舍而茹葵，慍而拔其葵。曰：「吾已食祿，又奪園夫女工利乎？」……及周室之衰，卿大夫緩於誼而急於利，亡推讓之風，而有爭田之訟。故詩人疾而刺之曰：「節彼南山，惟石巖巖；赫赫師尹，民具爾瞻。」……由是觀之，豈可以居賢人之位，而爲庶人行哉？』漢書五十六仲舒傳 然則仲舒之名田策，殆不專爲「邑有人君之尊里有公侯之富」之富人發，亦爲蕭何田蚡一流豪族發歟。

仲舒名田之論，終於未付實行。良由豪富之橫，積習難輓。例如宣帝初立，丙吉秉政。霍光家族，謂『今丞相用事，縣官信之，盡變易大將車（光）法度，以公田賦與貧民。發揚大將軍過失，諸儒生多窶人子，遠客饑寒，喜狂說妄言。』

（漢書六八霍光傳）然則霍光之所以爲霍光，貧民之所以爲貧民，以至名田論之不能成在，胥可知已。

仲舒限田之議，至『哀帝卽位，師丹輔政。建言古之帝王，莫不設井田，然後治乃可平。孝文皇帝承亡周亂秦兵革之後，天下空虛。故務勸農桑，帥以節儉，民始充實，未有兼併之害。故不爲奴婢及名田立限。今累世承平，豪富吏民，貲數鉅萬，而貧弱俞困。蓋君子爲政，貴因循而重改作，然所以救急也，亦未可詳，宜略爲限。』遂決議：『諸侯王列侯皆得名田國中，列侯在長安，公主名田縣道，及關內侯吏民名田，皆毋過三十頃。諸侯王，奴隸二百人；列侯公主百人；關內侯吏民三十人。期盡三年，犯者沒入官。』（漢志）而哀帝爲下詔云：『制節謹度，以防奢淫，爲政所先，百王不易之道也。諸侯王列侯公主二千石及豪富民，多畜奴婢，田宅無限，與民爭利。百姓失職，重困不足，其議限列。』『有司條奏：諸王列侯，得名田國中，及公主名田縣道，關內侯吏民名田，皆無得過三十頃。諸侯王奴婢二百人，列侯公主百人，關內侯吏民三十人。年六十以上，十歲以下者，不在數中。賈人皆不得名田爲吏，犯者爲律論。諸名田畜奴婢過品，皆沒入縣官。』（漢書卷十一哀帝紀）——其時，則哀帝卽位，未改元（卽成帝綏和二年前七）也。

案：蘇洵謂『富民之家，地大業廣，阡陌連接，募召浮客，分耕其中，鞭笞驅役，視以奴僕。安坐四顧，指麾於其間，而役屬之。夏爲之耨，秋爲之穫，無有一人違其節度以嬉。而田之所入，已得其半。有田者一人，而耕者十人。是以田主日累其半，以至於富強；耕者日食其半，以至於貧窮，苦而無告。……限田之說，蓋出於此。而後世未有行者，非以不便民也，懼民不肯損其田，以入吾法，而遂因此以爲變也。孔光何武曰：「吏民名田，毋過三十頃，期盡三年，而犯者，沒入官。」夫三十頃之田，周制三十夫之田也。縱不能盡如周制，一人而兼三十夫之田，亦已過矣。而又期之三年，是又迫蹙平民，使自壞其業，非人情難用。吾欲稍爲之限，而不奪其田嘗已過吾限者，但使後之人，不敢多占田以過吾限耳。要之數世，富者之子孫，或不能保有其地，以復於貧；而彼已嘗過吾限者，散而入之於他人矣。或者子孫出而分之，亦無幾矣。如是，則富民所占者少，而餘地多，則貧民易取以爲業。……雖周之井田，何以遠過於此哉？」（通考卷一引）洵謂漢之限田，其數太多，其期太促，未可厚非。然洵所自擬之法，一則願地主之崩潰，此則純然夢想。二則期地主之分化，是猶漢時分封諸侯王之故智已。考七國變前，賈生已告文帝，乞「衆建諸侯而少其力。」（讀通鑑論卷二）七國亂後，主父偃告武帝：『今諸侯子弟或十數，而適嗣代立，餘雖骨肉，無寸土之封，則仁孝之道不宣。願陛下令諸侯，得推恩分子弟，以地侯之。彼人人喜得所願，上以德施，實分其國，必稍自削弱矣。』（漢書六十四主父偃傳）然諸侯者，有分削而無新建；地主則一方在自己分削，一方在自己產樹。故諸侯封建之制，在武帝時，得勉強剷除。獨地主階級，則政府不能搖動其分毫焉。

師丹之限田辦法，在當時自爲富族及豪族所不喜。哀帝以前如家貧傭作，以供資用之匡衡，一爲顯宦，有司卽奏其『背法制，專地盜土以自益。』（漢書八十一匡衡傳）及丹定擬以後，王嘉又劾董賢『使者護視，發取市物，百賈震動，道路喧嘩；羣臣惶惑，詔書罷苑，而以賜賢二千餘頃。均田之制，從此墮壞。』（漢書八十六王嘉傳）故丹定法之時，『田宅奴隸，賈爲減賤。丁傅用事，董賢隆貴，皆不便也。詔書且須後，遂寢不行。』（漢志）

案丹限田議定，田宅價減，即見法令之未必不能生效。吾鄉在民國十六年前，田價每畝百餘元，自民國十七年二五減租之後，價驟退至五六十元。——以今度古，知丹之建議，當時亦震撼社會之事矣。

丹議雖不行，而自董仲舒以來的限田論者，要爲提議力行之一人。其後如莽大夫楊雄，亦謂：『田也者與衆限之……無限，則庶人田侯田，食侯食，服侯服，人亦多不足矣。』（法言先知）王夫之云：『限田之說，董仲舒言之，武帝之世，尙可行也。師丹乃欲試之哀帝垂亡之日，至以成王莽之妖妄而不可行。』（讀通鑑論卷五。）——讀史者，於此知王莽之王田，固饒有歷史上之背景焉。

一九　王莽王田考

王莽居攝，離漢興蓋二百年矣。莽殆一泥古者，讀周禮，嘗夜分不寢。方居攝時，或稱其『上書歸孝哀皇帝所益封邑，入金錢，賞田，爲衆倡始。於是大小鄉和，承風向化，外則王公列侯，內則帷幄侍御，翕然同時，各竭所有，或入金錢，或獻田畝，以振貧窮。』（漢書九十九上。）其虛僞容有可議，然其不忍坐視社會病態之日深，則亦殆有意爲之。

案漢書謂莽未居攝前，『莽欲以虛名說太后，自言親承孝哀丁傅奢侈之故，百姓未贍者多。……因上書，願出錢百萬，獻田三十頃，付大司農，助給貧民。於是，公卿皆慕效焉。』其後以女聘帝，有司請以新野田二萬餘頃益封莽。莽言『臣莽國邑，足以共朝貢，不須復加益地之寵；願歸益地。』故陳崇譽爲「魯公儀子，不茹園葵；」十八節也。

始建國元年公元九年莽曰『古者設廬井八家，一夫一婦田百畝，什一而稅，則國給民富，而頌聲作。此唐虞之道，三代所遵行也。秦爲無道，厚賦稅以自供奉，罷民力以竭欲。壞聖制，廢井田，是以兼併起，貪鄙生，強者規田以千數，弱者曾無立錐之居。又置奴婢之市，與牛馬同闌。……漢氏減輕田稅，三十而稅一，常有更賦，罷癃咸出，而豪民侵陵，分田刼假，厥名三十稅一，實什稅五也。父子夫婦終年耕芸，所得不足自存。故富者狗馬餘菽粟，驕而爲邪；貧者不厭糟糠，窮而爲姦。俱陷於辜，刑用不錯。予前在大麓，始令天下公田口井，時則有嘉禾之祥。遭反虜逆賊且止。今更名天下田曰「王田」，奴婢曰「私屬」，皆不得賣買。其男口不盈八，而田過一井者，分餘田予九族鄰里鄉黨。故無田今當受田者，如制度。敢有非井田聖制，無法惑衆者，投諸四裔，以禦魑魅。如皇祖考虞帝故事。』漢書九十九中此卽王田制之大槩焉。

清王夫之論云：『君子之道，以經世者，亦惟小人之不可竊者而已。……封建井田肉刑，三代久安長治，用此三者。然而小人無能竊也，何也？三者固應天因人以趨時而立本者也。……田畝之稅，什一而漢文二十稅之，仍復免之。……雖非君子之常道，然率其情而不卹其文，小人且惡其害己而不欲效焉。……七月之詩，勸農之事也，而王莽竊之。命大司農部丞十三人，人部一州，以勸農桑，似矣。……惟國無異政，家無異俗，行之以自然耳。非一切以法限之，不得而繼之以刑者也。』讀通鑑論卷五所謂「情，」是事實問題；所謂「文，」是表面問題。

「率其情而不卹其文，」卽言重事實而不重浮文。彼殆以莽之不顧事實爲非。

然莽之王田，一則曰『分餘田予九族鄰里鄉黨，』再則曰『故無田，今當受田者如制度。』人孰無九族鄰里鄉黨，以分其餘田則擁田過限者國家仍不能沒有其「餘田，」「故無田今當受田如制度；」不知莽有何田，以供無田者之授受耶？？然則就王田制而言「王田，」其制非必然可久行者。

至於莽之「王田，」其未幾而卽敗者，則又有下列三者。

一曰，民可與因循，難與更始。故王田制下，莽臣區博嘗諫曰：『井田雖聖王法，其廢久矣。周道既衰而民不從，秦知順民之心可以獲大利也，故滅廬井而置阡陌，遂王諸夏，迄今海內未厭其弊。今欲違民心，追復千載絕迹，雖堯舜復起，而無百年之漸，勿能行也。天下初定，萬民新附，誠未可施行。』漢書九十九中

二曰，王田之制，爲豪族富族所深厭。而莽以峻刑臨之，則其致敗更速。莽傳謂『坐賣買田宅，……自諸卿侯大夫至於庶民，不可勝數。』故後來反莽者，又大抵皆地主也。後漢書稱光武『性勤於稼穡，……地皇三年南陽荒饑，諸家賓客，多爲小盜。光武避吏於新野，因賣穀於苑。』卷一光武紀南陽荒饑，而光武猶能賣穀，（東觀漢紀卷一云：『時南陽荒飢而上田獨收。』）此其爲地主也大矣。隗囂亦曾傳檄討莽，斥其『田爲王田，賣買不得。』後漢書四十三其言，亦爲地主張目也。而寇恂『世爲著姓』卷四十六耿純爲「鉅鹿大姓，」卷五十一其說光武起兵之李通，亦『世以貨殖著姓。』

卷四十五卽光武姊夫鄧晨，從光武反莽：『新野宰乃汚晨宅，焚其冢墓，宗族皆恚怒曰：「家自富足，何故隨婦家入湯鑊中？」晨終無恨色。』卷四五——是則雲臺二十八將雜之以吳漢之「家貧亡命」，臧宮之「亭長游徼」自能致莽死命耳。

三則曰奉行之不善，莽曾自言其吏：『各爲權勢，恐愒良民，妄封人頸，得錢者去。毒蠚並作，農民離散。』而史又記其『制度繁瑣，課計不可理，吏終不得祿，各以官職爲姦。受取賕賂，以自供給。』漢書九十九則莽之所以蓄意利便佃人者，卽佃人亦不能受到實利也。

案馬端臨謂『蔡澤言「商君決裂井田，廢壞阡陌，以靜百姓之業，而一其志。」……蓋守令之遷除，歲月有限；而田土之還授，姦弊無窮。雖慈祥如龔黃召杜，精明如趙張三王，旣不能久於其政，又豈能悉知其土地民俗之所宜？』蓋以爲官除守令，歲月有限；授受瑣細，非所能行，何況莽之守令，各以官職爲姦耶？

綜言之，所謂王田，就其制度本身而論，其中已有不能行處。何況一則背反人之惰性，二則激怒富民，三則奉行不善，於是更不能行。又何況莽之「五均」「六筦」紛紛而下？新政之更張除布，非止「王田」一事；則人間駭異，自且更甚。故雖翻然改圖，『聽王田得賣買，復三十稅一』，亦無救於莽之敗亡矣。

二〇　王田失敗後之地主

然莽之作爲，自有功者。章太炎檢論卷七通法云：『新帝復千載絕迹，更制王田，男不盈八，田不得過一井。此於古制，稍奢。荀悅以爲廢之於寡，立之於衆，土田布列在豪強，卒而革之，並有怨心，此其所以致敗也。然分田割假之害，自是少息。訖建武以後，鄉曲之豪，無有兼田數郡，爲盜跖於民間，如隆漢者矣。大功之成虧，亦不於一世也。』

荀悅漢紀卷八文帝紀論曰：『井田之制，不宜於人衆之時，田廣人寡，苟爲可也。然欲廢之於寡，立之於衆，土地布列在豪強，卒而革之，並有怨心，則生紛亂，制度難行。由是觀之，若高祖初定天下，光武中興之後，人衆稀少，立之易矣。既未悉備井田之法，宜以口數限田，爲之立限。人得耕種，不得賣買，以贍貧弱，以防兼併；且爲制度張本，不亦善乎？』此雖不贊王莽，然亦咎光武於中興以後，不能均平田制焉。

光武究係地主出身，建武十八年，嘗遣『耿遵，治皇祖廟舊廬稻田。』後漢書卷十九祭祀志引古今注 誠有如呂留良云：『後世人主無非自私自利心腸，卽有限田勸農，輕賦薄斂，只是喻於利，未嘗眞實爲民起念。此便是漢唐與三代判然不可合上處。』四書講義卷二十三 蓋爲帝皇者，只須人民粗安，便不計較其餘根本事矣。

東漢初興時，政府所求者賦稅而已。杜佑通典謂：『阡陌既敝，又爲隱覈。隱覈之法，憑於簿書，簿書既廣，必藉衆功。藉衆功則政由羣吏，政由羣吏，則人無所信。』食貨卷一 故光武建武十五年，西元四一『詔州郡檢覈墾田戶口，』期在得賦而已，不能阻豪滑之占田過度焉。

東觀漢紀言：『孝明皇帝，以皇子立爲東海公。時天下墾田，皆不實。詔下州郡檢覈，百姓皆嗟怨。世祖光武帝見陳留吏牘上，有書云：「潁川宏農可問，河南南陽不可問。」因詰吏，吏對言於長壽街得之。世祖怒，時帝在帷後。……對曰：「河南帝城，多近臣；南陽帝鄉，多近親。田宅逾制，不可問耳。」世祖命虎賁詰問，果首服，如帝言。』東觀漢記卷二 足徵東漢之初，清賦不易，而況於均田？

案後漢書光武紀言建武十六年，大盜四起，青徐幽冀四州尤甚。『是時天下初定，民方去亂離，而就安平。豈肯又生變亂？此必有激成其禍者。……上文有河南尹張伋，及諸郡守十餘人，坐度田不實，皆下獄死。則是時民變，蓋因度田起釁也。案劉隆傳：「天下戶口墾田，多不以實。……建武十五年，有詔覈檢，而刺史太守，多不平均，優饒豪右，侵削羸弱，百姓嗟怨。」……據此，則十六年之民變，必因十五年之檢覈戶口人畝，不均而起釁也。』趙翼二十二史劄記卷四後漢書間有疏漏處 可見當時檢覈戶口田畝之難，遑論均田？

夫以檢覈而言，當時人已有近親近臣之諷，以近親言，則如世祖舅樊崇，『南陽湖陽人也。世祖之舅，爲鄉里著姓，父重。……世善農稼，好貨殖。……其管理產業，均無所棄。課役童隸，各得其宜，故能上下僇力，財利貨倍，至乃開度田土，三百餘頃，其所起廬舍，皆有重堂高閣，陂渠灌注。』後漢書六十二 此不足見近親之爲大地主乎？

案後漢書注引水經注『湖水支分東北，爲樊氏陂。東西十里，南北五里。……亦謂之凡亭。樊氏既滅，庾氏取其陂。故諺云：「陂汪汪，下田良；樊氏失業，庾氏昌。」其陂至今謂之樊陂。』足見樊氏殖土之多。

又如和帝時，郅壽以譏刺竇憲，『憲怒，陷壽以買公田，……何敞上書理之曰：「……請買公田，人情細故。」』

後漢書五十九曰細故者，見當日兼併之烈。即如竇憲，亦『恃宮掖聲勢，遂以賤直請奪沁水公主園田。主逼畏，不敢計。後宗駕出過園，指以問憲，憲陰喝不敢對。後發覺，帝大怒，召憲切責曰：「深思前過，奪主田園時何用？愈趙高指鹿爲馬。久念令人驚怖。昔（明帝）永平中，令陰黨、陰博、鄧疊三人更相糾察。故諸豪戚，莫敢犯法者，而詔書切切，猶以舅氏田宅爲言。今貴主尚見枉奪，何況小人哉？」』後漢書五十三 則西漢時之豪族占田，東漢時，其風未嘗減也。

案東漢季年，如桓帝延熹二年，梁冀敗，『散其苑囿，以業貧人。』苑囿至可爲貧民業，其爲地主也可想。

又案章帝對竇憲云云，則知東漢初年，措置近親，非不厲也。竇憲傳又言：竇憲敗後，弟瓌亦「坐廩假貧人」得罪。李賢注曰『假貸貧人，非侯家之法，故坐。』則是東漢初，禁止貴戚侵漁百姓，似有例禁。然章帝母舅馬防『兄弟貴盛，奴婢各千人已上，資產鉅億，皆買京師膏腴美田，又大起第觀，連閣臨道，彌亙街路，多聚聲樂，度曲比諸郊廟。』卷五十四防傳 是明帝所以禁陰氏者，章帝已不及禁馬氏也。

如以「近臣」言之，則明帝時，范遷爲司徒，『在公輔，有宅數畝，田不過一頃。其妻嘗謂曰：「君有四子，而無立錐之地，可餘奉祿，以爲後世業？」遷曰：「吾備位大臣，而蓄財求利，何以示後世。」』卷五七郭丹傳 正以大臣之厚自封殖，故范公名言，當時實有清德莫及之感矣。

近臣近親，猶西漢時所謂豪族也。

而富族之占田，東漢之世亦未有減。

光武初興時，樊重已『善農稼，好貨殖。……外孫何氏，兄弟爭財，重恥之，以田二頃解其忿訟。郡中稱美，推爲三老。年八十餘，終其所假貸人間數百萬，遺令焚削文契。』後漢書六二樊宏傳而同時王丹『隱居養志，累徵不仕。好施周急，每歲農時，輒載酒肴，於田間候勤者而勞之。其惰孏者，恥不致丹，皆兼功自厲。……會前將軍鄧禹，西征關中，軍糧乏，丹率宗族，上麥二千斛。』五十七丹傳——其末爲政治上之豪族，而先拓土自肥者，亦可槩見。

故光武建國之初，桓君山已上書言：『夫理國之道，舉本業而抑末利。是以先帝西漢高祖禁人二利，錮商賈不得宦爲吏。此所以抑幷兼長廉恥也。今富商大賈多放錢貨，中家子弟，爲之保役。趨走與臣僕等勤，收稅與封君比入。』後漢書五八上收稅者，言平民地主之廣獲私租也。與封君比入者，言富族聲勢，不減豪族也。無怪乎王符潛夫論言：『今京師貴戚，衣服飲食，車輿文飾，廬舍，皆過王制。……富者競欲相過，貧者恥不逮及。是故一餐之所費，破終身之本業。』浮侈篇貴者與富者之浮侈，殊足令人興感矣。

二　東漢田制論者

思想者對此時艱，亦有救濟之方案耶？

西漢東漢間之經師，尚知贊許井地之制。雖所謂托古改制，非事實之眞。而何休諸人之議論，要不以私人兼倂爲是。第及東漢季年，則亦有牽就已成之事實，斥復古爲俗人者。

桓帝之時，崔實著爲政論，竟謂：『俗人拘文牽古，不達權制，奇偉所聞，忽簡所見，烏可以與論國家之大事哉？……必欲行若言，當大定其本使人主師五帝而式三王，盪亡秦之俗，遵先聖之風，棄苟全之政，蹈稽古之蹤。復五等之爵，立井田之制然後選稷契爲佐，伊呂爲輔，樂作而鳳皇儀，擊石而百獸舞，若不然，則多爲累而已。』後漢書八十二崔實傳 是崔實奇偉於其所見，簡忽於其所聞，於不可復之若干古制中，列井田爲所聞中之一事焉。——此即所謂牽就事實已，

案實於靈帝建寧中一六八—一七一病卒，而作公羊春秋解詁之何休，死於靈帝光和四年，一八一年五十四。是實之生平略早何休。休以經師，而味什一之稅，井地之制。而實則史稱『實父卒，剽賣田宅，起冢塋，立碑頌，葬訖，資產困絕，因窮困，以酤釀販鬻爲業，時人多以此譏之，實終不改，亦取足而已。』可知，其人蓋重於腳着實地者。彼殆見社會上之病態積習已深，故激而云然焉。

桓獻孱弱，繼以兵戈，制度更張，百舉待廢。而當時獨有一曾參曹操幕下之仲長統。年四十一歲死，與曹丕之篡漢同年。魏黃初元年二二〇年 其昌言云：『井田之廢，豪人貨殖館舍布於州郡，田畝連於方國，身無半通青綸之命，而竊三辰龍章之服，不爲編戶一伍之長，而有千室名邑之役，榮樂過於封君，勢力侔於守令，財賂自營，犯法不坐，刺客死士，爲之投命。至使弱力少智之士，被穿帷敗，寄死不斂，冤枉窮困，不敢自理。此雖由網禁疏闊，蓋分田無限使之然也。今欲張

太平之紀綱。立百代之基址。齊民財之豐寡，正風俗之奢侈，非井田實莫由焉。』昌言損益篇是崔實以井田爲「多爲累」者，仲長統乃斤斤自持之，考長統嘗被人目爲狂生，以今考之，其復井田之論調，亦終於成爲狂生之狂言而已。

漢光武初，以師旅未解，曾定什一之賦。光武建武六年。又復西漢之三十稅一。然長統非之以爲『二十稅一，名之曰貊，此公羊宣十五年傳及孟子告白圭語也況三十稅一也。……今田無常主，民無常居，……可爲法制，畫一定科，租稅什一，更賦如舊。今者土廣人稀，中地未墾。雖然猶當限以大家。弗令過制。其地有草者，盡曰官田，力堪農事，乃聽授之，若聽其自取，後必爲姦也。』昌言損益篇然則狂生之言，無非在「荒地」之上，以「力堪農事」爲標準，「限以大家，弗令過制，」較之董仲舒師丹一流人之限田論，猶爲允許地主之兼併者。僅主限田荒地也，安得曰非井田其道無由耶？

其尤可笑者：則仲長統嘗有樂志論：『欲卜居清曠以樂其志，論之曰：「使居有良田廣宅，背山臨流。溝池環匝，竹木周布，場圃築前，果園樹後，舟車足以代步涉之艱，使令足以息四體之役，養親有兼珍之膳，妻孥無苦身之勞。良朋萃至，則陳酒肴以娛之；嘉時吉日，則烹羔豚以奉之。躕躇畦苑，游戲平林；濯清水，追涼風，釣游鯉，弋高鴻。』後漢書七九引是長統者，未嘗不傾倒於地主階級之享受。井田限田出於其口，非徒唱高調，卽言不由衷。亦以見時勢限人焉。

張璠漢紀汪士南輯本云：鄭泰與何進同時，『知天下將亂，陰交結豪傑，有田四百頃，而食常不足。』則長統之未能免俗，又何怪焉？

卷四　均田前後考

二三　三國兵燹述

仲長統之死，曹丕已篡漢爲魏。蓋自靈帝中平元年（一八四）至晉武太康元年（二八〇）滅吳，擾攘幾及百年。武帝之後，二十年而八王始事（惠帝永康元年三〇〇年），五胡亂華，南北分治，直至隋文帝開皇九年（五八九）始滅隋而統一中國。其間擾攘，又三百年也。合兩次擾攘約四百年。則閭巷所以蕭條，人口所以稀減，誠非無故。

趙德麟引宋國史云：『天下生齒之數，舉其成數，前漢千二百二十三萬，後漢千六百七萬，魏九十四萬。』（侯鯖錄卷一，稗海本）蓋漢季之亂，戶少土荒，乃顯然之事實。後日北魏均田，正由於此。而三國乃兵燹之初期焉。

案後漢書（七十九）仲長統傳已言：『以及今日，名都空而不居，百里絕而無民者，不可勝數。』李賢註：『孝平帝時，……人戶千二百二十三萬三千六十二，口五千九百五十九萬四千九百七十九，此漢家極盛之時。……孝靈遭黃巾之亂，獻帝嬰董卓之禍，英雄棋峙，白骨膏野，兵亂相尋，三十餘年，三方既寧，萬不存一也。』案劉禪降魏，『送士民簿，領戶二十八萬，男女口九十四萬。』（蜀志卷三，裴注引王隱蜀記）孫皓降晉，『戶五十二萬三千，口四百四十三萬餘。」吳志卷三裴注引晉陽秋至魏之戶口，則據通考戶口考有戶六十六萬餘，口四百四十三萬餘。——然則三國合計，戶不及二百萬，口不及八百萬，其數雖未必可靠；然亦足見三國閭巷之蕭條。故西晉初年，戶亦不過三百七十七萬五千；魏志二十二陳羣傳注引晉太康三年地記。其時晉已一統矣。以方於漢，大有不及。此長期兵燹之初，亦均田制制度開場以前之景色焉。

何況三國競立之時，政府方汲汲於籌餉用兵？

蜀志諸葛亮傳：『亮每患粮不繼，使己志不伸。』顧亭林天下郡國利病書引『鄭剛中思歸亭記云：「武侯以草廬素定之畫，頻年出兵，皆以食盡而歸。」』卷六八四川四此言蜀也。其於魏，則明帝靑龍中營宮室而百姓失農，陳羣上疏諫曰：『令喪亂之後，人民至少。比漢文景之時，不過一大郡。』魏志二十二陳羣傳衛凱與荀彧書，亦言：『關中本膏腴之地，頃遭喪亂，人民流入荆州者，十餘萬家。聞本土安寧，皆企望思歸，而歸者無以自業。』魏志二十一衛凱傳此言魏也。其在於吳，則陸遜之告孫權，亦言『農桑衣食，民之本業，而干戈未戢，民有飢寒。』吳志十三——然則玆三國者，民窮財盡，攻戰相尋。竭澤而漁，志在得賦。仲長統於此而言井田，井田其可復哉？

而當時奔走於政治舞臺者，又多地主意味也。

裴注引興平九年曹公下令：『有國有衆者，不患寡而患不均。袁氏之始也，豪彊專恣，親戚兼併。下民貧弱，代出租賦，衒鬻家財，不足應命。』魏志卷一是言袁紹家多地主也。然魏武故事，載曹操於興平十五年下令：『於譙東五十里築精舍欲秋夏讀書，冬春射獵，求低下之地，欲以泥水自蔽。絕賓客往來之望。』魏志卷一裴注引 是曹操初志，亦未嘗不志在地主焉。

其在於蜀，劉備爲販履小兒，似無地主意味，而諸葛亮曾躬耕畎畝，父珪爲太山郡丞，從父玄爲袁術署豫章太守，卽孔明本人且自比於管仲樂毅。——然則所謂躬耕殆亦課奴而耕；亮死時，其「淡泊」之志固念念於「成都有桑八百株，薄田十五頃，」其地主之意味，蓋又盎然。

至於吳之魯肅，『家富於財，惟好施與。爾時天下已亂，肅不治家事，大散財貨，標賣田宅，以振窮弊。結士爲務，甚得鄉邑懽心。周瑜爲居巢長，將數百人，故過候肅，並求資粮。肅家有兩囷米，各三千斛，肅乃指一囷與周瑜。』吳志卷九周瑜傳．肅標賣田宅而有米三千斛之兩囷，此其爲地主甚明。然則孫皓降晉，武帝賜以田五十頃，吳志二皓傳 擬之於肅，降王之富，殆不及耳。

三國之君，對田制能略表不滿者，惟孫休乎？

休於永安二年二五八下詔：『管子有言「倉廩實，知禮節，衣食足，知榮辱，」一夫不耕，有受其饑。一婦不織，有受其寒。飢寒並至而民不爲非者，未之有也。自頃年以來，州郡吏民，及諸營民，多違此業。浮船長江，賈作上下，良田漸廢，見穀日少。欲求大定，豈可得耶？亦由租入過重，農人利薄，使之然乎？今欲廣開田業，輕其賦稅，差料強羸，課其田畝。務令優均，官私得所。』吳志三孫休傳 休知飢寒而民易爲非，由農人利薄而嗟見穀日少，故欲「差役強羸，」以期「務令優均」

——均田不能而爲均稅，欲差次其稅，以科富而惠貧，事雖無甚可稱，然亦空谷之足音矣。

一三　西晉戶調與占田限

自武帝平吳之後，始定戶調之制，以品次限人田宅。

晉書言『平吳之後，有司又奏，詔書，王公以國爲家，京城不宜復有田宅。今未暇作諸國邸，當使城中有往來處，近郊有芻藁之田。今可限之。國王公侯，京城得有一宅之處，近郊田大國十五頃，次國十頃，小國七頃，城內無宅，城外有者，皆聽留之。……

『男子一人，占田七十畝；女子三十畝。其外，丁男課田五十畝，丁女二十畝，次丁男半之，女則不課。男女年十六以上，至六十爲正丁；十五已下至十三，六十一以上至六十五，爲次丁；十二已下，六十六已上，爲老幼，不事。……

『其官品第一至於第九，各以官品占田。品第一者，占五十頃；第二品四十五頃；第三品四十頃，第四品三十五頃，第五品三十頃，第六品二十五頃，第七品二十頃，第八品十五頃，第九品十頃。而又各以其品之高卑，蔭其親屬，多者及九族，少者三世。宗室國賓，先賢之後，及士人子孫，亦如之。而又蔭人以爲賓客及佃客。……

其應有佃客者，官品第一第二者，佃客無過五十戶，第三品十戶；第四品七戶，第五品，五戶。第六品三戶。第七品，

二戶。第八品第九品，一戶。是時天下無事，賦稅平均，人咸安業，而樂其事。』（晉書二十六食貨志）

案晉初方用九品官人之制，故九品限田，亦遂相將而來。且正在百年離亂之後，平吳之前，杜預猶言：「往者東南，草曠人稀，』（晉書卷二六）故晉初得以虛立此制歟？

且細揆其制，就其本身而論，則猶未免於空虛也。第一，制度中不言逾限之田，如何措置，抑不禁今之踰限，而但禁將來之踰限也？抑將如王莽王田制之以畀九族鄉黨耶？第二，制度中各品官得以貴賤蔭其親屬，則影射之弊，不將滋生。

且就其實效而言，則知此制固未嘗切實奉行。

武帝平吳（二八〇）之前，固嘗賜陳騫廚田十頃，廚園五十畝，廚士十人。（晉書三十五。）其時在咸甯三年，（二七七年）而同時，武帝又賜衞瓘『廚田十頃，園五十畝，錢百萬，絹五百匹，牀帳簟褥，主者務令優備。』（晉書三六瓘傳）足見平吳之前，武帝固不曾關心豪富之橫行者，固不曾關心田制者。——然此，猶可曰平吳以前也。

其在平吳之後，則如石崇豪富，其父『苞臨終分財物與諸子，獨不及崇。其母以為言，苞曰：「此兒雖小，後自能得。」』崇位雖不顯，然王敦已譏為子貢與卿差近。惠帝時，遭禍籍沒，『有司簿閱崇水碓三十餘區，蒼頭八百餘人，他珍寶貨賄田宅稱是。』『春畦霍靡，列於凝互之晨；錦帳逶迤，亘以山川之外。』（晉書三十三石崇傳）崇之死也，上距平吳，已歷年所，而「田宅稱是」，曷為乎來哉？

案世說新語汰侈第三十云：『石崇每與王敦入學，見顏（回）原（憲）像而歎曰：「若與同昇孔堂，去人何必有間！」王曰：「不知餘人云何？子貢去卿差近。」』以敦之嘲謔徵之，知崇之「田宅稱是」必如其水碓三十餘區之繁多矣。

且平吳之後，未二十年而八王亂作，稍後而五胡亂華，事變迭來，亦非所以便利戶調佔田之制也。

五胡之亂，中原人士，相率渡江，民族流離之苦，史不絕書。故『洛京傾覆，中州士女，避亂江左者十六七。導勸（元）帝收其賢人君子，與之圖事。』晉書六十五 永嘉元年七三〇劉琨上表：『臣自涉州疆，目覩困乏，流離四散，十不存二。攜老扶弱，不絕於途。及其在者，鬻賣妻子，生相捐棄，死亡垂厄，白骨曠野，哀呼之聲，感傷和氣。羣胡數萬，周匝四山。動足遇掠，開目覩寇。……嬰守窮城，不得薪米，耕牛既盡，又乏田器。……其有存者，飢羸無復人色，荊棘成林，豺狼當道。』晉書卷六二劉琨傳 而祖逖丁『京師大亂，逖率親黨數百家避地淮泗，以所乘車馬載同行老病，躬自徒步，藥物衣粮，與衆共之。又多權略，是以少長咸宗之，推逖爲行主。』卷六二祖逖傳 則地主與農民之相率奔避，以及中原人口之大徙動，已躍躍於字裏行間。

五胡亂華以前，占田之限，史未見有實事表白；謂五胡亂時，而能行品官限田，丁男丁女之制乎？

案魏收魏書卷九十六司馬氏傳云：『叡割有揚荊梁三州之土，因其故地，分置郡縣。郡縣戶口至有不滿百者。』

此雖出主人奴之言，未足爲據。然土曠人稀，則當時南朝亦然。

二四　東晉南朝田制考

東晉偏安之後，距隋之一統，尚二百七十年三一八—五八九也。

江左偏安勢小地狹。元帝時，應詹已言『軍興以來，征戰運漕，朝廷宗廟，百官用途，旣已殷廣，下及工商流寓僮僕不親農桑而游食者以十萬計。不思開食美利，而望國給民足，不亦難乎？古人言曰：飢寒並至，雖堯舜不能使野無寇盜；貧富幷兼，雖皋陶不能使強不陵弱。』晉書二十六食貨志且永嘉末亂前，劉弘曾以『舊制峴方兩山澤中，不聽百姓捕魚。弘下教曰：「禮名山大澤不封，與共其利。今公私兼併，百姓無復厝手地，尚何謂耶？」』晉書三十六劉宏傳是則兼併之局，更永嘉之喪亂，而未有已；庸得曰戶調限田乎？

案此時流寓所至，大抵偏於東南。故山陰道上，有應接不暇之喻。然流寓人所自來之處，以曠土少民，如溫嶠所謂『今江南六州之士，尚多荒殘，方之平日，數十分之一耳。』晉書六七嶠傳而一二華奐之區則以中州人士，簇擁而來，故貧富兼併有如應詹所云。

國家丁艱難之際，所注意者，賦稅之制，不暇及土地分配焉。故溫嶠又言：『今不耕之夫，動以萬計。春廢勸課之制，冬峻出租之令。下未見施，惟賦是聞。』晉書六十七是言國家於勸農且不遑，而惟遑遑於得賦耳。宋洪邁又載當時契税之制，『晉自過江，凡貨賣奴婢馬牛田宅，有文券，率錢一萬，輸估錢四百入官。賣者三百，買者一百，無文券者，隨物所堪，亦百分收四，名曰「散估」，歷宋齊梁陳如此以爲常。』（容齋續筆卷一）蓋國家於政費艱難中，不得不藉地主之賣買土地，因之以爲利也。而謂國家之肯限田乎？

晉書食貨志載應詹表云：『江西良田，曠廢來已久。火耕水耨，爲功差易。宜簡流人，興復農官。功勞報賞，皆如魏氏故事。一年中與百姓，二年分税，三年計賦税。以使之公私兼濟，則倉盈庾億，可計日而待也。』有荒土而不知推行舊日戶調占田之制，而惟着眼於墾土出賦，則西晉初年之地制，無人注意，蓋可知也。

案晉初戶調之制，定税從戶，『丁男之戶，歲輸絹三匹，綿三斤，女及次男爲戶者半輸，』是税以戶計也。其在東晉，則成帝咸和五年（三三〇）「始度百姓田，取十分之一，率畝税米三升。哀帝即位，減田租，畝收二升，」則是不問戶而但問田矣。此一變焉。孝武太元二年（三七七）除度田收租之制，王公以下，口税三斛，惟蠲在役之身。八年，又增税米口五石，則税從口而不從田不從戶，此又一變焉。蓋戶調從戶，原以有戶必有田：『男子一人占田七十畝，丁男課田五十畝，則無無田之戶矣，此戶調所以可行歟？』（通考卷二）其後戶或無田，故税從「田」，後以豪右田多，貧民無田，可以不出賦；故改而從口焉。觀於税法變換，亦可徵兼併之烈。

隋書（卷二十四）食貨志言：『晉自中原喪亂，元帝僑寓江左。百姓之自拔南奔者，並謂之僑人。……其無貫之人，不樂州縣編戶者，謂之浮浪人，樂輸無定數，任量，……都下人，多爲王公貴人左右佃客，典計衣食客之類，皆無課役，官品第一，第二佃客無過四十戶，第三品三十五戶，第四品，三十戶；第五品，二十五戶；第六品，二十戶；第七品，十五戶；第八品，十戶；第九品五戶；其佃穀皆與大家量分。』足見人無定屋，豪彊兼併，平民流徙，分耕富人之田，且以見後世主佃分租之起端。更見戶調制隱，從戶稅不得不由從田稅而爲從口稅，以期得豪右之懽心，以期無田者之亦出稅也。

案王夫之云：『收租而不度其田，一戶之租若干，一口之租若干，有餘力而耕地廣，有餘勤而獲粟多者，無所取盈。窳棄而廢地者。無所蠲減，民乃益珍其土，而競於農。其在強豪兼併之世，尤便焉。田已去而租不除，誰肯以其先疇，爲有力者之兼併乎？人各保其口分之業，人各勤其稼穡之事。強豪又烏從而奪之。則度人而不度田，勸農以均貧富之善術，利在久長，而民皆自得。此之謂定民制也。太玄之制，口收稅米三斛，不問其田，不禁兼併，而兼併自息矣。』讀通鑑論卷十四。船山贊許從口稅，以爲田去賦留，故貧者不肯以其先疇售與有力之家。——此說大誤。貧民之售田不售田，與賦之除不除，何關？徒使田連阡陌者，只有口稅而貧無立錐者，亦有口稅；以成其爲不平等的稅法而已。後此清創地丁合一，徵稅一以地畝爲主，以爲無地之丁，是乃貧丁，故免其賦。是尙有意爲之。今東晉以窮丁富丁，齊納口稅。而地主佃農之甘苦，置之不問，烏可譽之爲「不禁兼併而兼併自息」哉？

計口稅，爲優饒豪右之稅法；自不足以防止兼併。而足以證明東晉之不爲土地立制。故孝武帝時，曾減低丁之年齡，此尤足徵國家之竭澤而漁，不爲無地之貧佃着想。當時范甯曾言：『禮十九爲長殤，以其未成人也。十五爲中殤，以其尙幼穉也。今以十六爲全丁，則備成人之役矣。以十三爲半丁，所任非復童幼之事矣。豈可……困苦百姓，乃至是乎？今宜修復禮文，以二十爲全丁，十六至十九爲半丁，則人無夭折，生民滋繁矣。』晉書七五甯傳 然國家所以減低丁年，正緣多圖稅收，而無暇於爲無地之貧丁着想也。

東晉亡後，南朝歷宋齊梁陳者，又百六十餘年四二〇—五八九也。

蓋當時風氣，士則流於玄言，官則萃於世族。『上品無寒門，下品無世族；高門華閥，有世及之榮；庶姓寒人，無寸進之路。』二十二史劄記卷八九品中正條 『六朝最重氏族，……甚至習俗所趨，積重難返，雖帝皇欲變易之，而不能者。……僧眞啓宋孝武帝云：「臣小吏出自本州武夫，他無所須，惟就陛下乞作士大夫。」帝曰：「此事由江斅謝瀹，吾不得措意。」僧眞承旨詣斅，登榻坐定，斅命左右移吾床讓客。僧眞喪氣而退，帝曰：「士大夫固非天子所命。」』陔餘叢考十七六朝重氏族條 閥閱之隆重，非能於田制間爲均平之措置者也。

所謂士則流於玄言者，則以南朝思想家非如兩漢經生，敢於托古改制。故趙翼謂：「南朝經學，本不如北；兼以上之人，不以此爲重，故習業益少。」二十二史劄記卷十五南朝經學條 『是時父兄師友之所講求，專推究老莊，以爲口舌之助，五經中，惟崇易理，其他盡閣束焉。』劄記卷八六朝清談之習 土地均配，爲兩漢經師中心主張之一。其在南朝，經學衰沉，則均土宅民，固當並其之幻想而無之者也。

案魏均田，其思想上之出發點，亦由經學昌明。趙宋諸儒，尙能袖手以談井田；其出發點，亦由於尊經好古；非

由於目擊社會上土地分配之不均焉

故宋齊梁陳間，地主橫行之史蹟，亦有可以探蹟者矣。

宋書孔季恭傳謂『山陰豪族富室頃畝不少。貧者肆力，非爲無處。』宋書五十四 而孔靈符者，『家本豐，產業素廣。又於永興立墅，周圍三十三里，水陸地二百六十五頃，含帶二山，又有果園九處，爲有司所糾，詔原之，而靈符答對不實，坐是免官。』宋書五十四 江夏王義恭，以皇室之親，亦有吏僮二千九百人，宋書六一 然則宋時豪族之殖土自肥者，蓋亦衆矣。

惟南齊高帝建元三年四八○ 蕭子良爲丹陽尹，明年上表：『屢得丹陽溧陽永世等四縣，並村耆辭列，堪墾之田，合計荒熟，有八千五百五十四頃。修治塘遏，可用十一萬八千餘夫。一春就功，便可成立。上納之，會遷官，事寢。』南齊書四十武十七王傳 修治遏塘之後，而八千餘頃之地，可用十萬餘夫；是計口授田，未忘晉時一夫七十之議也。永明元年齊武帝四八三『柳世隆奏尙書符下土斷條約，並省僑郡縣。凡諸流寓，本無定憩。十家五落，各自星處。一縣之民，散在州境。西至淮畔，東届海隅，今專罷僑邦，不省荒邑。雜居舛處，與先不異。離爲區斷，無革游濫。謂因同省，隨界並帖，若鄉屯里聚，二三百家，井甸可修，區域易分者，別詳立。』南齊書十四州郡志南兗州條 然則因其曠土，試爲井甸，固時人所知者矣。

案南齊時，與北朝緣邊之地，頗多曠土，如徐孝嗣言：『竊尋緣淮諸鎮，皆取給京師。費引既殷，漕運艱澀。聚粮待敵，每若不周。利害之基，莫此爲急。臣比訪之故老，及經彼宰守，淮南舊田，觸處極目。陂遏不修，鞠爲茂草。平原陸地，彌望尤多。……遠資餽運，近廢良疇。士多飢色，可爲嗟歎！』南齊書四十四孝嗣傳 齊書州郡志言朱序刺雍州，

『襄陽左右田土肥良桑梓野澤處處而有。』郗恢爲雍州『舊民甚少新民漸多。』文獻王傳，又載建元元年四七九王儉上牋『舊楚蕭條，仍歲多故荒民散亡。』齊書卷二十二是則兵燹所及有地少人平安之區，地狹人稠。此因其曠土，試爲井甸之議，所以貿然誕生歟！

然計夫授荒緣邊設井，終於其爲率爾之言。考齊高帝建元二年四八〇詔云：『黃籍，民之大計，民之治端。自頃民俗巧僞，爲日已久。以至濫注爵位，盜易年月，……或戶存而文書已絕，或人在而反托死版，停私而云隸役，力強而稱六疾。編戶齊家少不如此。』虞玩之論之云：『吏貪其賄，民肆其姦，……恭始三年，至文徽四年，揚州九郡四號黃籍，共卻九萬一千餘戶，至今十一年矣。而所正者猶未四萬。神州奧區，猶或如此。江湘諸郡，倍不可念。』南齊書三十四虞玩之傳然則人口以計口徵稅，故而有隱射飛灑之弊，「夫」既不易察知，「荒」固無由授受焉。

梁武帝「恭儉莊敬，藝能博學」，大同七年五四一曾詔：『用天之道，分地之利，蓋先聖之格訓也。凡是田桑廢宅，公創之外，悉以賦給貧民，皆使量其所能，以授田分。如聞往者豪家富室，多占取公田，貴價僦稅，以與貧民，傷時害人，爲弊已甚。自今公田，悉不能假與豪家。已假者，特聽不追。若富室給貧民種粮，共營作者，不在禁例。』梁書三武帝紀僅能於官有公田杜貴族之侵占量貧人之能，以供授受事非可稱。然以時世衡量，知貴價僦稅之爲傷時害人，則武帝洵拔乎其萃者矣。

案宋周煇清波雜志卷下頁十九稗海本云：『煇頃侍巨公，語及常產云：「人生不可無田，有則仕宦。出處自如，可以行志，士則仰事俯蓄。粗了伏臘，不致喪失氣節。「有田方爲福，」蓋福字從田從衣。雖得此說，三十年。竟無尺土可耕。老而衣食不足，福基淺薄，不亦宜乎？』錢大昕十駕齋養新錄以爲『宋人不講字學，故多誤解。』卷十八

然有田爲福，六朝人已有此意。梁書徐勉云：『古人謂以淸白遺子孫，不亦厚乎？……吾雖不敏，實有本志……所以顯貴以來，將三十年。門人故舊；或薦便宜。或使創闢田園。亦令貨殖聚斂。若此諸事，皆距而不納。非謂拔葵去織，此見漢書董仲舒傳 實欲省息紛紜。』梁書二十五徐勉傳 此可見梁時貴宦，皆以得田爲要。卽如勉之淸白，亦不得以魯公儀子自況焉。覩當時貴豪之風氣，則武帝之斥貴價僦稅，自可人意。

梁亡陳繼，內則士習日靡，外則疆埸日蹙。後主叔寶雖嘗下令謂：『詐僞日興，簿書歲改。稻田使者，著自西京，不實峻刑，聞諸東漢。老農懼於祇應，俗吏因而舞文。輟耒成羣，游手爲伍。永言妨蠹，良可太息。……其有新開塍畝，進墾蒿萊。廣袤勿得度量，征租悉皆停免。私業久廢，咸許佔作。公田荒縱，亦隨肆勤。』陳書六後主紀 曰「咸許佔作，」曰「亦隨肆勤，」猶是獎人爲耕，而未嘗知有田制焉。

二五 均田以前之北方

東晉新建之初，北方在大混亂中。固亦在荒殘中。史稱石勒下幽冀後，始下州郡閱實戶口，然石氏兇暴，繼以冉

閭之變，安民不遑，敢曰宅土哉？卽如符秦盛時，『百姓歌之曰：「長安大街，夾樹楊槐。下走朱輪，上有鸞栖。」』然彊宗豪室之僮隸多有至三萬餘人，『子弟離其父兄，悲切哀痛，酸感行人。』（晉書一一三符堅載記）是知豪彊兼併，符氏未及措意焉。

其在前燕，慕容皝則竟認可私租，以牧牛給貧民田於苑中，『公收其八，二分入私，有牛而無地者，亦田苑中，公收其七，三分入私。』其時參軍封裕諫曰：『自永嘉喪亂，百姓流亡，中原蕭條，千里無煙。飢寒流隕，相繼溝壑。先王（慕容廆）以神聖武略，保全一方。九州之人，繈負萬里。……人殷地狹，故無田者十有四焉。魏晉雖道消之世，猶削百姓，不至於什八。特官牛田者，官得六分，百姓得四分。私牛而官田者，與官中分。人皆安業，臣猶曰非明王之道，而況增乎？』（晉書一〇九慕容皝載記）揆之於裕所言，知當日私家主佃，必有分租之事。國家效法，剝取農佃，故封裕以爲道消之世耳。

案宋永亨搜采異聞錄云：『慕容皝以牛假貧民，使田苑中，稅其十之八，參軍封裕諫，以爲魏晉之世，假官田牛者，不過稅其什六，自有者中分之，不取其七八也。今觀吾鄉之俗，募人耕田，十取其五，而用主牛者，取其六，謂之「牛米」。蓋晉法焉。』（卷一稗海本）是可反證慕容皝之帶徵私租牛米，乃浸淫於當時地主之習氣者。故慕容暐時，曾罷私戶二十萬，皆『爲權貴所蔭，不受公家之役者。』（讀通鑑論卷十四）可知北方卽在變亂，然兼併未嘗不烈。致政治上之財賦，於漢氏三十取一之外，又取「見稅什五」之私租也。

當時皝曾下令：『苑囿，可悉罷之，以給百姓無田業者。貧者全無資產，不能自存者，各賜牧牛一頭。』蓋爾時人地之準配。事正難能。姚襄載記言：『招集流人，勸課農桑。』晉書一一六 馮跋下令：『令疆宇寧息。百姓寧息，而田畝荒穢，有司不隨時督察，欲令家給人足，不亦難乎？』晉書一二三 此等舉措僅限於墾荒出稅而已。惟李特載記：『其賦男子，歲穀三斛，女丁半之；戶調絹不過數丈，絲數兩。事少役菲，百姓富實。閭門不閉，無相侵盜。』李班語李雄，亦謂：『古者墾田均平，貧富獲所；今貴者廣占荒田，貧者種植無地。農者以己所餘而賣兒此豈王者大均之義乎？』雄納之。』晉書一二一 但「納之」以後，所謂「王者大均」，奉行不知何如耳？

蓋大亂之後，戶絕人亡，土地自易收歸公有。然急功近利之政治家，惟病地利之有遺，不能預爲之制。然則北魏之所以能推行均田者，當有其其他之背景，在乎土曠人稀以外者矣。

二六　元魏均田背景述

魏自統一北部之後，孝文帝太和九年四八五 即推行均田。

是年詔曰：『朕承乾在位十有五年。每覽先王之典，經綸百氏，儲蓄既積，黎元永安。爰及季葉，斯道陵替。富強者兼併山澤，貧窮者望絕一廛，致使地有餘利，民無餘財；或爭畝畔以亡身，或因飢饉而棄業。而欲天下太平，百姓豐足，安可得哉？今遣使者循行州郡，均給天下之田。』魏書七孝文紀 紬繹其意，一則激動於先王之典，一則激動於地有餘利，是以『均給天下之田』前者卽思想上之背景，後者則事實上之背景也。

所謂地有餘利者，卽當時土曠民稀，乃均田制之事實背景焉。兩漢盛時戶皆千餘萬口皆五千餘萬，（第二十節）三國競爭，戶口銳減。五胡亂後，益無論已。後魏戶口，魏書地形志，謂『正光以前，時惟全盛，比夫晉之太康，倍而餘矣。』故通考戶口考，斷爲戶五百萬口三千萬，然亦測度之詞焉。案裴注三國志（魏志二十二陳羣傳注）引晉太康三年地記，晉戶爲三百七十七萬。而晉書則謂太康元年平吳大凡戶二百四十五萬口一千六百十六萬，（晉書卷十四地理志）通考（卷十）所據以斷魏正光人口者，蓋爲後者。然因此已足徵後魏人口，不及兩漢盛時之半也。

然或謂元魏版圖，以較兩漢，南削於宋齊梁陳，土少削矣，故人亦稀。考顧祖禹讀史方輿紀要，兩漢之世，『左東海，右渠搜（今榆林北境），前番禺，北陶塗，（今沙漠地）』（方輿紀要卷二）而『魏地北逾大磧，西至流沙，東接高麗，南臨江漢。』（紀要卷四）是南縮於漢，而北伸於漢，魏之版圖，決不得比漢少半。

且通考三千萬之數，猶疑測之過多。趙德麟引宋國史云：『天下生齒之數，舉其成數；前漢一千二百二十三萬，後漢一千六百七萬，魏九十四萬，晉二百四十五萬，宋九十萬，後魏三百二十七萬，北齊三百三萬，北周三百五萬，唐九百六萬，國朝藝祖二百五十萬，太宗三百五十七萬，眞宗八百六萬，仁宗一千九百九萬，英宗一千二百四十八萬，神宗一千七百二十七萬。』（侯鯖錄卷一稗海本）如趙氏言，則後魏人口，僅及後漢五分之一耳。

所謂激於先王之典，卽爾時經學隆重，卽均田制度之思想背景也。

蓋井田論者，或均田論者之思想背景，往往基於儒生之援經於古。知北朝經學之勝於南朝，則知均田之令，有自來焉。趙翼言：『北朝羇據偏安之國，亦知以經術爲重。』（二十二史劄記十五北朝經學條）又云：『南朝經學，本不如北；兼以上之人，不以此爲重，故習業益少。』（同上卷南朝經學條）皮錫瑞言：『正始以後，人尚清談。迄晉南渡，經學盛於北方。……魏儒學最隆，歷北齊周隋，以至唐武德貞觀，流風不絕。故魏書儒林傳爲盛。』（經學歷史三十九頁）然則自北魏訖唐之所以有均田之令，與經學隆重，實有相當關係焉。

故北魏以後，『北周詔誥，則用尚書體。』（二十二史劄記卷十五）宇文泰則『自擬於周公。』（困學紀聞卷十三：宇文泰自以爲周公）蘇綽佐之，立官分職，皆托『周制；』（周書一太祖紀）雖王夫之曾深惡痛絕，以爲『莽之愚，劉歆導之；泰之僞，蘇綽導之。自以爲周官，而周官矣。……高洋之篡也，梁陳之偸也，宇文氏乃得冠猴舞馬於關中，而飾其羶穢以欺世。』（讀通鑑論卷十七）然於此，足徵權姦大慝，固亦利用北朝經學之興盛已。

人口稀少，蓋事實之背景；經學發達，乃思想之背景；而所以促成均田制之實行者，則又有『人』焉。

案北魏太祖『定中原，接喪亂之敝，兵革並起，民廢農業。……旣定中山，分徙吏民，及徙他種人工技巧十萬餘家，以充京都。各給耕牛，計口授田。』（魏書卷一一〇食貨志）是拓跋珪知於窮荒之土，計口授田焉。

然如孝文之曾祖恭宗，頗多私營田宅。高允諫曰：『夫天下者，殿下之天下。富有四海，何求而不獲？何欲而弗從？

而與販夫販婦競此尺寸？昔虢之將亡，神乃下降，賜之土田，卒喪其國。……願殿下稍察愚言，斥出佞邪，所在田園，分給貧下。』魏書四八高允傳 是拓跋晃能與民爭產也。

至於孝文帝拓跋宏，史稱其生平：『北俗五歲卽登帝位。此豈有師儒之訓，執經問業，如經生家所爲？乃其聰睿性成，有不可以常理論者。史稱其雅好讀書，手不釋卷。五經之義，覽之便講。』二十二史劄記卷十四孝文帝文學 故其施行新政，在鮮卑人言之，固爲新政；然遷都，立學，改姓，固與其「均田」皆原本於經學者矣。

然則孝文帝太和九年之均給民田，時也，地也，人也。淵源有自，良非偶然者矣。

案船山讀通鑑論卷十六力斥拓跋宏之僞：『五年之間，作明堂，正祀典，定祧廟，祀圜丘，迎春東郊，定次五經，朝日養老，修舜禹周孔之祀，耕籍田，行三載考績之典，禁胡服胡語，親祠闕里，求遺書，立國子太學，定族姓，宴國老庶老，聽羣臣行三年之喪，小儒爭豔稱之，以爲榮。』船山以身世之故，而痛惡胡虜，語涉感觸，可不具論。而吾人所注意者，正以孝文事事托古；故於田制方面，亦毅然托古。又値其「時」其「地」，勢有可行。因而均田之制，遂以發動矣。

二七　北魏均田令論述

茲錄太和九年均田令於下

『太和九年，下詔均給天下民田。諸男夫十五以上，受露田四十畝，婦人二十畝。奴隸依良，丁牛一頭，授田三十畝。限四牛。所授之田，率倍之，三易之田，再倍之，以供耕作，及授受之盈縮。

『諸民年及課，則受田；老免及身沒，則還田。奴婢牛，隨有無以還授。

『諸桑田，不在還授之限。但通入倍田分。於分雖盈沒則還田，不得以充露田之數。不足者，以露田充倍。

『諸初受田者，男夫一人，授田二十畝。課蒔餘種桑五十樹，棗五株，榆三根。非桑之土，夫給一畝，依法課蒔榆棗。奴婢各依良，限三年種畢。不畢，奪其不畢之地。於桑榆地分雜蒔餘果，及多種桑榆者，不禁。諸應還之田，不得種桑榆棗果；種者，以違令論。

『地入還分，諸桑田皆爲世業。身終不還，恆從見口。有盈者無受無還，不足者受種如法。盈者得賣其盈，不足者得買所不足。不得賣其分，亦不得買過所足。

『諸麻布之土，男夫及課，別給麻田十畝，婦人五畝。奴婢依良者，皆從還授之法。諸有舉戶老小癃廢，無授田者，年十一以上及癃者，各授以半夫田。年逾七十者，不還所授。寡婦守志者，雖免課亦受婦田。諸還授民田，恆以正月。若始受田而身亡，及賣買奴婢牛者，皆至明年正月，乃得還授。

『諸土廣民稀之處，隨力所及，官借民種蒔。役有土居者，依法封授。諸地狹之處，有進丁授田而不樂遷者，則以其家桑田爲正田分，又不足，不給倍田。倍田又不足，家內人別減分。無桑之鄉，準此爲法。樂遷者聽逐空荒，不限異州他郡。惟不聽避勞就逸，其地足之處，不得無故而移。

『諸民有新居者，三口給地一畝，以爲居室，奴婢五口給一畝。男女十五以上，因其地分，口課種菜五分畝之一。諸一人之分，正從正，倍從倍，不得隔越他畔。

『進丁受田者，恆從所近。若同時俱受者，先貧後富。再倍之田，放此爲法。諸遠流配謫，無子孫，及戶絕者，墟宅桑榆，盡爲公田，以供授受。授受之次，給其所親。未給之間，亦借其所親。

『諸宰民之官，各隨地給公田：刺史十五頃，太守十頃，治中別駕各八頃，縣令郡丞六頃。更代相付，賣者坐如律。』（魏書卷一一〇食貨志）

案此均田令，何以能行？絕戶田授受之次，給其所親，非「王莽之分餘田與九族鄰里鄉黨」耶？莽何以敗，孝文帝何以不敗也？

第一、莽行王田，在西漢承平之後，而北魏均田，則在土曠人稀之後。『觀其立法，所受者露田，諸桑田不在還授之限，意桑田必是人戶世業，是以裁植桑榆其下。而露田不裁樹，則似所種者皆荒閑無主之田。』其以桑田而從還授者，『必諸遠流配謫無子孫，及戶絕者，墟宅桑榆，盡爲公田，以供授受。則固非盡奪富人之田，以與貧民也。』（通考卷一引鄭樵說）劉恕謂：『後魏均田制度，似今世佃官田及絕戶田出租稅，非如三代井田也。』（困學紀聞卷十六引又黄震孫限田論言：『彼口分世業之法，吾謂獨元魏之世可行之耳。蓋北方本土曠人稀，而魏又承十六國縱橫之後，人民死亡略盡。其新附之衆，土田皆非其所固有，而戶口復可得而數，是以其法可行。』陸朗甫切問齋文鈔卷十五引 是則言魏行均田，蓋在乎能利用時勢焉。

第二、則其立法之前，饒有準備。如李冲上言：『宜準古，五家立一鄰長，五鄰立一里長。五里立一黨長。』高祖因詔曰：『鄰里鄉黨之制，所由來久矣。欲使風教易周，家至日見，以大督小，從近督遠，如身之使手，榦之總條，然後口算平均，義興訟息。……自昔以來，諸州戶口，籍貫不實，包藏隱漏，廢公蠹私，富彊者兼併有餘，貧弱者糊口不足。……今改舊從新，爲里黨之法，在所牧守，宜以喩民。』魏書食貨志又卷五十三李冲傳 是均田之時，又立三長焉。放未頒均田制度之前，李安世上言：『井稅之興，由來日久，田萊之數，制之以限。蓋欲使土不曠功，人罔游力。雄擅之家，不獨膏腴之美；單陋之夫，亦有頃畝之分。竊見州縣之人，或因年儉流移，棄賣田地，漂居異鄉，事涉數代。三長既立，始反舊墟，廬井荒涼，桑榆改植。事未歷遠，易生假冒。彊宗豪族，肆其侵陵。遠認魏晉之家，近引親貴之驗；又年代稍久，鄉老所惑，羣證雖多，莫可依據。各附親知，互有長短。兩證徒與，聽者猶疑。爭訟遷延，連紀不制。良疇委而不開，柔桑枯而不采，僥倖之徒興，繁多之獄作。欲令家豐歲儲，人給資用，其可得乎？愚謂：今雖桑井難復，宜更均量，審其經術，令分藝有準。力業相稱，細民獲資生之利；豪右靡餘地之盈，則無私之澤，乃均播於兆庶；如阜如山，可有積於比戶矣。又所爭之田，宜限年斷事，久難明，悉屬今主，然後虛妄之民，絕望於覬覦；守分之士，永免於淩奪矣。高祖深納之，均田之制，起於此矣。』（魏書五十三李安世傳）然則，因三長而爭地之訟顯，因爭地之訟顯，而立法之念切——固非貿貿然者矣。

第三、『令有盈者無授不還，不足者受種如法，盈者得賣其所盈，不足者得買所不足，則是令其從便賣買，以合均給之數。則又非強奪之以爲公田而授無田之人，與王莽所行，異矣。』（通考一鄭樵說）且『奴婢依良，丁牛一頭，授田三十畝，限四牛。』則富人之有奴婢，有牛者，非但桑田世業，不在法令之限；且有奴蓄牛之富人，在還受盈縮之下，仍可多擁露田。然則均田制之推行，人自無用致其反對已。

第四、如在地狹人多之處，諸人又不願遷徙，則以桑田爲正分，不足則不給倍田；又不足，家內人別減分。而遷居空曠者，則又額外賜予田宅，以爲勵勸。又非強民以從己制也。卽地狹人稠之處，亦有救濟辦法，足以補救困窒矣。

綜言之，均田之制，一則僅限於露田；二則事前有充富之準備；三則富人有牛有奴，仍可以佔士於現在；而狹鄉之「人」，寬鄉之「地」，在制度中儘有調和救濟之法。——然則均田制之所以可行，殆非一端，不得與井田王田，相提並論：井田均而且井，王田均而不井，均田則旣不能井，其於均也，蓋亦非極然之均，而爲相當限度之均給也。此其所以可行歟？

有制度終勝於無制度，均田之不均，終勝於南朝之不均。故顧炎武稱之云：『後魏起於朔漠，據有中原，然其墾田之制，有足爲後世法者。……於是有口分世業之制，唐時猶沿之。嗟乎，人君欲留心民事，其亦運之掌上也已。』（日知錄卷十）以亭林之痛惡胡虜，而譽之如是也。

黃以周云：『其制爲公田以相授受者，固非奪富者之田以與無田之人也；其聽民賣買，有制以節之，所以合均給之制也。此法既行，久而無弊。倘其統一區夏，享祚日長。隨時斟酌而行之，則天下之土田可以稽數而授，而兼併之患絕矣。惜乎，其未能行也。』（儆季雜著史說略三第三十三頁）蓋在清季而譽之者，猶如此焉。

卷五　世業口分考

二八　北魏均田制推行實況

然則均田制之本身，殆偏於墾荒，而非偏於均田，殆爲措計荒土之一種計劃，而非準之國內，通齊劃一之制。故在孝文均田以前，太和三年，薛虎子自彭城上表：『伏惟陛下道洽羣生，恩齊造化。仁德所覃，迹超前哲。遠崇古典，留心治方，革前王之敝法，申當今之宜用。……臣竊尋居邊之民，……去歲徵責不備，或有貨易田宅，質妻賣子，呻吟道路，不可忍聞。』（卷四十四薛野猪傳）此太和九年（四八九）推行均田以前，緣淮一帶，農人之疾苦也。

其在太和九年以後，則如世宗宣武帝（五〇〇至一五）時，夏侯道遷已大起田園，而其子『多所費用，父時田園，貨賣略盡。債負猶千餘匹，穀食至常不足。』（卷七十一夏侯道遷傳）是豪家世業傾頹之速，非均田制所能拘制矣。其在明帝正光（五一六—二七）中，則楊恭之爲御史，糾摘不避權豪，『出使相州，刺史李世哲，尚書令崇之子，貴盛一時；多有非法，逼買民田宅，恭之悉糾去之。』（魏書卷七十七楊恭之傳）此所謂「非法」者，得無逼民賣去「其分」耶？

明帝之時，史又言：『肅宗初……（拓跋）暉上書……「國之資儲，惟藉河北。饑饉積年，戶口逃散，生長姦詐，因生隱藏。出縮老小，妄注死失，收人租調，割入於已。人困於下，官損於上。自非更立權制，善加檢括，損耗之來，方在未已。』蓋暉在世宗宣武帝時，有餓虎將軍之目。世宗時，民訛言國都又將北徙，（孝文由平城南徙洛陽，故此曰又將北徙也。）民人勝賣田宅，賴暉言始息。明帝時，暉又建意檢括，以期減國之損耗。（詳魏書卷十五暉傳。）然則其時士籍戶籍，均不能正；勝賣田宅，世所共見。國家檢括，惟得得賦；又何均田之足云？又何「得賣所盈，買所不足」之明驗哉？

案均田制施行之有力證據，惟魏書（卷二十七）穆子琳傳：『孝靜（五三四—五五一）初為征東將軍司州別駕，以占奪民田，免官爵。』此時上距孝文定制，已五十年矣。而占奪民田，於法當坐，亦可謂空谷足音歟！

二九　北齊之規隨

蓋孝文均田之制，着眼僅在露田。本非完善之政。第有制度勝於無制度，故影響後世，非些微耳。

其在北齊，則河淸三年（五六二）定令：『人居十家為比鄰，五十家為閭里，百家為族黨。男子十八以上，六十五以下，為丁。十六以上，十七以下，為中；六十五以上為老，十五以下為小。率以十八受田，輸租調；二十充兵，六十免力役，六十六，退田還租調。京師四面諸坊之外，三十里內為公田。受其田者，三縣代遷。

『其方百里外及州人，一夫受露田八十畝，婦四十畝。奴婢依良人。丁牛一頭，受田六十畝，限止四牛。又每丁給永業二十畝爲桑田，其中種桑五十，限榆三根，棗五根，不在還授之限。非此田者，悉入還授之分。土不宜桑者，給麻田如桑田法。率人一床，調絹一匹，綿八兩，凡十斤，緜中折一斤作絲，奴婢各準良人之半，牛調一尺，墾租一斗，義租五斗。』（隋書卷二十四食貨志）

然北齊高氏之定制，與魏孝文之定制，其動機逈異矣。魏孝文紀，謂太和元年（均田令前之八年）下詔：『其勅所在督課田農。有牛者加勤於常歲，無牛者倍庸於餘年。一夫治田四十畝，中男二十畝，毋令人有餘力，地有遺利。』是孝文帝在太和九年均給人田之前，亦固念念於地盡其利，人盡其力者。但孝文帝雄慕華風，居嘗不忘引經證典；至北齊則但以不肯改易舊制，而僅僅無可奈何於蕭規之曹隨耳。

案通典謂：『北齊授田，不聽賣易』又謂文宣帝天保八年，議徙冀定瀛無田之人，謂之樂遷，於幽州寬鄉以處之。（通典卷二）夫既曰「不聽賣易」，則何以有無田之人耶？可知北齊奉魏制，原不曾厲行也。

且當時定制，奴婢受田者『親王止三百人，嗣王二百人，二品嗣王以下，及庶姓王百五十人，三品以上及皇宗百人，七品以上八十人，八品以下至庶人六十人』，準此推之，則不論王公之家，得以殖土自如，即庶人之豪強者，依法亦可以佔六十夫之田，而有奴婢六十人爲之耕也。何也？以奴婢依良乃北齊定制焉。

案通典（卷二）又引關東風俗傳云：『彊弱相淩，恃勢侵奪，富者連畛互陌，貧者無立錐之地。……雖有當年權格，時蹔施行，爭地文案有三十年不了者。……宋世良天保（五五〇—五五九）中獻書，請以富家牛地先給貧人。其時朝列，稱其合理。』蓋齊制本身已有疵病，而富者擁土以妨貧，又於此見之。

且當時爭田之事，史有明文，如元『文遙自洛遷鄴，惟有地十頃，家貧所資衣食，魏之將季，宗姓（魏主自孝文後改姓曰元，故曰宗姓也）被侮，有人冒相侵奪，文遙卽以與之。及貴，此人尚在，乃將家逃竄。文遙大驚，追加撫慰，還以與之。彼人愧而不受，彼此俱讓，皆爲閑田。』（北齊書三十八）曰「家貧」而「被侮」「侵奪」，則自耕農之苦更可想知；曰「及貴」而「侵奪」者「逃竄」，則奪地之訟與政治上之顯達固同爲一事焉。

時『有百姓乙普明，兄弟爭田，積年不斷，各相援引，乃至百人。（崔伯謙）復召普明兄弟，對衆人諭之曰：「天下難得者兄弟，易求者田地。假令得地失兄弟，於心如何？」因而下淚，衆人莫不灑泣。』（北齊書四十六）而元『孝友明於政理，嘗奏表曰：「今制，百家爲黨族，二十家爲閭里，五家爲比鄰。百家之內，有帥二十五人，徵發皆免，苦樂不均，羊少狼多，復有蠶食，此之爲弊久矣。」』（同上二八之孝友傳）則地主階級在鄉里間之造孽，又可知焉。

且其時戶籍朽敗，史稱『神武（高歡）秉政，無籍之戶，得六十餘萬。及武成帝（高湛）時，姦欺尤甚，戶口租調，十亡六七。』然則所謂授受，殆亦不曾切實推行，無非虛有其制。通典所謂「每年十月，普令轉授，成丁而授，丁老而退」（卷二）者，疑非當時實錄，謂戶籍之不修，而能實力辦此乎？

三〇　北周及隋之規隨

北齊而外，北周宇文氏固以追踵周官自詡者焉。

隋志謂『周太祖作相，創制六官。司均掌田里之政令，凡人口十以上，宅五畝。口九以上，宅四畝。五口以下，宅二畝。有宅者田百四十畝，丁者田百畝。』然亦虛襲北魏故事，新朝旣樹，舊令舊頒，應故事而已。

案魏制丁男受田四十，丁婦授田二十，則有室者共得六十畝，又有倍田倍之，亦得百二十畝。又『諸初受田者，授田二十畝』以「種桑。」則一夫一婦，亦得百四十畝也。齊制：『一夫授露田八十畝，婦四十畝』又「每丁給永業二十畝爲桑田」合之亦正得百四十畝，故周制魏制齊制，朝三暮四，大致無殊。以此疑其虛應故事，不過具文。

何以徵之？

周書寇儁傳記：『永安初（五六一至六五）華州民史底，與司徒楊椿訟田。長吏以下，以椿勢貴，皆言椿直，欲以田給椿。儁曰：「史底窮民，楊公橫奪其地，若欲損不足以給有餘，見使雷同，未敢奉命；」遂以地還史底。』（周書卷三十七）損不足以給有餘，則爭田之訟，固非宇文氏之周禮所堪消除者。

隋制田襲周齊，無所振作。志謂：『制人五家爲保，保有長；保五爲閭，閭四爲族，皆有正。畿外置里正，比閭正；黨長，比族正；以相檢察。男女三歲以下爲黃；十歲已下爲小；十七歲以下爲中；十八以上爲丁；丁從課役，六十以上爲老，乃免。自諸王以下至於都督，皆給永業田各有差，多者至一百頃，少者至四十畝。其丁男中男，永業露田，皆遵後齊之制。』由本文而知世業口分，當時已爲具文矣。

案隋乃承周，何得云取法後齊？殆以齊制周制，朝三暮四，其實一也。從齊從周，無所或異；正以見均田制度之爲具文。

故隋志謂職分田：『一品者給田五頃；每品以五十畝爲差。至五品，則爲田三頃。六品二頃五十畝，其下每品以五十畝爲差至九品則爲一頃。』卷二十四 然案開國從龍之楊素『貪冒財貨營求產業，……田宅以千百數，時論以此鄙之。』隋書四八楊素傳 則制度之無與於貴族占田，可推知矣。

案當時『太常卿蘇威建議以爲戶口滋多，民田不贍，欲減功臣之地以給民，（王）誼奏曰：「百官者累世勳賢，方蒙爵土，一旦削之，未見其可。如臣所慮，正恐朝臣功德不建，何患人田有不足？」上然之，竟寢其議。』隋書四十王誼傳 則所謂隋制如齊，如法授受，可知也已。

且隋之敷延舊制，未嘗可以敷延長久焉！隋以開皇九年五八九平陳，上距北魏孝文均田，垂百年矣。而『天下戶口歲增，京畿及三河，地少而人衆，衣食不給，議者咸欲徙就寬鄉。其年冬帝命諸州考使議之，又令尙書以其事策問四方貢士，竟無長算。帝乃發使四出，均天下之田；其狹鄉每丁纔至二十畝，老小又少焉。』隋志 則食貨志所謂「一遵齊制，」一篇之中，自起衝突。吾人將孰信孰不信耶？

案後魏戶口，據通考爲戶五百萬，據侯鯖錄爲戶三百萬詳二六節 而隋之戶口，通典卷七 謂：『隋戶有八百九十萬。』通考謂煬帝大業二年戶八百九十萬七千五百三十六口四千六百一萬九千九百五十六，』卷十一戶口考 是較之後魏，增出一半。

且其數猶不盡實。通考謂：『隋唐土地，不殊兩漢，而極盛之時，僅及兩漢三分之二，何也。蓋兩漢時戶賦輕，故當時郡國所上戶口版籍，其數必實。自魏晉以來，戶口之賦頓重，版籍容有隱漏不實，固其勢也。南北分裂之時，版籍尤爲不明。或稱僑寄，或托勳閥，或以三五十戶爲一戶，苟避科役，是以戶數彌少。』卷三 則知隋時版籍，尚非實數；均田之制，自更不易推行。

通典論之曰：『蓋承周齊分據，暴君慢吏，賦重役勤，人不堪命，多依豪室。禁網隳廢，奸僞尤滋。高熲覩流冗之病，造輸籍之法，於是定其名，輕其數，使人知爲浮客，被強家收大半之賦；爲編氓，奉公上，蒙輕減之正。』卷七 然則戶口且不實，更無論依北魏之法以授受矣。

三一 唐初世業口分法

隋世如此，則唐前葉之長期承平，與均田之不得推行，理可推想。劉恕論之曰：『魏齊周隋，兵革不息；農民少而曠土多，故均田之制存。至唐承平日久，故田制爲空文。』困學紀聞卷十六列代田制考實則均田制之成爲具文，隋前已爾爾，及唐乃益不能行耳。

唐制度田以步，其闊長二百四十步爲畝，百畝爲頃。凡民始生爲黃，四歲爲小，十六爲中，二十一爲丁，六十爲老。授田之制：丁及男十八已上者人一頃。其八十畝爲口分，二十畝爲世業。老及篤疾廢癃者，人四十畝。寡妻妾三十畝。當戶者，增二十畝。皆以二十畝爲永業，其餘爲口分。……田多可以足其人者，爲寬鄉。少者，爲狹鄉。狹鄉授田減寬鄉之半。其地有厚薄歲一易者，倍授之。寬鄉三易者，不倍授。工商者，寬鄉減半，狹鄉不給。凡庶人徙鄉，及貧無以葬者，得賣世業田。自狹鄉而徙寬鄉者，得並賣口分田。已賣者，不復授；死者收之，以授無田者。凡收受，皆以歲十月。授田先貧及有課役者。凡田，鄉有餘以給比鄉，縣有餘以給比縣，州有餘以給比州。』新唐書五十四食貨志『世業之田，身死則承戶者襲之；口分則收入官，更以給人。』舊唐書四十八食貨志

當時有田則有租，有戶則有調，有丁則有庸，王夫之稱之云『三代以下，郡縣之天下；取民之制，酌情度理，適用

宜民，斯爲較得矣。』讀通鑑論卷十二唐初定租庸調之法然案其立制，固有若干不妥處也。

第一、則官吏之職分田。考武德七年（六二四）定制：『一品有職分田十二頃……』，隨職分而隆殺，其數固不得謂多。但同時定親王以下，得有『永業田百頃，職事官一品六十頃……』其數較諸隋制，猶嫌其鉅。且當時授受制行，人各有田，親貴等所占之田，其自耕之耶？抑命人佃耕之耶？

案新唐書五十五食貨志『武德元年，文武官給祿，頗減隋制。……一品有職分田十二頃，二品十頃，三品九頃，四品七頃，五品六頃，六品四頃，七品三頃五十畝，八品二頃五十畝，九品二頃。……親王已下，又有永業田百頃；職事官，一品六十頃；郡王職事官，從一品，五十頃。國公職事官從二品，三十五頃；縣公職事官，三品，二十五頃；職事官從三品，二十頃；侯職事官，四品十二頃；子職事官，五品八頃，男職事官，從五品，五頃。六品，七品，二頃五十畝。八品九品二頃。』吾人僅問此等職分田與永業田，何人爲之耕種？將係佃之於民耶？如係佃之於民，則在『有田即有租，有戶即有調，有丁即有庸』之制度下，人各有田，誰能舍已之田，而耘人之田耶？然則武德時所頒之令，僅爲制度，非事實所必有也。

第二、則爲土田賣買之法律認可。貧無以葬者，得賣；由狹鄉徙寬鄉者得賣。似於土田賣買，寓有限制。揆其實，則無限制也。今假有某甲因父喪或徙鄉而賣田，但與甲同鄉之某乙某丙，在有田必有租之制度下，何必買甲之田？如曰乙本有田，而可以買甲之田，則得無兼併坐大耶？對於兼併坐大者之限制，通典雖言：『諸買地，不得過本制；雖居狹鄉，亦聽依寬制。其賣者不得更請，凡賣買，須經所部官司申牒，年終彼此申牒，若無財物輒賣買，財物不追，地還本主。諸田不得貼賃及質，違者財沒不追，地還本主。若從遠役外任，無人守業者，聽貼賃及質。其官人永業田及賜田，欲賣及貼賃者，皆不在此限。』卷二 似言居狹鄉者，憑其貲殖，得以買人之田；然至多亦不得過寬鄉人所佔畝數歟。

案通典言：「其賣者不得更請，」則是有無田之戶矣。又言：『買地者不得過本制，』所謂「本制」，想係『居狹鄉亦聽依寬制。』案狹鄉授田，減寬鄉半。今以賣買，而「聽依寬制，」則狹鄉之人因其富厚，可以得田加倍。通考引葉適言：『唐卻容他自遷徙，並得自賣所分之田，方授田之時，其制已自不可久。又許之自賣，民始有契約文書，而得以私自賣易。……故公田變爲私田，而田終不可改。蓋緣他立賣田之法，所以必至此。』通考三引 葉氏言許民賣田，始自唐時，語失不考。兩漢時，如蕭何強買人民田宅，第十五節 貢禹爲元帝所徵，上書曰：『臣禹年老貧窮，有田百三十畝，陛下過意徵臣，臣賣田百畝，以供車馬。』漢書七二貢禹傳 則賣田之事，由來久矣。但後魏均田得賣所盈，不得買過不足。北齊授田，不聽賣易。而唐頒世業口分之法，允其爲有條件的賣買；且所謂有條件者，並不十分嚴格。則在均田制度史中，自當推唐爲首立賣買之法爾。

宋林勳言：『周制，步百爲畝，百畝僅得唐之四十餘畝。唐之口分，人八十畝，幾倍於古。……然按一時戶口，而不爲異日計，則後守法難矣。』又曰：『既無振貧之術，乃許之賣田；後魏以來，弊法也。是以啓兼併之漸。』困學紀聞卷十六引 清黃以周儆季雜著言：『唐初承北魏制，有口分世業之授，不數傳而兼併之弊又起。無他，唐制聽貧民得賣其世業田，自狹鄉徙寬鄉者得賣口分田而不仿北魏不得賣其分買過所分之制也。……且古者六尺爲步，步百爲畝，畝百爲夫，一夫者，一家也，非每人而給之也。北魏二百四十步爲畝，每人給露田四十畝，過於古制。唐制度田之法，一夫授田一頃，迨其後人繁田少，勢不能給，此立法之不善也。』（史說略三 論限田）是蓋同林氏之言，詆唐制有罅漏，而尤非其法認賣買焉。

三二　口分世業之奉行限度

且也官吏職分永業之限，平民口分世業之限，即就唐初而言，其實行之程度奚若？若國家果能以此法令限制豪族（官吏）富族（平民）之從容應制也歟？

殊未必也。

以豪族言之，則開國之時，已有鉅量之賜，爭奪之訟。如裴寂者『唐公（高祖）雅與善，及留守太原，契分愈密，長安平，賜寂田千頃，甲第一區』（新唐書八十八）李勣傳亦言：『給甲五十頃，甲第一區。』（同上九十三）以富族言之，則太宗爲秦王時，『王以美田給淮南王神通，而張婕妤爲父丐之，帝（高祖）手詔賜田，詔至，神通已先得，不肯與。婕妤妄曰：「詔賜妾父田，而王奪與人」，帝怒，召秦王，讓曰：「我詔令，不如爾教耶？」……』（新書七十九 高祖諸子傳）則爭田賜田，與職分世業之制無關；然此猶得曰武德定制以前也。

新唐書蕭瑀傳：『初，瑀關內田宅悉賜勳家。至是，還給之，瑀盡以分宗族。』卷一〇一 然此猶得曰：天下初定，制度未行也。高儉傳記儉爲益州大都督『秦時李冰導岷江水灌田，瀕水者頃千金，民相侵冒。』新唐書九十五 其時在太宗奪嫡之後，距一年而高祖禪位，離頒田土之令，爲時已閱兩載。然此猶得曰邊疆之地，法令有所不及也。然如長孫無忌之族兄順德，太宗時『爲澤州刺史，……前刺史張長貴、趙士達占部下腴田數十頃，奪之以賦貧民。』新唐書一〇五 刺史何以占田將不受職分田永業田之拘束耶？「奪之以賦貧民」，豈在租庸調之制度以下，當時已有無田之貧戶耶？此太宗時，不能推行還受之碻徵也。

蓋唐興以後，於田制方面約有三事，一則承平既久，口殖滋榮。二則豪右權門，縱恣無忌。三則版籍不修，還授難行，玆分述之。

以口殖滋榮言之，則如武后秉政之時，李嶠已言：『臣計天下編戶貧弱者衆，有賣舍帖田，供王役者。』唐書卷一二三 狄仁傑亦言：『比緣軍興，調發繁重，傷破家產，剔屋賣田，人不爲售。』同上卷一五一 是則天下人戶，生活維艱，賣舍帖田，乃通行之事。非如唐初頒令，賣帖均有限制也。

以豪右縱恣言之，則如新唐書賈敦頤傳，『（高宗）永徽中，遷洛州。洛多豪右，佔田類踰制。敦頤舉沒者三千餘頃，以賦貧民。』新唐書一九七循吏傳 卽在武后以後，玄宗以前，豪族之勢，亦頗熾盛，韋嗣立在中宗景龍中上言：『國初功臣，共定天下，食封不下二十家。今橫恩特賜，家至一百四十以上。天下租稅，在公不足，而私有餘。又封家征求，各遣吏皂；凌奪侵漁，百姓怨歎。誅責紛紜，曾無少息。下民窶乏。何以堪命？』蓋以其時，『崇飾觀寺，用度百出；又恩倖食客者衆。封戶凡五十四州，皆據天下上腴，一封分食數州，隨土所宜，牟取利入。』（新唐書一一六）而睿宗（七一〇至一二）勞畢構云：『今之從職，以充車連駟爲能。或交結富豪，抑棄貧弱……邑室之間，囊篋俱委。或地有椿榦梓漆，或家有畜產貲財。卽被暗通，並從取奪。若有固悋，卽因事以繩，麤杖大枷，動傾性命。懷寃抱痛，無所告陳。』（舊唐書一〇〇畢構傳）此言豪右奪產也，其在玄宗時，則『李憕恥事祿山，甘心死難，忠臣也。而好營田產，人稱「地癖」。』（袁枚隨園全集牘外餘言）「地癖」之號，封家之稱，亦豪右權豪拓殖縱恣之徵也。

案隋唐封家，所謂食封若干者，其於農人負擔，嘗有「國賦少於侯租，入家倍於輸國」之象。趙翼云：『韋嗣立傳，中宗時，恩降封邑者衆，……嗣立極言其弊，請……禁止（封家）自徵，以息重困。宋務光亦言滑川七縣，而分封者五。國賦少於侯租，入家倍於輸國。……宋璟傳，武三思封戶在河東，遭大水，璟奏災地皆蠲租。有諂三思者，謂穀雖壞，而蠶桑故在，請以代租，爲璟所折。張廷珪傳，宗楚客紀處枘武延秀韋温等封戶在河南北。諷朝廷詔兩道蠶產所宜，雖水旱得以蠶折。廷珪固爭得免。可見唐時封戶之受困，雖國賦不至此也。』（陔餘叢考卷十六漢唐食封之制）此可見唐時貴族之爲地主者，其厲民至於何若？

以版籍不修言之，卽曰戶籍之隱冒，不得推行世業口分之制也。案民之依附豪右，樂爲浮客，隋初高熲，已指斥其弊。隋高祖雖令『州縣大索貌閱，戶口不實者，正長謫配；而又開相糾之課，兼令析籍，各爲戶頭，以防容隱。』隋書二四食貨志 唐會要卷八十五團貌條 雖記武后『延載元年六九四八月，勅計戶口，計年將入丁老疾，應免課役，及給事者，皆由縣親貌形狀，以爲定簿定一之後，不得更貌；疑有姦欺者，聽隨時貌定，以付手實。（玄宗）開元二十九年三月二十六日，勅天下諸州，每歲一團貌。既以轉年爲定，復有簿書可憑；至有勞煩，不從簡易。於民非便，事須釐革。自今以後，三歲小團宜停；待至三年，定戶日，一時團貌，仍令所司作條件處分。』然「團貌」始於武后時，上距武德定田制，已九十年。豈有分土宅民之制，創於九十年前；而檢閱戶口，反創於九十年後乎？吾以爲武德田制，武后時已不能行。蘇瓌傳云：『時十道使括天下亡戶，初不立籍。人畏搜括，卽流入比縣旁州，更相庾蔽。蘇瓌請罷十道使，專責州縣，預立簿注，天下同日閱正，盡一月止；使柅姦匿。歲一括實，檢制租調，……后善其言。』新唐書卷一二五 然則以武后時之版籍推論，疑武后以前，未嘗推行武德田制也。中宗神龍初，七〇六李嶠上言：『比緣征戍，巧詐百情，破役隱身，規脫租賦。今道人私度者，歲數十萬。其中高戶多丁，黠商大賈，詭作台符，羼名偽度，且國計軍防，均仰丁口。今丁皆出家，兵皆入道。征行租賦，何以備之？又重賄貴近，補府若史，移沒籍產，以州縣甲等，更爲下亂。當道城鎭，至無捉驛者。役逮小弱，卽破其家。』新唐書一二三李嶠傳 以巧詐事情，破役隱身推論，疑中宗之時，未能推行武德田制也。新唐書言：『國有所須，先奏而斂。凡稅斂之數，書於縣門村坊。』卷五二食貨志 然案揚炎傳云：『自開元承平久，不爲版籍，而丁口轉死，貧富昇降，田畝換易，悉非向時，而戶部歲以空文上之。』卷一四五 以歲上空文推論，疑玄宗之時，未能推行武德田制也。

綜言之，自太宗貞觀以訖於玄宗開元，觀於其時民人貼屋賣田之苦，觀於其時豪右拓殖之烈，觀於其時戶籍口籍之不修，——然則在此百餘年中口分世業之制，武德田制之令，其奉行至於何若？亦不難於推知也歟！

三三　世業口分制之殘照

然開元之際，固嘗申明田畝賣買之禁也。

新唐書云：『初永徽（六五〇—六五五）中，禁賣買世業口分田，其後豪富兼併，貧者失業，於是詔買者還田而罰之。』（五十一食貨志）：唐書係此禁令，係於開元二十五年（七三四）「戶口登耗采訪使」之下。冊府元龜則係於開元二十三年：『九月詔曰：「天下百姓口分永業田，頻有處分，不許賣買典貼。如聞尙未能斷，貧人失業，豪富兼併，宜更申明處分，切令阻止。若有違犯，科違勅罪。』（卷四九五）惟所可驚駭者，開元之距永徽，閱年且百，物換星移，輾轉割售，勒甲以還乙，勒乙以還丙，詔買者還田，其事亦可行乎？故天寶季年，雖嘗舊令重頒，疑於事無補焉。

天寶十一年（七五二年）詔云：『如聞王公百官及富豪之家比置莊田，恣行吞併，莫愼章程。借荒者皆有熟田，因之侵奪。置牧者惟買山谷，不限多少。爰及口分永業，違法賣買。或云簿書，或云典貼。致使百姓無處安置，別停客戶，使其田食。既奪生人之業，實生浮惰之端，遠近皆然，因循亦久，不有釐革，爲弊慮深。其王公百官勳蔭等家，應置莊田，不得逾於式令。更從寬典務使宏通。其有同籍周朞以上親，俱有勳蔭者，每人佔地頃畝，任其累計……若有主來理者，其地雖經除付不限載月近遠宜並卻還。……自今以後，更不得違法賣買口分永業田。』冊府元龜卷四九五 夫以一紙法令推翻百餘年間之兼併賣買；其事殆不可能。且二年以後，漁陽兵起，此詔之成爲虛文，以時勢而論，更可知焉。

且玄宗禁止賣買重申口分世業之制，其時已在宇文融括浮戶閑田之後矣。

新唐書謂：『開元八年，頒租庸調法於天下。……然是時天下戶，未嘗昇降。御史宇文融，獻策括籍外閑田；……所括得客戶八十餘萬，田亦稱是。』卷五十一食貨志 是年乃詔兼併者還田之前十餘年也。

融本傳稱：『天下戶版刓隱，人多去本籍，浮食閭里，詭脫徭賦。豪弱相併，州縣莫能詰。融由監察御史陳便宜，請校天下田，收匿戶羨田，佐用度。玄宗以融爲覆田勸農使，鉤檢帳符，得僞勳亡丁甚衆。……融乃奏慕容琦……二十九人爲勸農判官，假御史分按州縣，括丘畝，招徠戶口而分業之。又兼租地安輯戶口；於是諸道收沒戶八十萬，田亦稱是。』新唐書一三四融傳 蓋以有浮戶，則賦有所隱；有閑田，則租有所漏。融爲鉤檢之作，其出發點殆爲田賦的而非田制的；故曰「佐用度」焉。

融括浮戶一事，後世論之，是非紛紜。舊唐書論云『聚斂之臣，無非害物；……宇文融韋堅，皆開元之倖人也。』卷一○五 新唐書則謂『開元中，宇文融始以言利見用於時，……孟子所謂「上下交爭利，而國危」者，可不信哉！』卷一三四 實則，融之舉措，自亦不得不爾。

徐度卻帚編云：『唐開元中，宇文融自監察御史陳便宜，請校天下戶籍及匿戶羨田，佐用度。玄宗以融為覆田勸農使，鈎校帳符，得偽勳亡丁甚多，擢兵部員外郎兼侍御史。融乃奏慕容琦等二十九人為勸龍判官，假御史，分案州縣。』（卷下第二十六頁津逮本）度以為「欲重其事」「假以御史」，疑此為「憲銜之始」，足徵匿戶羨田在開元中碻已成為大問題，故有假用憲銜之特殊事件。然則田制之不立，在開元中固已爾爾；天寶十一年之田制令，其不能必生實效，自可推知。

程沙隨論宇文融事云：『案唐令文，授田每歲十月一日，里正預造簿，縣令齊集應退應授之人，對共授受……律文，脫戶者有禁，浮浪者有禁，占田違限者有禁，官司應授田而不授，應課農桑而不課者，有禁。使後世謹守高祖太宗之法，其為治，豈有量哉？中間法度廢弛，史官所記時弊，皆州縣不舉行法度耳。時天下有戶八百萬，而浮戶乃至八十萬，此融之論所以立已。使融檢括剩田以授客戶，責成守令，不收限外之賦，雖古之賢良，何以加茲？雖有不善，其振業小民，審理舊法，所得多矣。故杜佑作理道要訣，稱融之功。』（通考三引）蓋惜融之括得「羨田」，而不能分授「客戶。」然融括浮戶羨田，而不能以供授受，則天寶十一年之田制令，其不能生實効，又可知焉。其令人民買田，卻歸舊主，亦不能生實效，又可知已。

案唐初定律，賣買口分田，固有禁也。承徽四年，長孫無忌等進唐律，有云：『諸占田過限者，一畝笞十，十畝加一等，杖六十。二十畝加一等，罪止徒一年。若於寬閑之處者不坐。』（疏議卷十三）又云：『諸賣口分田者，一畝笞十，二十畝加一等。罪止杖一百，地還本主，財沒不追。』卷十二。但此律，疑亦不常實行，不然者何至有浮戶羨田，待宇文融之檢括。元宗何至言：「雖經除付，宜並卻還。」「除付」，即係土田推收；若唐律有杖刑，以禁止賣買，則「除付」之謂何。又案：「雖經除付，宜並卻還」者，求之後世，亦有其例。乾隆五十一年，五月上諭：『據畢沅奏，豫省連年不登，凡有恆產之家，往往變賣糊口。近更有青黃不接之時，將轉瞬成熟麥地，賤價準賣，山西等處富戶，聞風赴豫，舉放利債，藉此準折地畝。……見付飭屬曉諭，勒限報明方官酌覈原賣價值，分別取贖，毋許買主圖利佔據」等語，所奏實屬可嘉。……似此乘人之危，以遂其壟斷之計，其情甚為可惡。各省黎元，何一非朕之赤子？今因河南災旱，而山西富戶，乘以為利；富者日見其富，貧者日見其貧。……此事關係民生衣食根本，畢沅籌辦及此，實屬留心民事。……此事著交畢沅，率同江蘭，悉心籌劃，飭屬詳查此等賤賣賤買之田，覈其原價，勒限聽原主取贖。』乾隆東華錄卷四十。但清詔定例，僅準用於一時，唐人定律，似垂用於永久。但既有羨戶閑田，又有除付地畝，則見開元之時，賣買口分世業之禁，原不曾甚峻已。

然玄宗碻有指斥豪強之處，為世業口分之遺意，稍留西山之殘照。如舊唐書盧從愿傳：『宇文融以括獲田土之功，本司考校為上下，從愿抑不與之，融頗以為恨，密奏從愿廣佔良田至五百餘頃。其後，上嘗擇堪為宰相者，或薦從愿。上曰：「從愿廣占田園，是不廉也！」遂決不用。』卷一〇〇。新唐書從愿傳謂玄宗嘲為多田翁，可知玄宗之意，原不以廣佔田園為是。及唐之季世，則為人君者，竟有「積穀翁」之譽，加於廣佔田園者矣。

案趙德麟侯鯖錄云：『唐韋宙，善治生。江陵田產極盛。除廣帥日，宣宗（八四七—八五九）戒之曰：「番禺珠翠之地，當垂貪泉之戒。」宙曰：「臣江陵莊積穀七千堆，無所用泉。」宣宗曰：「此所謂足穀翁也。」』（卷六）以較玄宗之斥從愿，又不可同日語矣。

綜言之：開元天寶之間，雖曾重整租庸調制，雖曾詔買者還田，雖曾指斥豪強，然於初唐武德世業口分之制，終無以免其爲西山之夕照。蓋所以不能重行世業口分者，其故固非始於開元時。第在開元之時，則時勢日降，積重尤難返。唐書公主傳稱太平公主『田園徧近甸，皆上腴。』宦者傳稱高力士等『京師甲第池園，良田美產，佔者十五六。』而顧炎武日知錄又謂：『張嘉貞在定州，所親有勸立田業者。嘉貞曰：「宗忝列官榮，曾任國相，未死之時，豈憂飢餧？若負譴責，雖富有莊田，何用。比見朝士廣佔良田，及身歿後，皆爲無賴子弟作酒色之資，甚無謂也。」聞者歎服，可謂得二疏之遺意者。』（卷十三唐人田宅）嘉貞爲天寶亂前人（事具舊唐書一一九）而言朝士之廣佔良田，則知玄宗之令買者還田，非口分世業制度之殘照而何哉？

況匪久而天寶亂作，均田之制，自不得不遷就於均稅已。

卷六　兩稅制度考

三四　兩稅與租庸調

玄宗天寶十一年下令制限莊田已後，又三年而安史亂作，藩鎮禍肇。陸贄所謂：『天寶季歲，羯胡亂華。海內波搖，兆庶雲擾。版圖壞於辟地，賦法壞於奉軍。』（宣公奏議卷十四）杜工部集卷六蠶穀行云，『天下郡國百萬城，無有一城無甲兵。』白居易「傷農夫之困」而作杜陵叟云：『典桑賣地納官租，明年衣食將何如？剝我身上帛，奪我口中粟，虐人害物卽豺狼，何必鉤爪食人肉？』（全唐詩卷十五）於此可徵稅制且紊，何況田制也？

故租庸調變為兩稅矣。

『租庸調之法，以人丁為本；自開元以後，天下戶籍久不更造。丁口轉死，田畝賣易，貧富昇降不實。其後國家侈費無節，而大盜起兵興，財用益絀，而租庸調法敗壞。』楊炎傳云：『自開元承平久，不為版籍。貧富昇降，田畝換易，悉非向時，而戶部歲以空文上之。又戍邊者，蠲其租庸，玄宗事夷狄，戍者多死，邊將諱不以聞。故貫籍不除。天寶（七四二—七五五）中，王鉷為戶口使，方務聚斂，以其籍存而丁不在，乃按舊籍，除當免者，積二三十年，責其租庸，人苦無告，故法遂大弊。

（肅宗）至德後，七五六至七 天下起兵因以飢癘，百役竝作，人戶凋耗。軍國之用，仰給於度支轉運使。四方征鎮，又自給於節度都團練使。賦稅之使數四，莫相統攝，綱目大壞。朝廷不能復諸使，諸使不能覆諸州，權臣巧吏因立旁緣，公私進獻，私爲贓盜者，動萬萬計。……百姓竭膏血，鬻親愛，旬輸月送，無有休息。吏因其苛，蠶食於人。富人多丁者，以宦學釋老得免。貧人無所入，則丁存焉。故課免於上，而賦增於下，是以天下殘瘁，蕩爲浮人，鄉居地著者百不四五。』新唐書一四五。

案租庸調之制，雖曰有田則有租，有戶則有調，有丁則有庸，然徵賦之起點，以人丁而定，新唐書謂：『凡授田者，丁歲輸粟二斛，稻三斛，謂之租；丁隨鄉所出，歲輸絹二疋，綾絁二丈，布加五之一，綿三兩，麻三斤，非蠶鄉，則輸銀十四兩，謂之調。用人之力，歲二十日，閏加二日，不役者，日爲絹三尺，謂之庸。』卷五十一 故曰：『租庸調之法，以人丁爲本。』卷五十二 也。自丁不授田，丁多隱欺，丁多流轉，則失租失庸失調，而租庸調於以不可行。故炎傳只述丁口之隱欺與流轉，而不授田之弊，自亦在其中矣。

楊炎疾其弊，於是創兩稅之制；『戶無主客，以見居爲簿；人無丁中，以貧富爲差。不居處而行商者，所在州縣，稅三十分之一。度所取與居者均無僥利。居人之稅，夏秋兩入之，俗有不善者，正之。其租庸雜繇悉省，而丁額不廢，其田畝之稅率以（代宗）大歷十四年七七九 墾田之數爲準，而均收之。夏稅盡六月，秋稅盡十一月。』蓋戶籍口籍田冊，三俱不修，而欲行「以丁身爲本」之租庸調舊制，自屬不能。則炎之訾貲產而稅，新唐書謂其『一租賦以檢制流亡，誠有取焉；』有取者，取其不得已而爲此制歟？

案陸贄論兩稅之弊須有釐革云：『國家賦役之法，曰租曰庸曰調，其取法遠，其斂財均，其域人固。有田則有租，有家則有調，有身則有庸天下法制均易雖轉徙莫容其姦。』又論兩稅七弊云『兩稅之立，則異於斯。唯以資產爲宗，不以丁身爲本。資產少者，則其稅少；資產多者，則其稅多。曾不悟資產之中事情不一：有藏於襟懷囊篋，物雖貴而人莫能窺；有積於場圃囤倉，直雖輕而衆以爲富。請爲陛下舉其尤者六七端，則人之困窮固可知矣。……雜徵虛數，以爲兩稅恆規，悉登地官，咸繫經費；奏計一定，有加無除。此則人益困窮，其事一也。……息兵日久，加稅如初；……其事二也。定稅之初，皆計緡錢；納稅之時，多配綾絹；……（折價不同）……私已倍輸，此則人益困窮，其事三也。……姦吏因緣，得行侵奪，所獲殊寡，所擾實多，此則人益困窮，其事四也。稅法之重若斯，既於已極之中，而復有奉進宣索之繁，尙在其外。……於是有巧避微名，曲承睿旨，變徵役以召雇之目，換科配以和市之名，廣其課而狹償其庸，精其入而麤計其直，……此則人益困窮，其事五也。大曆中，非法賦斂，急備供軍。折估宣索進奉之類者，既並入兩稅矣。今於兩稅之外，非法之事，又復並存。此則人益困窮，其事六也。建中定稅之初，諸道已不均齊，……牧守苟避於殿責，罕盡申聞，所司姑務於取求，莫肯矜卹。……一室已空，四鄰繼盡，漸行增廣，何由自存？此則人益困窮，其事七也。』（陸宣公集卷二十二年龔堯刊本）案贄論兩稅之弊，要非兩稅本制中事。且兩稅之制，自亦情勢所不容已者。

後人訾謷兩稅者，如程沙隨：『開元中豪彊兼併，宇文融修舊法，收羡田，以招徠浮戶而分業之。今炎創以新意，而兼併者不復追正，貧弱者不復田業，姑定額取稅而已。……而史臣詆融而稱炎，可謂淺近矣。』（通考三引）如王夫之：『自天寶喪亂以後，兵興不已，地割民稠，乃取僅存之田土戶口，於租庸調之外，橫加賦斂，因事取辦而無恆。乃至升斗錙銖，皆洒流於民，而暴吏乘之以科斂。實皆國計軍需，在租庸調之立法，初已詳計，而不可給者也。』（讀通鑑論卷二十四）夫以徵稅之多寡而責炎；其說殊未足以服炎。唐初租庸調制之訾丁而稅，（節三四）正以丁各受田；兼併之後，丁或無田，其猶能依丁以徵租庸調耶？高門產多，而丁仍舊；下戶田去，而丁仍留。則炎之定制：『人無丁中，以貧富為差，』計產而不計丁，正由授田之制，無從恢復，故不得不爾也。

馬端臨云：『必欲復租庸調之法，必先復口分世業之法，均天下之田，使貧富等而後可。若不能均田，則兩稅乃不可易之法矣。又歷代口賦，皆視丁中以為厚簿，然人之貧富不齊，由來久矣。今有幼未成丁，而承襲世業，家累千金者；乃薄賦之。又有年齒已壯，而居處窮約，家無置錐者；乃厚賦之。豈不背謬？今兩稅之法，人無丁中，以貧富為差，……不猶愈於租庸調之法不變，而一槩以原籍徵之乎？』（文獻通考卷三）蓋謂斯世之丁，既未必有田；則「以人丁為本，」而責以租庸調，令其「人」出若干，無論非事理之平，且寧有不令貧者流亡者乎？

然則兩稅之只計貧富，不問丁中；固愈於富戶多田，僅負若干「丁」之稅賦；而貧戶無田，亦負若干「丁」之稅賦也。然則兩稅之創，由於田制不修，非僅僅由於得賦奉軍已。

三五　兩稅剏制時之地主與佃農

且兩稅之創，以其時考之，在玄宗肅代之後，時已德宗建中元年，（七八〇）上距安史之亂，已二十五年矣。肅（七五六至七六二）代（七六三至七七九）以還，權宦則有如元載，史稱其「南北兩第，宅宇奢廣，膚腴別墅，疆畛相望。」功臣則如郭子儀，史稱其「前後賜良田美器，名園甲館，不可勝計。」（新唐書一四三載傳又一三一子儀傳）而「子儀死後，子曜爲姦佞所侵，姦人幸其危慎，多論奪田宅。曜不敢訴，德宗微知之，詔曰：「尚父子儀，有大勳，……或被誣構，欲論奪之，有司毋得爲理！」（舊書一二一子儀傳）；而馬燧「貲貨甲天下，既卒，（七九五德宗貞元十一年）子暢承舊業，屢爲豪家邀取。貞元末，中尉申志廉諷暢令獻田園第宅。順宗復與暢。中貴人逼取，仍指使施於佛寺。暢不敢吝，晚年財產並盡。」（日知錄卷十三唐人田宅）觀於當時豪族之自相兼併，知當時平民之自耕者，欲保其業，其道亦良難已。

案暢所以施田佛寺，良以六朝已來，沙門甚橫。故北魏之時，魏收魏書（釋老志）謂：「正光（五二〇）以後，天下多虞，工役尤甚。於是所在編民相率入道，假慕沙門，藉避徭役，猥濫之極，自中國之有佛法，未之有焉。累而計之，僧尼大衆，二百萬矣。」「永平二年，沙門統惠等請立條制，啓中有云：「非特京邑如此，天下州鎭僧寺亦然。侵奪佃民，廣占田宅。」」自此至於唐武宗「會昌五年，（八四五）「其天下所拆寺，四千六百餘所，還俗僧尼，二十六萬五百人，收充兩稅戶。拆招提蘭若四萬餘所，收膏腴上田數千萬頃。」』（舊唐書卷一八武宗紀）則中貴人之所以逼馬燧子孫，獻田僧寺，非偶然矣。

豪族佔田之外，僧寺佔田之外，則又有富族之佔田。

陸贄在德宗時已言：「兼倂之家私斂重於公稅」其言云『古先帝王疆理天下，百畝之地，號爲一夫。蓋以一夫授田，不得過於百畝也。欲使人無廢業，田無曠耕，人力田疇，二者適足。是以貧弱不至竭涸，富厚不至奢淫。法立事均，斯謂制度。今制度弛紊，疆理隳壞，恣人相吞，無復畔限。富者兼地數萬畝，貧者無容足之居。依托強豪，以爲私屬，貸其種食，賃其田廬。終歲服勞，無日休息。罄輸所假，常恐不充。有田之家，坐食租稅。貧富懸絕，乃至於斯。厚斂促徵，皆甚公賦。今京畿之內，每田一畝，官稅五升，而私家收租，殆有畝至一石者。是二十倍於官稅也。降及中等，租猶半之。是十倍於官稅也。』

『夫以土地王者之所有，耕稼農夫之所爲。而兼倂之徒，居然受利。官取其一，私取其十。穡人安得足食？公廩安得廣儲？風俗安得不貪？財貨安得不壅？昔之爲理者，所以明制度，而謹經界，豈虛設哉？』

『斯道寖亡，爲日已久。頓欲修整，行之實難。革弊化人，事當有漸。望令百官集議，參酌古今之宜，凡所占田，約爲條限；裁減租價，務利貧人。法貴必行，不在深刻，裕其制以便俗，嚴其令以懲違。微損有餘，稍優不足。損不失富，優可振窮。此乃古者安貧卹窮之善經，不可捨也。』（宣公集卷二十二年龔堯和本）

贄所論，並無事實上之表顯蓋當時計口授地之制，已爲士夫所莫談，僅裴伯言於德宗貞元中言：『今僧道士，下耕而食，不織而衣，以計天下，其費不貲……臣請僧道士一切限年六十四以上，尼女冠四十九以上，許終身在道。餘悉還爲編人，官爲計口授地，收廢寺觀以爲廬舍。』（新唐書一四七李叔明傳）此議以寺觀之田，計口賦諸還俗者；然且不能行焉。

又唐制，一夫受田百畝。而德宗貞元二年，（七八六）『帝以大盜後，關輔百姓貧，田多荒蕪。詔諸道上耕牛，委京兆府勸課。量地給牛，不滿五十畝者，不給。』袁高以爲『聖心所憂，乃在窮乏；今田不及五十畝，卽是窮人；請兩戶共給一牛。』（新唐書一二〇袁高傳）足徵德宗貞元之時，自耕農之貧者，戶不及五十畝矣。

案新唐書食貨志又載『武宗卽位，（八四一－八四六）廢浮屠法，籍僧尼爲民二十六萬五千人，奴婢十五萬人，田數千萬頃，大秦穆護祆二千餘人。……腴田鬻錢，送戶部；中下田給寺家奴婢丁壯者，爲兩稅戶，人十畝。』唐律言賣田者杖，而此云鬻錢送戶部，唐制言夫田百畝，而此言人給十畝，則知世變之來，雖一夫佔田五十，或亦不能焉。

且兩稅所以嘉惠無田之貧丁，而以救租庸調制度之窮者，及文宗之時，『豪民侵噬產業，不移戶，州縣不敢徭役，而徵稅皆出下貧。至於依富爲奴客，役罰峻於州縣。』是豪民於佔田圖利之外，又得隱稅之利，『此則人益困窮，』又陸贄所不及料者矣。

范攄引王梵志詩『多置莊田廣修宅，四鄰買就猶厭窄。雕牆峻宇無歇時，幾時能爲宅中客。造作莊田猶未已，堂上哭聲身已死。哭人盡是分錢人，口泣原來心裏喜。』又云：『良田收百頃，兄弟猶工商。卻是成憂惱，金玉虛滿堂。滿堂何所用，妻兒日夜忙。行坐聞人死，不解暫思量。貧兒二畝地，乾枯十樹桑。桑下種粟麥，四時供爹娘。圖謀未入手，只是顧饑荒。結得百家怨，此身給受殃。』又云：『生兒一個足，了事一個足；省得分田宅，無人橫煎蹙！』雲谿友議卷十一稗海本觀於此詩，則知富兒於田宅之經營，競財忘義，又躍躍眼底焉。

又白氏長慶集卷三十七有彈奏劍南東川節度使狀：『故劍南節度使觀察措置等使嚴礪在任日，擅沒管內將士官吏及百姓前資寄住等莊宅奴婢……，塗山甫等八戶，莊宅共一百二十二所，奴婢共二十九人……。橫徵暴賦，不奉典常，自豐私室。訪聞管內產業阡陌相連，童僕資財，動以萬計。卽沒身謝咎，而又遺患在人。謂宜諡以醜名，削其褒贈，用懲不法，以儆將來。』此乃憲宗元和間事；觀於此狀，又知彊宗鉅室之勇於殖土矣。

案唐書五十一兵志云：『隴西金城平涼天水，其間善草腴田……給貧民與軍戶，又賜佛寺道觀，幾千頃。（憲宗）元和十二年，閑廄使張茂宗舉故事，盡收岐陽坊地，民失業者甚衆……穆宗八二一—八二四卽位，岐人叩闕訟茂宗所奪田事。下御史案治，悉予民。』然則公家與私家，且有奪田之訟，遑論豪室乎？

然則在兩稅掤制以後，非特不能嘉惠無田之戶，而豪強富戶，於廣佔頃畝，搾取貧佃之外，但見其互相侵盜；但見其競財忘義。陸宣公裁減租價，務爲條限之議，求之唐季，眞與時世乃背道而趨也。

三六　五季田制述略

蓋自天寶亂而世業口分之制，豪無遺意。稍後而有楊炎之兩稅，稍後而有陸贄之減租。然迄唐之亡，減租限田，以時勢之日亟，究亦爲成空言。唐亡（九〇六）之後，訖於宋興（九六〇）五十餘年中，其勢力較大者，裂爲梁唐晉漢周五代。諸豪力征，以得賦爲要。但能得賦，何所不爲？但能薄賦，已爲賢君。洪邁言：『梁祖之開國也，屬黃巢大亂之後，以夷門一鎭，外嚴烽候，內闢汙萊。厲以耕桑，薄其租賦，士苦爭戰，民則樂輸，二紀之間，俄成霸業。及末帝與後唐莊宗，對壘於河上，河南之民，雖苦於輦運，亦未至流亡。其義無他：蓋賦稅輕而丘園可戀故也。及莊宗平定梁室，任吏人孔謙爲租庸使，峻法以剝下，厚斂以奉上。民產雖竭，軍實尙虧。加之以兵革，因之以饑饉，不四三年，以致顚隕。』（容齋三筆卷十朱梁輕賦條）此非但言梁勝於唐，蓋言薄賦之難能耳。

案舊五代史（五十八）李琪傳載琪於後唐明宗同光三年（九二五）上言：『臣聞古人有言曰：「穀者，人之司命也。地者，穀之所生也。人者，君之所理也。有其穀，則國力備；定其地，則民食足。察其人，則徭役均。知此三者，爲國之急務焉。」』但琪所謂定其地不過「辨九等之田收什一之稅。」不過令民「以本色輸官，請富人入粟」於田制何有哉？

當時奪田之事豪取巧得，史不絕書。如唐莊宗時，張全義降唐，封爲齊王。然其時中官「各領內司使務，或奪其田園居第，全義乃悉錄進納。」（舊五代史六十三張全義傳）後唐豆盧革田園帖云：「大德欲要一居處，畿甸間舊無田園。鄜州雖有三二處莊子，緣百姓租佃多年，累有令公大王書請給還人戶，蓋不欲侵奪斂民，兼慮無知之輩隱蔽包沒。」岳珂云：「此帖乃與僧往還書。其畏強藩，避罪罟，蓋凜凜淵冰。然其後卒以故縱田客，貶夜郎。正坐所畏，信乎亂邦之不可居也。」（舊五代史六十七豆盧革傳引寶晉齋法帖）夫全義以降王之尊，豆氏以達官之顯，而不免於被人豪奪，則當時豪奪之風，亦可見也。

案就豆盧革言，有百姓租佃多年，不欲侵奪斂民等語，豈當時地主得業，已有撤佃另佃之事耶？待考。

至於巧取者，則如馬令南唐書謂劉彥貞爲壽春，「壽春有安丰塘，溉田萬頃。彥貞托以浚城隍，大興工役，決水城下，而田畝皆涸。因急其斂賦，民皆鬻田。彥貞取上腴田，賤價買之。於是復漲塘水，歲積巨億。」（南唐書卷十七劉彥貞傳）又如五代史記稱李璘，「爲唐宗室子，招致部下，侵奪民田百餘頃，以謂陵園壖地。」（卷五十七李璘傳）宋史亦言「李崧從契丹以北，（晉）高祖入京師，以崧第賜蘇逢吉。而崧別有宅在西京，逢吉皆取之。崧自北還，因以宅券獻逢吉，逢吉不悅。」（宋史卷二六九陶穀傳）然則地主之巧借名義，以獵取土田者，蓋亦多矣。

考當時在兵燹之中，就後魏而言，此亦均土宅民之良機。然其異於北魏者，則北魏在大亂之後，粗得承平；而五季則時時在大亂中。即在周世宗（九五四—九五九）時，政治力雖較集中，然顯德二年（九五五）僅詔：「逃戶莊田，並許人請射承佃，供給稅租。如三周年內，本戶來歸者，其桑田不計荒熟，並交還一半。五周年內歸業者，三分交一分；如五周年外，除本戶墳塋外，不在交付之限。其近北諸州陷蕃人戶，來歸業者，五周年外，三分交還二分。十周年內，還一半。十五周年者，三分還一。此外者，不在交還之限。』容齋三筆卷九。足徵此時雖有荒土，而國家任人請射，不能爲計荒授土之擬議也。

又當時以用兵，故取民甚重。其在吳越，則『下至鷄魚卵鷇必家至而日取』歐史六七吳越世家又石『晉天福四年，勑應諸道節度使刺史，不得擅加賦役。及於縣邑別立監徵所。納田租，委人戶自量自槩。』舊五代史一四六食貨志。夫加賦者，雖與佃人無直接之關係；然業主納賦，本於私租：則知農人亦以重賦而疾苦焉。

又當時以兵燹連仍，故版籍不修。兩稅之制廢隳，不得不令百姓首實。如後唐明宗天成三年，『勅百姓今年夏苗，自供通手狀。其頃畝多少。五家爲保，委無隱漏鑽連狀，送本縣具狀送省。州縣不得差人檢括，如有隱欺，許令陳告。其田並令倍徵。』通考卷三則是兩稅之訾產而稅者，當時竟不能確計；故令民陳告，而以告發覺治，罰責其自吐實況焉。然則均稅且無辦法，況均田耶？

故唐季五代，亦有所謂「均田」者，其意義，則與北魏均田異矣。

元稹元氏長慶集卷三十八同州奏均田狀云：『右仲地，並是貞元四年七八八檢責，至今已是三十六年八二四年長慶四其間人戶逃移，田地荒廢。又近河諸縣，每年河路吞侵，沙苑側近，日有砂礫塡掩。百姓稅額已定，皆是虛額徵率，其間亦有豪富兼併，廣占阡陌，十分田地，纔稅二三。致使窮獨逋亡，賦稅不辦。州縣轉破，實在於斯。臣自到州，便欲差人檢量。

又慮疲人煩擾，昨因農務稍暇，臣遂設法，各令百姓自通手實狀。又令里正書手等，旁爲穩審。並不遣官吏，擅到村鄉。百姓等皆知臣欲一例均平，所通田地，略無欺隱。臣便據所通，悉與除去逃戶荒地，及河侵沙掩等地。其餘見在頃畝，然後取兩稅元額地數，通計天下肥瘠，一律作分抽稅。自此貧富彊弱，一切均平，徵稅賦租，庶無逋欠。』徵此，元氏所謂「均田」，其意義不過等於均稅，無非令相當之地出相當之稅而已。

後『周世宗嘗夜讀書，見唐元稹圖歎曰：「此致治之本也。」詔頒其圖法，使吏民先習知之。期以一歲，大均天下之田。以爲「較當時之利病，曲盡其情；俾一境之生靈，咸受其賜。」』（新五代史卷十二周本紀顯德五年）馬端臨謂：『五季離亂之時，世主所尚者，用兵尚強而已。其間唐明宗周世宗，粗爲有志於重農。』然世宗均田無非準地之高下厚薄，而使其各出其賦。雖開宋世經界之先路，然意義與北魏均田異矣。

惟南唐爲文物所萃之處，其疆圉雖不足與梁唐等大，而尚有存唐初禁止賣買之意者。吳僧文瑩湘山野錄（卷中津逮祕書本十一頁）謂：『潘佑事江南，既獲用，……以後主好古重農，因請稍釆井田之法，深抑兼併。民間舊買之產，使即還之；奪田者紛紛於州縣矣。』馬令南唐書（卷十九）李平傳，謂『潘祐好仙，平固與親善之。……祐既獲用，請復井田法，深抑豪民。有買貧戶田者，使即還之。』宋史（四七八）南唐世家，亦略及此事，謂「未幾而罷。」夫還產舊主，唐時亦曾頒令（第三節）而奉行未見實效；謂南唐之時衰俗敝，而堪行禁止賣買之田制乎？然就其大致而言，則亦空谷之足音也。

卷七　經界與均賦

三七　宋初佃人疾苦考

及宋之興，繼五代亂離之後，政治之朝代更易，經濟之時會不殊。王覿所謂：『田連阡陌，役屬佃戶；匹夫用此，雄於一鄉。』(李燾續通鑑長編三九七)蓋佃人之疾苦甚矣。

顧炎武云：『漢武帝時，董仲舒言：「或耕豪民之田，見稅什五。」唐德宗時，陸贄言：「今京畿之內，每田一畝，官稅五升，而私家收租，有畝至一石者。……夫土地王者之所有，耕稼農夫之所爲，而兼併之徒居然受利。……」仲舒所言，則今之分租；贄所言，則今之包租也。然猶謂之豪民，謂之兼併之徒。宋以下，則公然號爲田主矣。』(日知錄卷十)是田主之名，起於宋也。宋史(三三三)朱壽隆傳：『歲惡民移，壽隆諭大姓富室畜爲田僕，舉貸之息，官爲立籍，貧富交利。』壽隆與狄青同時，然則田僕之名，蓋亦起於宋矣。

洪邁言：『董仲舒爲武帝言「或耕豪民之田，見稅什五。」言下戶貧民，自無田而耕墾富豪家田，十分之中以五輸本田主。今吾鄉俗正如此，目爲「主客分」云。』(容齋續筆卷七)是宋時農夫之所得，爲豪民剝削至半焉。

故開國之時，太祖以盃酒釋兵權，語石守信等曰：『人生白駒過隙爾，不如多積金帛田宅，以遺子孫。歌兒舞女，以終天年。』〔宋史二五〇守信傳〕又曰：「汝曹何不釋兵權，擇好田宅市之？」〔涑水紀聞卷一〕又曰：『人生如白駒過隙耳，所謂富貴者，不過多積金錢厚自娛樂使子孫顯榮耳。汝曹何不釋去兵權，擇便好田宅市之，為子孫立永久之業。多置歌兒舞女，自飲食相懽，以終天命。』〔邵伯溫聞見前錄卷一〕可知為官須為節度使，退休須為大田主，蓋當時習氣已。

案宋世地主徵收私租之酷，如魯應龍閑窗括異志〔頁二十稗海本〕云：『嘉興府德化鄉第一都紐七者，農佃為業。嘗恃頑，抗賴主家租米。嘉泰辛酉歲，種早禾八十畝，悉已成就；收割囤穀於柴積之間，遮隱無縱，依然入官訴傷；而柴與穀，半夜一火焚盡。壬戌歲秋，其弟紐十二，亦種早稻八十畝，藏穀於家。又且怨天尤地。次日午間，天宇昏暗，大風捲地。其家一火，灰燼無餘。』此雖言佃戶兇狡，亦見「分租」之酷；及業佃二方之爾虞我詐焉。

茲再列農人疾苦三事於後。

其一則民之苦於課役，以致隱田於形勢之家也。

太祖之初，潘美定湖南，『田戶給牛，牛死猶輸，謂之枯骨稅。』〔宋史三二四李允則傳〕而太宗〔九七六—九九七〕時，溫仲舒亦言：『大河以北，農桑廢業，戶口減耗。凋敝之餘，極力奉邊。丁壯備徭，老弱供賦。遺廬敗堵，不亡即死。邪人媚上，猶云樂輸。加以兵卒踐更，行者辛苦，居者怨曠。』〔宋史二六六仲舒傳〕其後，韓琦亦言：『有孀母改嫁，親族分居，或棄田與人以免上等，或非命就死，以求單丁。……富者休息有餘，貧者敗亡相繼。』〔宋史一七七〕所謂棄田與人，以求免役，即宋時佃人疾苦之一也。

案宋史一七五役法上卷云：『役有輕重勞逸之不齊，人有貧弱富強之不一。承平既久，姦僞滋生。命官形勢，占田無限，皆得復役，衙前將吏得免里正戶長，而應役之戶，困於繁數。乾興真宗一〇二二初，形勢敢挾他人田者，聽人告，予所挾三之一。』是役法不良，爲淵毆魚，令下戶售田於形勢也。此其實例，如神宗時，种古爲西上閤門副使，『民有損值鬻田於熟羌以避役者。古按其狀，得良田頃三千頃』宋史三三五古傳是也。其二，則國家第知重賦，而不知均賦也。

太祖時『時藩鎮率遣親吏受民租，槩量增溢，公取其餘羨。』宋史二五一苻彥卿傳則已有「餘羨」之名也。真宗時『亂亡之後，田廬荒廢，詔有能占田而倍入租者，與之。於是，腴田悉爲豪右所佔，流民無所歸，（謝絳父）濤收詔書，悉以田還主。』宋史二九五謝絳傳是不啻言國家所重者在賦。賦者，雖取之於地主，然亦間接影及佃人生計者矣。

案陸贄謂兩稅既定之後，諸稅既已收入，後必有另立新名，以重人負擔者，此即如程琳所慮者。仁宗初，『或請併天下農田稅物名者。琳曰「合而爲一，易於勾校，可也。後有具利之臣，復用舊名徵之，是重困民，無已時也。」』宋史二八八琳傳琳所慮者，後來即成爲事實。李心傳建炎以來朝野雜記甲集卷十五云：『唐之庸錢，楊炎已均入兩稅矣。後世差役，復不免焉，是取其二也。本朝王安石，令民輸錢，以免役：而紹興以後，舊戶長保正，催錢復不免焉，是取其三也。合丁錢而論之，力役之徵，蓋取其四矣。而一有征事，則免夫之令，又不得免焉；是取其五也。今布縷之征，有折稅，有和預，四川路有激賞，而東南有丁絹。是布縷之征，三也。粟穀之征，有稅米，有義倉，有和糴，而斗面加耗之輸，不與。是粟穀之征，亦三也。通力役而征之，蓋用其十矣。』此等重徵，表面似地主受苦；然舐糠及米，自能苦及佃人。況「彊宗鉅室，阡陌相望；而多無稅之田，使下戶爲之破產」，如章誼所言耶？

其三，則豪富之擁田自肥；雖宋時定制，爲官吏者，不得在任置產，而兼併者仍兼併自恣也。

如王溥者，其人死於太祖乾德七年，（九六七）『頻領牧守，能殖貨，所至有田宅。』（宋史二四九王溥傳）故眞宗時王『旦不置田宅，曰：「子孫當各念自立，何必田宅，徒使爭財爲不義耳。」』（宋史二八二王旦傳）而司馬光，『洛中有田三頃，喪妻賣田以葬，』（宋史三三六司馬光傳）史亦傳爲美談。王『淵家無宿儲，每言朝廷官人，爵祿足以代耕，若事錐刀，何愛爵祿？曷若爲富商大賈耶？』（宋史三六九王淵傳）足徵當時殖產風氣。在北宋之季，欽宗籍朱勔家田，則至三十萬畝矣。蔡京等權官之莊田，則更無論已。即如當時達官等之義莊，「莊」雖名「義，」然亦以見恃田爲產之一時風氣。范仲淹『以父在時，方貧。其後雖貴，非賓客不重肉，妻子衣食，僅能自充。而好施予，置義莊里中，以贍族人。』（宋史三一四范仲淹傳）吳奎『少時甚貧，既通貴，買田爲義莊，以賙族黨。』（宋史三一六吳奎傳）義莊之興，亦以見豪族之慣於擁田焉。

案北宋定例，爲官吏者，似不得買田於其治。

曾公亮傳（宋史三一二）知會稽縣，『坐父買田境內，謫監湖州。』鄧綰傳（宋史三二九）謂神宗時『安石去位，鄧綰頗依附呂惠卿。……及安石復相，綰欲彌前跡，乃發惠卿置田華亭事。』考諸魏泰東軒筆錄：『鄧綰言：「升卿兄弟，頃居喪潤州，嘗令華亭知縣張若濟買置土田。若濟遂因此坐貸部民朱庠，……押司錄事王利用等錢，四千餘貫，強買民田。既而若濟坐贓事發，惠卿已在中書，百計營救。』卷五頁八稗海本則是職官置田鄉里，亦頗招物議者。劉安世傳，『章惇以強市崑山民田罰金。安世言「……（惇）……異日天下之人，指爲四兇。今惇父尚在，而別籍異財，止從薄罰，何以示懲。」』宋史三四五是品官在籍置田，時人尚有所非議也。降及南宋，猶存此意。如寧宗嘉定二年，一二○九禁兩淮官吏，私買民田。續通考一○朱元龍爲嘉定十六年一二二三進士，『有宗族與民爭圩田。衆莫能決；先生曰：「於法，品官不許佃民田；奈何天下屬籍之親，乃爭田訟耶。」毅然決之。』宋元學案卷七十然則品官買田，宋時有所限制，史有明文。

惟此制實施如何，殊不可知。如『王蒙正恃章獻太后勢，多占田嘉州。詔勿收租賦，（高）觀極言其不可。』宋史三○一高觀傳魏泰東軒筆錄，又言：『昔晏元獻當國，宋子京爲翰林學士。晏愛宋之才，雅欲旦夕相見。遂稅一地於旁近，延居之，其親密於此。會中秋，晏公啓晏，召宋出伎，飲酒賦詩，達旦方罷。翌日罷相，宋當草詞，頗極詆斥。「有廣營產而殖私，多役兵而歸利」之語。方子京揮毫之際，昨日餘醒尚在；左右觀者，亦嗟駭歎。』卷十頁二此雖言宋之涼德，亦以見晏之營產也。又李心傳建炎以來繫年要錄，言高宗紹興二年正月，『初命發賣蔡京童貫朱緬浙西田，至是六年，而未售者，尚五千餘畝。』卷五十一則品官買田，猶似不干禁令也。曾公亮傳，謂「坐父買田，」不知何以須坐耳。

總上所言可知北宋田制，一則爲田主美謚之起；以及私租之重。二則爲力役之苦，致下戶之寄售其田於形勢。

三則爲賦稅不均。四則爲豪富殖產。——然則當時所切要者，其一，則均田也。其一則均稅也。

三八　授田限田與佃權之起

宋興，經五季喪亂，其初惟患野之不闢。太祖卽位，卽彷周世宗舊法：『詔所在長吏，諭民有能廣植桑棗，墾闢荒田者，止輸舊租；』宋史一七三食貨志 太宗『至道二年，九九六 太常博士陳靖言「地之墾者，十纔二三。稅之十者，又十無五六。……詔書累下，許民復業，蠲其租調，寬以歲月。然鄉縣擾之，每一戶歸業，則刺報所由，朝耕尺寸之田，暮入差徭之籍。追胥責問，繼踵而來。』同上 是政府僅知墾田以出賦，而不知因曠以立制焉。

案李防傳宋史三〇三『防建言逃戶田宜卽召人耕種，使人不敢輕賦；』則是國家措置曠荒，僅在得賦，而不知因時立制也。

太宗時，陳靖嘗請奏立授浮戶逃民土地之制，所謂宋之均田也。『逃民復業，及浮客請佃，委農官勘驗，以授受田土，收附版籍。……其田制爲三品。以膏腴而無水旱之患者爲上品；雖沃壤而有水旱之患者，埆瘠而無水旱之患者，爲中品；既埆瘠又水旱者，爲下品；上田，人授百畝。中田，百五十畝，下田二百畝。並五年後，收其租，亦只計百畝，十收其三。一家有三丁者，請加授田，如丁數。五丁者，從三丁之制。七丁者，給五丁，十丁，給七丁。至二十三十丁者，以十丁爲限。若寬鄉田多，卽委農官裁度以賦之：其室廬蔬韭，及榆柳梨棗，種藝之地，每戶十丁者，給百五十畝。七丁者，百畝；五丁者七十畝；三丁者，五十畝。不及三丁者，三十畝。」（宋史一七三食貨志）是言計丁授田也。

何以謂宋之均田也。（宋史四二六）陳靖傳：太宗務興農事，詔有司議均田法，靖『……（時爲太常博士）……議曰：「法未易遽行也。宜先命大臣或三司使爲租庸使，……兩京東西千里，檢責荒地，及逃戶產籍之募耕作。賜耕者室廬牛犂種食，不足則給以庫錢。別其課爲十分，責州縣勸課，給印紙書之。分殿最爲三等：凡縣官墾田一歲，得課三分，二歲六分，三歲九分，爲下最。一歲四分，二歲七分，三歲十分，爲中最。未及三載，盈十分者爲上。……候數歲，盡罷官屯田；悉用賦民。然後量人授田，度地均稅，井田之制乃定。以法頒行四方，不過如此矣。」太宗謂呂端曰：「朕欲復井田，顧未能也，靖此策，正合朕意。」』是靖策，又名均田也。

考靖所陳言，無非先以官屯荒地，而後招徠民耕。其言，未嘗及田之授受退還也。而宰相李端，謂靖所立田制，多改舊法，且大費貲用。靖之建議，卒未能行其一二焉。

王夫之論之曰：『當陳靖陳言之日，宋有天下，三十二年耳兵火之餘，版籍錯亂，荒業與熟地，固無可據。逃亡與歸鄉，亦無可稽。靖固知其非荒非逃，而假爲募民之說，俾寸土一民，詞窮而盡斂之。是役一興，姦吏之訐發，酷吏之追償，無所底止。民生蹙而國本戕，非陳恕等力持，以息其毒，人之死於靖言者，不知幾何矣。唐之爲此，宇文融也，而唐以亂。宋之季世爲此，賈似道也，而宋以亡。托井里之制於周官，假經界之說於孟子，師李悝之故智而文之曰利民；襲王莽之狂愚，而自矜其復古，賊臣之賊也。而爲君子儒者，曾以其說之不行爲惆悵乎？……及漢以後，天下統於一王，上無分土踰額之征，下有世業相因之土，民自有其經界，而無煩乎上之區分。……孟子曰：「辟草萊任土地者，次於上刑。」非若此儔，其孰膺明王之鈇鉞耶？』（宋論卷二）但船山只知牽就已存事實，何能令靖心服？且元魏均田，亦用在逃民曠土之上。則曷爲宋初之不可行耶？夫草萊不闢，土地不拓，則分土宅民之云何乎？

宋初，既不能因荒曠而均田，則仁宗（一〇二三至一〇六三）即位，宋興已六十年，人增而地墾，自不能更言均田。即言限田，亦太晚矣。然仁宗即位，嘗下詔曰：『上書者言賦役未均，田制未立，因詔限田。公卿以下，毋過三十頃。牙前將吏，應復役者，毋過十五頃，止一州之內。過是者，論如違制律。以田賞告者。既而三司言限田一州，而卜葬者牽於陰陽之說，至不敢舉事。又聽限外置墓田數頃。』此法貿然頒行，本非經久之制。『故任事者終以限田不便，未幾卽廢。』周煇清波雜志云：『王晉公祐，不置田宅。曰：「子孫當各令自立，徒使爭財爲不義耳。」』（卷下頁十二稗海本）足徵北宋並不限田也。何況『承平寖久，勢官富姓，占田無限。兼併冒僞，習以成俗，重禁莫能止，』如食貨志所言耶！

案北宋所謂限田，似品官在限內，可以置田產而不納稅。其在限外，則置產仍可，惟須納稅如制耳。然則所謂限田，乃限官戶「免稅」之田數，而非限官戶「占有」之田數。茲錄數證於下。

其一、邵伯溫河南邵氏聞見前錄（卷十七頁二津逮祕書本）言：『長安張衍，……與田舜卿善。衍有錢數千緡，舜卿爲買田，以官戶名占之。后舜卿贓敗，官籍其產，衍之田在焉。或勸衍自陳，衍曰：「衍故與田君善。田君占衍之地，美意也。田不幸至此，衍論於有司，非義也。卒不請其田。』夫衍何以以「田君占衍之地」爲「美意」？殆以「官戶」占君田，可不納稅歟？

其二、李心傳建炎已來繫年要錄卷五十一記：『紹興二年正月，右司諫方孟卿言：「近權戶部侍郎柳約，請申祖宗限田之制，「凡品官名田數過者，科敷一同編戶。」今郡縣之間，官戶田居其半。而占田數過者極少。自軍興以來，科需與編戶一同。若以格令免科需，則必取於民，必致重困。臣謂艱難之際，士大夫義宜體國。豈可厚享佔田之利？又況富商大賈之家，多以金帛竄名軍中，僥倖補官，及假名冒戶，規免科需者，比比皆是。願寢前詔勿行。」從之。』蓋繫年要錄卷五十又記紹興元年『十二月丁丑，戶部侍郎柳約言：「軍興科需百出，望官戶名田過制者，與編戶均一科賦。」從之。』觀於上文，可知官戶占田畝數，並不依照仁宗限田之令。而官戶納稅，則托詞限田在某一限度內，不必納稅，以異於編戶之佔田者。故柳約言：「過制者科敷」，而方孟卿謂：「若以格令免科需，則必取於民。」因勸豪貴之爲地主者，「艱難之際」「義當體國」，不當托詞於「限」，規避科需耳。

然則，兩宋官戶佔田，並無其限。而納賦之際，則「假」限以別於「編戶」，而隱取其利，此眞宋代限田之怪現象矣。

以言夫仁宗之時，宋之承平已久，爭田之訟，有歷年不決者，故眞有限田之令，亦且成爲虛文。況仁宗之「限田」其意義迥異於王莽師丹之「均田」！

如劉沆於仁宗時，出倅衡州。大姓尹氏，欺鄰翁老子幼，欲竊取其田，乃僞賣劵，及鄰翁死，遂奪而有之。其子訴於州縣，二十年不得直。沆至，復訴之。尹氏持積年稅鈔爲驗。沆曰：「若田千頃，歲輸豈特此哉。爾始爲劵時，嘗如勅問鄰乎？其田固在，可訊也。」尹氏遂伏罪云。』（宋史二八五劉沆傳）此以賢有司而得直，足反徵土田之奪，在不賢有司之下，黑暗無比焉。

其後於仁宗者，元絳於神宗時『攝上元令，有王豹子者，豪占人田，有欲告者則殺以滅口，絳捕寘於法』。絳『知永新軍，豪子龍聿誘少年周整飲博，以伎勝之，計其貲，折取上腴田，立劵久，而整母始知之。訟於縣，縣索劵爲證，則母手印存，勿受。又訟於州，於使者，擊登聞鼓，皆不得直。絳至，母又來訴。絳視劵，謂聿曰：「劵年月居印上，是必得周母他牘尾印，而撰僞劵續之耳。」聿駭謝，卽日還整田。』（宋史三四三元絳傳）是地主之狡詐，訟理之牽延，可謂極矣。

其尤可駭者，則業主得田以後，可以撤佃，而使佃人廢業；較諸五代史豆盧革傳所記，更爲顯而可徵。

魏泰東軒筆錄云：『侯叔獻（叔獻與王安石同時，見宋史卷一七六食貨志）爲杞縣，有逃田及戶絕沒官田甚多。雖累經檢估，或云定價不均。內有一李誠莊，方圓十里，河貫其中，尤爲膏腴。府佃戶百家，歲納租課，亦皆奧族矣。前已估及一萬五千貫，未有人承賣者。賈魏公當國，欲添爲二萬貫賣之。遂命陳道古銜命，計會本縣令佐，而增損其價。道古至汜，閱視諸田，而議增李田之値。……叔獻歎曰：「郎中知此田本末乎？李誠者，太祖時爲邑酒務專知官，以汴水溢，不能救護官物，……故此田亦在籍沒。今誠有子孫，見居邑中；相國縱未能卹其無辜而以田給之，莫若損五千貫，俾誠孫買之。」道古大驚曰：「始實不知，但受命而來。審如此，君言爲當；而吾亦有以報相國矣。」卽損五千貫而去。叔獻乃召誠孫，俾買其田。孫曰：「實荷公惠，奈甚貧何？」叔獻曰：「吾有策矣。」卽召見佃人百戶，諭之曰：「汝輩本皆下戶，因佃李莊之利，今皆建大第高廩，更爲豪民。今李孫欲買田而患無錢；若使他人買之，必遣汝輩矣。汝輩必毀宅撤廩，離業而去；不免流離失職。何若醵錢借與誠孫，俾得此田，而汝輩常爲佃戶，不失所業，而兩獲所利耶？」皆拜曰：「願如公言。」由此誠孫卒得此田矣。』卷八頁七至八稗海本. 然則豪民新得土田之後，可以奪田另佃。李誠莊之莊田，『若使他人買之，』能使李誠莊之佃人『毀宅撤廩離業而去，』則北宋時之新地主，可以自由撤佃；而舊田主在，則佃人可以「常爲佃戶。」此卽言佃權矣。

當時之「撤佃，」或名「剗佃。」如邵伯温聞見前錄卷十八第十頁津逮本載宋仁宗時，李復圭知慶州光化軍『有放停卒，自陳乞添租，剗佃某人官田者，公曰：「汝揀停之兵，如何能佃官田？」卒曰：「筋力未衰也。」公曰未衰，卻合充軍。呼刺字人刺元（原）軍分人皆稱之。』然則添租剗佃，固仁宗時所有者。

爭田之訟也，豪強之侵占也，地主對於佃人之撤佃也，皆仁宗均田下令前後所有之事實。然則均田令之所以不能稍生實效，其故亦可知矣。

三九　青苗法與地主兼併

太宗時未能均田，仁宗時未能限田，神宗時王安石之新法，能於豪民橫行之局面中，有所建樹耶？當時，王祺已言『兼併之家占田常廣，中下之家占田常狹。』宋史一七六 安石對此時艱，未嘗不有厭惡之意。故魏泰東軒筆錄卷一二頁 四稗海本 言：『苗振以列卿知明州，熙寧中致仕，歸鄆州，多置田產。又自明州市材爲堂，載歸鄆。時王逵亦致仕，作詩嘲振曰「田從汶上天生出，堂自明州地架來。」此句傳至京師，王荊公大怒。』曰荊公大怒者，是安石亦以豪富兼併，爲不義也。

然安石所以救濟佃戶之困難者，則僅有間接助農之青苗法。於春秋貸錢與農，使出息二分。魏泰東軒筆錄，卷四所謂：『王荊公當國，始建常平錢之議。以爲百姓當五穀未接之時，多窘迫貸錢於兼併之家，必有倍蓰之息。官於是結甲請錢，每千有二分之息。是亦濟貧民而抑兼併之道』宋史三二九 王廣淵傳：『廣淵以方春農事興，而民苦乏。而兼併之家，得以乘急要利。乞以本道錢帛五十萬，貸之貧民，歲可獲息二十五萬。其事與青苗法合；安石始以爲可用。』蓋所以防兼併之徒，乘農夫之急事至美焉。

案趙翼陔餘叢考卷二十二 青苗錢不始於王安石云：『唐時，長安萬年二縣，有官置本錢，配納各戶。收其息，以供雜費。宋之青苗錢，正唐雜稅錢之法耳。』但卽如翼言，唐之青苗，着重於徵息以充用；然宋之青苗，重在防止兼併；是不得言安石青苗本諸唐人。

又案鄭俠西塘先生文集卷四王孺人墓志云：『熙寧元豐之交，里中薦饑。富民閉廩，以高其糴。太孺人獨傾廩庾，製糜粥，以濟流丐，賴以存活者，非一二。今有語及當時事者，無不感激流涕！』則地主家之乘急要利，卽在安石之老友，安石之政敵眼中，亦覺可惡。青苗法試行之背景，由於富民兼併，此尤足徵。

然後來奉行不善，遂至如陳世隆所言：『新法旣行，散青苗錢於議廳，而置酒肆於譙門。民持錢出者，誘之使飲。又恐其不欲也，則令伎女坐肆作樂，以蠱惑之。小民無知，爭競鬬毆，則又差兵校，列枷杖，以彈壓之。』北軒筆記頁五知不足齋本當時至『有人題寺壁：「終歲荒蕪湖浦焦，貧女戴笠落柘條；阿儂去家京洛遙；驚心寇盜來攻剽。」人皆以爲夫出憂荒亂也。及荆公罷相，子瞻召還，諸公飲蘇寺中，以此詩問之。蘇曰：「於貧女句可以得其人矣。終歲，十二月也。十二月爲『青』字。荒蕪，田有草也，艸田爲『苗』字。浦湖焦，去水也，水傍去，爲『法』。女戴笠，爲『安』字。柘落木條，則『石』字。阿儂爲吳言，舍吳言是『誤』字。去家京洛，爲國；寇盜爲賊民；蓋言青苗法誤國賊民也。」』此見楓窗小牘卷上頁二一稗海本鄭俠上王荆公書云：『且如青苗一事，是法之美而善之至也。始某於浮光，見朝廷議行其事，固嘗與吏士大夫辨其利害矣。其稍有知識，亦莫不以爲善。及行之期年，則可厭矣。何者？青苗之法，本以民之窮乏，常於新陳不接之際，每倍其息，以貸於人。故官爲出常平錢以貸之，而只取二分之息。所以抑兼併而蘇貧乏，莫善乎此。然民之缺乏而借貸於人者，固常半矣。能稍稍溫煥，能儉克勤苦，以自足，而無所取貸於人者，亦常半。吾之心果在利民，非在取利於民；皆聽其自來而與之，法不曰召，人情自請耳。及貪暴之吏，急於散而取賞，則曰某縣民若干，散必若干；某縣爲民若干，散至若干；不然者，劾奏。而令佐亟於奔命以求知於上，又巧以強與。若某鄉某里某人不請，旬日之後，必有他禍者。及其催納之際，亦莫不然。則盡一州一縣之民，無有不請青苗者。是曩之果皆貧無不借貸以自足者也。至於收成之季，又不稍緩其期。穀米未及乾，促之已急，而強糶於市。而曩之利十，今不售其五六。質錢於坊郭，則不典而解。其甚者，至於無衣褐而典解。是法本以蘇貧乏而反困之；抑兼併而反助之矣。夫如是，便謂青苗爲不善；而不知貪暴之吏爲之也。』西塘集卷六。——總言之，法非不善，奉法之吏敗之耳。

案即如安石之反對者鄭俠言，法非不善；特奉行者有過失耳。楓窗小牘引蘇東坡言，原不足盡信。東坡守杭州，以詩諷世，其中有『云「杖藜裹飯太匆匆，過眼青苗轉手空。贏得兒童好音語，一年強半在城中。」』譏青苗法行，鄉村小民，不得安諸畎畝也。』田汝成西湖遊覽志餘卷十蘇王有宿怨，當以鄭俠之言爲準。

蓋安石立法之初，原有利農人抑兼併之意。且事前施於鄞縣，曾有小效。光緒鄞縣志二十五名宦傳：『……爲鄞縣令……瀕海民采捕爲生，質田貸豪右金，得乘時重息之。安石特出官錢，輕息以貸，至秋則田畝之入，安然足償。』李日華六硯齋筆記卷二云：『王介甫令吾浙之鄞，鄞濱海，其民冬夏乘筏采捕爲生。有田率在山麓，故指田爲質，以貸豪右之金，而豪右得乘急重息之。介甫特出官錢，輕息以貸。至秋則田畝之入，安然足償。所謂青苗法也，於鄞實爲善政，鄞人至今德之，立祠陀山下，神亦至靈。』然則其後秉政，施之全國，未爲貿然行施。朱一新曰：『青苗之法！荆公行之鄞縣而效。然欲以施天下，不思一邑之地，耳目易周，天下之大，奉行者豈能盡善？……以青苗之煩瑣，而欲行之天下，是之謂不曉事。若以姦邪目荆公，荆公所不授也。』無邪堂答問卷三 此其言允矣。

四〇 方田與首實

所謂抑兼併者，事實上卽等於抑壓地主。故青苗之外，又有方田之制，亦安石新法中所以均稅者也。猶諸南宋之經界也。

考「方田」一制，亦非始於安石。徐度卻掃篇云：『歐陽文忠公爲滑州通判，有祕書丞孫琳者，簽書判官事。自言頃被差與崇儀副使郭咨，均肥鄉田稅，嘗創爲千步方田法。公私皆利，簡單易行。未幾，召入爲諫官。會朝廷方議均稅，因薦琳咨，使試其法，詔從其請。起自蔡州一縣，以方田法均稅。事方施行，而議者多不言便，遂罷。後秉政，適復有旨置均稅司，命官分均陝西河北稅。命下，兩路騷然。民爭斫伐桑棗逃匿，又羣訴於三司者，至數千人。公復上疏請罷之：且言「均稅一事，本是臣先建言。聞今事有不便，臣固不敢緘默也！」事亦尋寢。』却帚編卷下頁十二津逮祕書本 ——然則，千步方田以均稅，其事固非起於安石矣。

蓋在貧富兼併之後，地主之於佃人，固能令其田必出租；而國家之於地主，不能使田均出賦，故安石建議均稅，其法『以東西南北各千步當四十一頃六十六畝一百六十步爲一方，歲以九月令佐分地計量驗地土肥瘠，定其色號，分爲五等，以地之等，均定稅數。』（宋史三二七王安石傳）此實南宋經界打量之先聲，而安石所爲卒以『官吏擾民，詔擾之。』（宋史一七四食貨志）蓋亦如青苗之擾民而致敗焉。

青苗也方田也，在安石新法中，不過用以救濟私有制度之窮。行之有方，未必不能救貧佃之困。然而不能者，一則社會之積弊，擴除至難；二則奉行者不能體此深意，反以擾民。安石固深念農人之痛苦者，如新法中有所謂免役者，『據家貧高下，各令出錢，雇人充役。』蓋欲藉游手好閑之徒，使眞正農民，得以安心樂土也。有所謂授田者，蘇軾云：『熙寧中行給田募役法，大略如邊郡弓箭手，』（宋史一七七）是也。合「青苗」「方田」而論之，知安石雖不肯好爲高調論，如井田均田之議；而其欲救佃人之苦，則其志趣顯然。

案宋史（一九〇兵志四）載：『河南陝西弓箭手……眞宗眞德二年（一〇〇五）鎮戎軍曹瑋言，有邊民應募，爲弓箭手者，請授以閑田，蠲其徭賦，有警可參正兵爲先鋒；而官無戎械資糧之費。』然則邊境行授田，其事非始於安石。第給田募役，以地言限於邊疆，以人言限於戍役。不能如「青苗」「方田」之普徧耳。

安石僅僅於間接方面思變法以救農艱，而其結果不免於失敗。神宗『熙寧六七年，河東河北陝西大饑。百姓流徙於京西，就食者無慮數萬。使者隱落其數，十不奏一。然而流離繈褓，取道於京師者，日有千數。選人鄭俠，監安上門，遂畫流民圖，上疏極言時政之失。』（東軒筆錄卷五）安石斤斤自恃：『朝廷制法，當斷以義，豈能規規卹淺近之人議論耶？』（宋史一七七）然『神宗反復觀圖，長吁數四，袖以入，是夕寢不能寐。』（宋史三二一鄭俠傳）新法竟罷，青苗也，方田也，免役也，爲新法十八事之晈晈著者，乃亦終於失敗也。

至於安石羽黨等所創之首實法，則更無論已。

唐元稹已令民間自通手實狀，（第三六節）此蓋首實法之始祖。其在宋仁宗時，史稱盧士宏『知漢州，校實民產，使力役不濫，人德之。先是圭田多虛籍，宏知漢州考焚之，令隨實以輸。自部使者而下，十損七八。』（宋史三三三盧士弘傳）隨實以輸，即首實之意也。

宋史呂惠卿傳：『用弟和卿計，制五等丁產簿，令民自供手實，尺椽寸土，檢括無遺，至雞豚，亦徧抄之。隱匿者，許告，而以其貲三分之一充賞。民不勝其困。』（宋史四七一）鄧綰傳亦謂：『初，惠卿弟和卿，創手實法。綰曰：「凡民養生之具，日用而家有之。今欲盡令疏實，則家有告訐之憂，人懷隱匿之患。……徒使嚚訟者趨賞報怨，以相告訐；畏怯者，守死忍困而已。』（宋史三二九）由此觀之，元稹之均田手實，在宋時已不能行。而況安石之方田，安石之青苗耶？防止兼併，其事不易；匪特均田不可也，即均稅亦不能也；非特更田制以救農夫不能也，即間接以助農佃，亦不能也。讀史者於青苗方田首實之不可行，可以知世涂之日下矣。

四一　宋儒田制思想述

均賦不可，況均田耶？間接立制以便農尙不可；況直接立制以濟佃人耶？安石均賦便農之設施，其在兩宋經生，則爲均田立制。安石所行，雖曰拘泥不經；然以較其並世諸儒之侈陳井田，則食古不化，安石猶有遜於宋諸儒生矣。

案自來言均田者，大抵依托於聖賢遺制之井田。如紀昀閱微草堂筆記所演：『……左一人曰：「是則然矣，諸儒所述封建井田，皆先王之大法，有太平之實驗，究何如乎？」右一人曰：「封建井田，斷不可行，微特駁者知之，講學者本自知之，知之而必持是說，其意固欲借一必不可行之事，以藏其身。蓋言理言氣，言性言心，皆恍惚無可質。……故必持一不可行之說，使人必不敢試，必不肯試，必不能試，而後可號於衆曰：「吾所傳先王之法，吾之法可爲萬世致太平，而無如人不用何也。」人莫得而究詰，則亦相率而臚曰：「先生王佐之材，惜哉不竟其用云耳。」以棘刺之端爲母猴，而要以三月齋戒乃能觀，是卽此術。第彼猶有棘刺，猶有母猴，故人得以求其削，此更托之空言，並無削之可求矣。天下之至巧，莫過於斯。駁者乃以迂闊議之，烏識其用意哉？」』（姑妄聽之卷三）此斥宋儒之標榜井田，謔而虐矣。

故宋儒多詆斥安石之食古以爲新法；獨於田制一端，則安石所不敢言者，宋儒則高談之。在安石未得君時，嘉祐中趙尙寬曾言計口授田（宋史四二六）而李覯（泰伯）周禮致太平書國用第四曰：『自阡陌之制行，兼倂之禍作。貧者或欲耕而無地，富者有地而或乏人。野夫猶作惰游，況邑居乎？沃壤猶爲汚穢，況瘠土乎？饑饉所以不支，貢賦所以日絀。孟子曰「仁政必自經界始」，師丹言宜略爲限，不可不察也。』（盱江全集卷六）是李泰伯以經界限田爲必需焉。

神宗之時呂『大均喜講明井田兵制，謂治道必自此始。悉譔次於圖籍，可見於用。』（宋史三四〇大鈞傳）程明道亦上神宗，陳治法十事，言：『天立蒸民立之君，使司牧之──必制其常產，以厚其生。經界必正，井地必均。此爲治之大本也。唐尙存口分永業之制；今益蕩然；富者田連阡陌，跨郡縣而莫之止。貧者日流離道路，流爲餓殍而莫之卹。倖民猥多，衣食不足，而莫爲之制。將生齒日繁，轉死日促，制之之道，所當亟圖。此非有古今之異者也。』（宋元學案卷十四明道學案下）──是呂程二儒未嘗無意於均田。

張載亦曾試爲井田，未就而卒。（第一節）且云：『治天下不由井地，終無由得平。周道止是均平，』且謂『井田至易行。』『時神宗方一新百度，思得才智士謀之，召見問治道，對曰：「爲治不法三代，終苟道也。」』（宋史三二七載傳）是載未嘗無意於井田。

案橫渠言『井田至易行，但朝廷出一令，可以不笞一人而定。蓋人無敢據土者──又須使民悅從。其多有田者，使不失爲富。假使大臣有據土千比者，不過封與五十里之國，則已過其所有也。隨土多少，與一官，使有租稅；人不失故物，治天下之術，必此始。今以天下之土棋畫分布，人受一方，養民之本也。後世不致其產，止使其力；

又反以天下之貴專利，公自公，民自民，不相定計。百姓足，君孰與不足？百姓不足，君孰與足？其術自城起首士，四隅一方正矣。又增一表，又治一方。如是則百里之里，不日可定。何必毀民廬舍墳墓但見表足矣……。』又云：『井田亦無他術，但先以天下之地，棋布畫定，使人受一方，則自是均。前日大有田產之家，雖以其田授民，然不得如分種如租種矣。所得雖差少，然使之爲田官，以掌其民。使人既喻此意，人亦樂從，雖少不願，然悅者衆而不悅者寡矣。又安能每每卹人情如此？其始雖分公田與之，及一二十年，猶須別立法；始則因命爲田官，自後則是擇賢。……』以上詳宋元學案卷十八橫渠學案論井田 蓋橫渠云云，終以井田封建，混爲一談。且其擬以地主爲田官，於羊羣中設狼爲牧，其事亦不可行。正如李泰伯，非無意於井田者，彼於仁宗皇祐四年一〇五二以儂智高反，上孫安撫書曰：『古之治民，惟欲富庶；今之治民，特惡豪右。夫富豪者智力或有以出衆，財用亦足以使人。將濟艱難，豈無其效？今之浮客，佃人之田，居人之地，蓋多於主戶矣。若許富人置爲部曲，私自訓練，……苟有餘財，其誰不勉？數年之後，千尺長，百尺長，不難得矣。』盱江集卷二十 其思以鄉官餌地主，立說與橫渠同。夫既尊地主之存在，而又侈言井地，則其立說矛盾，無怪夫紀昀云云，「執一必不可行之說」以自詡其復古焉。

蓋宋儒好以雙闕玄論，爲制度之檢討，而實未嘗及制度之本身。故余懷山志二集卷二井田條 謂『程子曰：「議論既備，必有可行之道。」張子曰：「非敢言也，顧欲載之空言，庶有可取之者耳。」程子曰：「不行於今而後世有行之者，亡也。」細觀程子之意，亦以爲井田之制，不可復也。』然則橫渠云云，彼固自認爲徒托空言者。

卽以此故，宋之理學，遂與宋人之田制觀合而爲成兩迂。王安石力排萬難，以行新法，猶不敢復古井田；而張載明道與安石同時者，則竟侈言井田也。案其時國家之所設施，惟在如何得賦。如神宗時『王韶言渭源至秦州，良田不耕者萬頃。願置市易司，頗籠商賈之利，取其贏以治田。」』然當時『李師中言：「韶乃欲指古極邊弓箭手地耳。又將移市易司於古渭，恐秦州自此益多事，所得不補所亡。」王安石主韶議，爲罷師中，以竇舜卿代。且遣李若愚按實。若愚至，問田所在，韶不能對。舜卿檢索，僅得地一頃。既地主有訟，又歸之矣。』（宋史三二八王韶傳）邊疆之地如斯，京洛江漢，更可知也！韶言取市易司之贏以治田，而結果爲人所笑；使橫渠明道輩行其「至易行」之井田，其爲人所笑，更當何似？諸道學者推明先王之道，侈陳井田之制，不其傎歟？

案宋史舒亶傳『王安石當國，……使熙河，括田有績。』（宋史三二九）宦者傳『李彥置局和州，凡民間美田，使人投牒告陳，指爲天荒。魯山闔縣，盡括爲公田；焚民故券，使田主輸租。訴者，輒加威刑。』（宋史四六八）是皆國家注目得賦之明徵。

食貨志（宋史一七四）一又載徽宗崇寧三年（一一〇四）宰臣蔡京等言：『自開阡陌，使民得以田自相賣易，富者恃其有餘，厚立價以規利。貧者迫於不足，薄移稅以速售，而天下之賦調，不平久矣。神宗講究方田利害，作法而推行之；方爲之帳，而步畝高下，丈尺不可隱。戶給之帖，而升合尺寸，無所遺。以賣買，則民不能容其巧；以推收，則吏不能措其姦。』此文上端，明明言田畝賣易之弊；下文忽轉述賦稅不均之害，則當時着眼，全在均稅；不如在野名流，狂言井田之當復焉。

故徽宗政和中雖定品官限田之制：『品官限田，一品百頃以差降殺，至九品，爲十畝。限外之數，並同編戶差科。七年一一一七又詔中外宮觀捨置田，在京不得過五十頃，在外不得過三十頃，不免科差徭役。文移雖奉，御筆許執奏不行。』宋史一七三農田 於此，可見僅限品官免稅之田，未限品官佔有之田；尚不可能，而況侈陳井田耶？於此可見私有色彩與貴族勢力之濃厚，與迂儒之井田限田，正背道而馳也。

然南宋之初，尚有高談限田者。

高宗奔波之餘，艱難之際，廣東州州學教授林勳，上本政書十三篇。羅大經鶴林玉露卷七記其事云：『林勳賀州人。紹興中，登進士第，嘗進本政書，欲漸復古井田之法。大略謂五尺爲步，步百爲畝，畝百爲頃，頃九爲井，井方一里，井十爲通，通十爲成，成方十里。成十爲終，終十爲同，同方百里。一同之地，提封萬井，實爲九萬頃，三分去二，爲城郭市井官府道路，山林川澤，與夫磽确不毛之地，定其可耕與爲民居者，三千四百頃，實爲三萬六百頃。

『一頃之田，二夫耕之。夫田五十畝，餘夫亦如之。總二夫之田，則爲百畝。百畝之收，平歲爲米五十石。上熟之歲，爲米百石。二夫以之養數口之家，蓋裕如焉。總八頃之稅，爲米十六石，錢三貫二百文。此之謂什一。一井復一夫之稅，以其人爲農正，掌勸督耕耨賦稅之事，但收十有五夫之稅。總計三千四百頃之稅，爲米五萬一千石，爲錢一萬二千貫，以此爲一同之率。

『一頃之居，其地百畝。十有六夫分之，夫宅五畝，總十有六夫之居，爲地八十畝。餘二十畝，以爲社學場圃，一井之人，共使之朝夕羣居，爲教其子弟。

『然貧富不等，未易均齊；奪有餘以補不足，則民駭矣。今宜立之法，使一夫占田五十畝以上者爲良農。不足五十畝，爲次農。其無田而爲閑民，與非工商在官，而爲遊惰末作，皆驅之使爲隸農。良農一夫，以五十畝爲正田，以其餘爲羨田。正田毋敢廢業，必躬耕之。其有羨田之家，則毋得買田；惟得賣田。至於次農，則毋得賣田，而得與隸農皆得買羨田以足一夫之數，而昇爲良農。凡次農隸農之未能買田者，皆使之分種良農之羨田，各如其夫之數，而歲入其租於良農，如其俗之故。非自能買田及業主自收其田，皆毋得遷業。凡良農之不願賣羨田者，悉伺其子孫之長而分之，官毋許苛奪以買其怨，少須暇之，自合中制矣。其書大約如此。』

案宋史食貨志記勳上本政書，在高宗建炎五年，（考建炎無五年）『大略謂國朝兵農之政，大抵皆因唐末之故。今農貧而多失職，兵驕而不可用，是以饑民竄卒，類爲盜賊。宜仿古井田之制，使民一夫占田五十畝，其羨田之家，毋得市田。其無田及游惰末作者，皆使爲農。』（卷一七三）李心傳建炎以來繫年要錄（卷二十六頁二至四）則記勳上本政書十三篇，在高宗建炎四年。宋史（四百二十二）林勳傳則稱：『政和五年進士，建炎三年八月，獻本政書十三篇。』與鶴林玉露之記爲紹興中……者，年月小異。然靖康建炎之後，高宗之正式定都臨安，在紹興八年。是勳之上書，乃在高宗定都臨安以前；豈兵戈擾攘之際，迂儒能好古以暇耶？

但案勳所言，其說固不如其他宋儒之拘泥焉。

一則並不晝井是勳亦認溝洫之不可行也。一則夫田五十，是勳亦知夫田百畝之不能均配也。「使一夫占田五十畝，以上者爲良農」，則勳避免地主豪富之惡謚，而爲地主諱也。「奪有餘以補不足，則民駭矣」，是勳知豪族之不可激之使怒也。良農毋得買田，次農毋得賣田，是勳以禁限賣買，以達均平；非以法使良農次農隸農，得依法享有土田也。

且誠如勳言，隸農次農，果有買田之機緣耶？

良農除正田五十以外，得分種其羨田於隸農次農。「正田必躬耕之，」固有似乎耕者有其田。然而，『凡次農隸農之未能買田者，皆使之分耕良農之羨田，各以其夫之數，而歲入其租於良農，如其俗之故。』然則，次農隸農，在未買得土田以前，私租仍如俗之故也。次農隸農，日出其半，以供私租；良農地主，日累其半，以成豪強。『良農日累其半，以至於豪彊；次農隸農，日食其半，以趨於貧弱而無告，』則勳所擬期於隸農次農之買田，悠悠歲月，果有時耶？果無時耶？

然則如勳云云，亦瞽說耳。姑不論其在炎與假擾之際也。宋史勳傳稱『宋熹甚愛其書。東陽陳亮曰：「勳爲此書，考古驗今，思慮周密，世之爲井地之學者，孰有加於勳者乎？要必有英雄特起之君，用於一變之後；成順致利，則民不駭而可以善其後矣。」』（宋史四二二）同父此語，顧炎武譽爲「豈非知言。」（日知錄卷十）——吾不知朱熹陳亮顧炎武等，何爲譽之至是也。

羅大經云：『朱文公張宣公皆喜其說；謂其有志復古。然今時欲行經界，尙以爲難；況均田乎？』（鶴林玉露卷七）此明言宋時之時代，已爲均賦之時代，而非均田之時代，立論甚明。但吾以爲勳言私租，「如其俗之舊」，則仍不足與語於均田也。

案宋時儒者，蓋浸漬於地主習氣中久已。鄭震讀書愚見（說郛卷二十引）云：『學子士大夫，得做好人，須是有以養其外。以外養護內養，夾住得秉彝住，便是聖賢地位。三代時，人人有田，眞是內養底本領。孟子曰：無恆產者無恆心，無恆產而有恆心，惟士爲能。正慮爲士者無田，失其恆心也。蘇秦曰：使我有洛陽二頃田，安能佩六國相印？乃是說無田至此。孔明告蜀先主曰：臣成都有桑八百株，薄田十五頃，子弟衣食，自有餘饒。亦是說有田，可以自給。蘇老泉亦云：洵有山田二頃，非歲兇可以無饑。有田眞可以養氣也。』可知宋儒好言田制，然未嘗不思爲地主。胡致堂讀史管見（卷三）云：『井田良法，致治平之本也。古之帝王，視天下爲公，視民饑寒，猶在乎己。故專地利以予民，不專其奉。……井田萬世之良法，不可因莽而指爲不可行也。』豈由吏之論哉？

四二　官荒與授受

勳之時，果足以行空洞之授田論乎？

王夫之云：『當建炎之三年，宋之不亡如縷。民命之死生，人心之嚮背，岌岌乎求苟安而不得也。有林勳者，勒爲成書；請行什一之稅，一夫限田五十畝，十六夫爲井，井賦二兵一馬，絲麻之稅，又出其外。書奏，儌一官以去，嗚呼，爲勳干祿之資，則得矣。其言之足以殺天下而亡人之國，亦慘矣。時亦知其不可而勿行；而言之娓娓，附古道以罔天下，或猶稱道之不絕，垂至於賈似道，而立限以奪民田。爲公田，行經界，以盡地力，而增正賦。怨讟交啓，宋社以墟，蓋自此啓之也。……前乎勳而爲王安石，亦周官也；後乎勳而爲賈似道，亦經界也。安石急試其術，而宋以亂；似道力行其法，而宋以亡。勳惟在建炎驚竄不遑之日，故人知其不可行而姑置之；陳亮猶曰，「考古驗今，無以加也。」嗚呼，安得此不仁之言而稱之也哉。』（宋論卷十林勳請行什一之稅）其因時以量勳言，則信然也。

案勳不過於井田不可行中，勉爲計劃。船山斥以不仁，語近羅織。卽似道所行，亦不過宋儒迂毒之總發洩。蓋與勳同時，竊號自誤之劉豫，李上達於『齊國建，爲吏部員外郞，攝戶部事。劉豫行什一之法，樂歲輸多；歉歲寡輸之；蓋古人助法也。收驗之時，蓄積蓋藏，民或不實輸官，官亦不肯盡信。於是告訐起，獄訟繁。上達論其弊，豫改定爲五等之制。』（金史九十二李上達傳）豫無非逐畝勘其收穫以定稅，而竟靦然謂之助法。正如勳之定輸租如舊，而「欲復古井田」也。

然在南渡之後，論限田者，不正於一勳。高宗紹興二十九年（一一五九）『趙善養言：「自古王者，制民之產；皆有定法。

蓋所以惜民力而抑兼併也。比年以來，形勢之戶，收置田畝，連延阡陌。其爲害甚者，無如差役。今官戶田多，差役並免。其差役者，無非物力低小貧下之民。州縣稍不加察，求其安裕樂業，不可得也。望令有司立限田之制，以抑豪勢無厭之求。」……其後給事中周麟之等，請品官子孫名田減祖父之半。其詭名寄產，皆併之。如滿三月不陳，許人告；以其田之半歸官，餘給告者。』（李心傳建炎以來繫年要錄卷一百八十一）國家在艱難之際，而猶不忘限田；此亦宋儒放談高論之炙人深焉。

案此所限田，猶爲限品官免稅之田，以其出發點，乃由於官戶差役，不得並免而已。然干戈淑擾，不忘限田二字，此已可稱。繫年要錄卷一五一又稱紹興二十三年：『詔民間所欠私債，還利過本者，並與依條除放。先是，溫州布衣萬春上書，乞將民間有利私債，還息未還息者，並予除放，庶幾稍抑豪右兼併之權，而伸貧民不平之氣。詔送戶部。上謂大臣曰：「若止償本，則上戶不肯放債。反爲細民之害，可令仔細措置，」至是行下。』此亦後世私債不得放息過本之權輿。在南宋偏安之朝，不期猶有人言抑止兼併焉。

寧宗開禧元年（一二〇五）利夔路轉運判官范蓀言：『本路施黔等州其占地多者，須人耕墾。富豪之家，誘客戶居室遷居，因議凡典賣田宅許離業，毋就租以充客戶。凡貸錢，止憑文約繳還，毋抑勒以爲地客。」』則私債之厄及佃農，固不得謂與田制無關。葉適謂：『小民之無田者，假田於富人；得田而無以爲耕，借貸於富人；歲時有急，求於富人；其甚者傭作奴婢，歸於富人；遊手末作，俳優技藝，傳食於富人；而又上當官輸，雜出無數，吏常有無常之責，無以應上命，常取具於富人。然則富人者，州縣之本，而上下所賴也。富人爲天下養小民，又供上用；雖厚取贏以自封殖，計其勤勞，亦相當矣。』通考一引葉氏從「小民無田假田於富人」論起，而以富民養小民爲結。不知小民所以無田？富人所以能借貸，所以能假田貧民，皆自田制不修起也。范蓀言下戶貸錢「毋抑勒以爲地客，」正見下戶無田故。葉適云云，因果顛倒矣。

卽在南渡以後，因其荒曠，計口授田，固亦有人言之。建炎以來繫年要錄卷六十三『紹興三年，都司檢詳官奏下營田法於諸路行之，悉以陳規條劃爲主。其江北無牛之地，仍用古法，以二牛挽一鋤。凡授田五人爲甲，別給菜田五畝爲廬舍稻場。初年，免田稅之半。兵屯以使臣主之，兵屯以縣令主之。悉以歲課多寡，爲殿最。』（陳規條查云云，宋史三七七規傳：『條陳營田屯田事宜，欲仿古井田之制，合射士民兵分地耕墾。軍士所屯之田，皆保險隘之堡砦；寇至，則保衆捍禦，無事則乘時田作，射士皆分半以耕屯田，……滿三年無逋輸，卽爲永業。流民自歸者，以田還之。……詔嘉獎之，仍下其法於諸鎮。』）紹興二十六年一一五六湯鵬舉亦謂：『離軍添差之人，授以江淮湖南荒田，人一頃，爲世業。所在郡，以一歲俸充牛種費，仍免租稅十年，丁役二十年。』宋史一七三而繫年要錄卷一九〇又稱：紹興三十一年一一六一六月王秬上屯田利害，以爲『軍士忸於安閑之久，一旦服勞田畝，其功未必可成。望許令民兵於近便處，人給荒田一頃，有馬者別給五十畝，自行耕作。俟成倫緒，五年之後，十取其一；十年之後，十取其二；』則邊荒曠土之上，有時且行授受焉。

案紹興二十六年，爲湯鵬舉上言人給荒田一頃之年。然李心傳建炎以來繫年要錄又記紹興二十六年一

六五 王時昇言：『淮南州郡，地皆膏腴。今邊鄙寧息，然日久地未盡闢，而民不加多者，蓋緣有其地而無其力者，有有其力而無其地者。且如豪強土著之人，虛佔良田，有及百頃者。其實，力不足以偏耕也。貧窮流寓之民，襁負而至。而近郊之田，盡爲豪強虛佔。惟有僻遠去處，人跡稀少，雖可開墾，勢不可得。望不問官私地畝，但係荒閑者，並許人指請開耕。雖曾經開耕者，而見今後致荒閑者，亦許剗佃。詔戶部看詳申省。其後，本部請未種官田，限二年盡行開墾耕種。如限滿有未滿田畝，即依臣僚所請，許諸色人等剗佃。其京西路，亦乞依此施行，從之。』（繫年要錄卷一百七十二）則荒土之上，以不立制而貧豪強包佔，蓋信有之。

包佔荒地，與因荒授地，同受時世驅策；其勢至孝宗時未已。例如孝宗『淳熙五年，詔湖北佃戶，開墾荒田，止輸舊稅。若包佔頃畝，未悉開耕；詔下之日，期以二年。不能偏耕者，拘作營田。』（宋史一七三）則豪強包佔荒地，及南宋之興，五十餘年，尚未已焉。

其在高宗紹興以後，則如孝宗之時，劉鑰從學於朱熹，宋元學案稱其『接「伴金使」於盱眙，還言兩淮之地，宜加經理。均頃畝以授田，列溝洫以儲水。典田具，貸種糧，使相保護，使相糾率，鄉爲一團，里爲一隊，平居則耕，有警則守，力餘則戰。』（宋元學案卷六十九）宋史鑰傳（卷四一〇）亦謂孝宗乾道（一一六五至一一七三）時，鑰上言：『兩淮之地，藩蔽江南。干戈盜賊之後，宜加經理。必於招集流散之中，就爲足食足兵之計。臣觀淮東，其地平博膏腴，有波澤水泉之利，而荒蕪實多。……誠能經界郊野，招集散亡，使毋廣占拋荒之患，列溝洫以備水，且備戎馬馳突之虞。爲之具田器，貸種糧；相其險易，聚爲室廬，使相保護；映以什伍教以擊刺，使相糾率。或鄉爲一團，里爲一隊，建其長，立其副，平居則耕，有警則守，有餘力則戰，此古丘井之法也。』杜範語理宗亦請：『疏爲溝洫，則戎馬之來，所至皆有阻限。』宋史四〇七 楊慈湖卒於理宗寶慶元年，亦請『限民田以漸復井田。』宋史四〇七楊簡傳——雖未言實施之法，而其因曠土以行授田，則固非無意者。

然因荒以行授受之論，未及實現；而因荒而致糾紛，則其事多有。洪邁容齋隨筆謂：『今之令式文書，盈於凡閣，爲滑吏舞文之具。故有捨去物業三五十年，妄人詐稱亡戶子孫，以錢買吏，而奪見（現）佃者，爲可歎已。』三筆卷九 然則荒土之操縱於地主，又不僅包佔頃畝已也。

蓋南宋之荒曠，與後魏略同。而以國勢不同，遂致所趨略異。豪民包佔之餘，國家又以國庫充虛，着眼多斂。如高宗紹興五年三月，『初令諸通州判，印賣田宅契紙；自今民間競產，而執出白契者，毋得行用。從兩浙轉運副使吳革請也。』建炎以來繫年要錄卷八十七 考契稅之起，起自東晉。第二十四節 依地主以足國用，以贍軍支用爲目的，與其屯田營田之制，其趨致未嘗或異焉。

案李心傳建炎以來繫年要錄卷一九九又載；『紹興三十二年五月乙亥，總領四川財賦王之望乞根括民戶嫁娶及遺囑田，令納契稅錢，應付贍軍支用。』宋史三八一 范如圭傳載其圭言：『今屯田之法，歲之所穫，官盡征之。而田卒賜衣服廩食如故。……宜藉荊襄曠土，畫爲印井，倣古助法，別爲科條。則農利修，而武備飭矣。』此言屯田爲「衣服廩食」故也。又宋史游仲鴻傳，亦言：『時關外營田，凡萬四千頃，畝僅輸七升，仲鴻建議，請以兵之當汰者，授之田，遲以數年，汰者衆，耕者多。則橫斂一切之賦，可次第以減。』宋史卷四〇〇此言營田爲減免「橫斂」故也。

授田於荒地，政府之着眼，僅在「贍軍支用」，則知政府之於荒土，未肯欲如後魏之試爲均田也。不然者，荒土以外，又有官田，亦得爲均平而供授受者也。

考南宋官田，其自有三。其一爲籍沒之田，如高宗建炎元年。籍蔡京王黼等莊，以爲官田宋史一七三·一其二爲戶絕田，其三爲水田海之漲，江之圻塗是也。此等官田固可受國家之支配者；然葉適已慨然言之：『今田不在官久矣。往事無復論，然遂以爲皆不當在官，必以其民自賣者爲正；雖官偶有者，亦效民賣之。此又偏也。』通考卷二然則，國家於在官之曠荒，則以得賦故，而擬爲授受；於在官之熟田，則賣之惟恐不速，此非國家承認土地私有，無意於官爲授受之明徵耶？

當時賣官田與民之現象，可分爲三。

一則鬻官田以供國用焉。李心傳建炎以來繫年要錄卷一八〇記紹興二十八年『戶部言諸路出賣沒官田，乞以償錢七分上供，三分充常平司糴本。……右正言何溥言：「諸縣常平，侵耗無幾。淸鬻官田，以供本錢；」故戶部有請焉。』

一則鬻官田以省稽考之煩焉。繫年要錄卷一八〇又稱紹興二十八年『初有旨盡鬻諸路官田，而議者以爲恐見佃人失業，未賣者失租。至是侍御史葉義問，力言今盡鬻其田，立爲正稅，田即歸民，稅又歸官。不獨絕欺隱之弊，又可均吏役之法。一舉而四得之已』是則以貨田與民，役法賦法，均爲易措，——此正足反證授受手續之難於奉行。

一則鬻官田惟恐不速，爲當時一貫之政策焉。如紹興二十九年二月『上諭大臣曰：「近戶部會賣官田數甚多，此須令椿管。近時士大夫持論，多說百姓足，君孰與不足。」先是權戶部侍郎趙令詪建議；「每縣賣官田十萬緡，州二十萬緡，守令各進秩一等。縣二萬緡，州五萬緡以上，減磨勘二年有差。故上有是諭。』（繫年要錄卷一百八十一）以賣公田爲考績標準，足徵國家無意授受也。

綜上所言，知炎興倣擾之際，因其荒曠，省軍給而授田，雖甚囂塵上。然林勳趙善養輩之限田論，果可行乎？觀於其時地主包佔之事，富戶奪佃之事，國家根括契稅之繁，變鬻官田以贍軍用之急，則知林勳本政之書，雖「有英雄特起之君」，焉在其能用於大「變之後」哉？

四三　南渡後地主述

夷考南渡之後，國力雖窘，而豪族未窘。國土雖蹙，而地主未蹙也。宋史辛棄疾傳，『嘗謂人生在勤，當以力田爲先。北方之人養生之具，不求於人。是以無甚貧甚富之家。南方多末作，以病農；而兼併患興，貧富斯不侔矣。故以稼名軒。』（宋史四〇一）觀辛氏之言，可知南方之富豪已。

郎瑛七修類稿二十六：「近世嘲學究云若我有道路，不做猢猻王。本秦檜之詩也。秦蓋微時為童子師，仰束修自給。故曰『若得水田三百畝，這番不作猢猻王。』則檜固慕有水田者。

周密言：「楊和王沂中最所鍾愛者，第六女。性極賢淑，初事趙汝勑，繼事向子豐。居於霅，未有所育，王甚念之。一日，向妾得男，楊氏使祕之以為己出。且亟報王，王喜甚……因厚贈金繒花果，以遺其女；且撥吳門良田千畝，以為粥米。逮今向氏家，有崑山粥米莊云。此事得之向氏子孫。」（齊東野語卷六）粥莊千畝，飯莊何如？其女爾爾，其父何如？是一證焉。

蔣超伯言：「宋南渡後，武臣嗜利，冠幘劫人。如張浚歲囤租米六十萬斛，優人以錢眼內座嘲之。楊沂中第六女適霅溪向氏，媵妾生男，割腴田千畝，供粥號崑山粥米莊。河北故人衞校尉來訪，沂中佯不禮之，陰遣人與歸，為市膏腴數百頃。惟岳忠武最苦，籍沒時只有布絹三千匹，粟麥五千餘斛，田三頃一畝，地九十一畝，水磨二所，瓦屋一百五十一間。諸將不知書，忠武家有書數千卷。」（麓漘薈錄卷七）案宋史三六七楊存中傳：「乾道元年，時與屯田，存中獻私田在楚州者，三萬九千畝。」武臣嗜貨，是又一徵焉。

李心傳建炎以來繫年要錄言：「紹興三十年，提舉江南東路常平茶鹽公事王義朝罷，以殿中侍御史汪徹，論其抑勒民戶，請買官田也。」（卷一八四）又稱紹興三十一年：「梁仲敏言臣竊見同知樞密院事周麟之……父嘗為常州富人邵伸門客。客死之日，邵家借以吉地安葬。麟之既貴，不思存卹其家；乃強佔墳旁地二十餘里，邵家兄弟不從，即以勢力致獄，勒令供退。』繫年要錄卷一九一。然則文吏之兼併，此亦可徵焉。

又紹興四年四月，『起居舍人王居正言：「臣聞殺人者死，百王不易之法。……蓋以殺人而不死，則人殆無遺類矣。……臣伏見主歐佃客致死，奏聽勅截取赦原，初無減等之例。至元豐始減一等配鄰州，而殺人者不復死矣。及紹興又減一等，止配本州，幷其同居並歐至死，亦用此法。僥倖之途既開，鬻獄之弊滋甚。由是人命寖輕，富人敢於專殺。死者有知，沉冤何所訴焉。」』繫年要錄卷七十五。然則法令之保障地主，以及地主之恣睢肆虐，此又其徵也。朱子語類卷一一二云：『岳太尉飛，本是韓魏公佃客，每見韓家子弟必拜，』此又其徵也。

宋史洪邁傳載邁『知婺州，奏金華田多沙，勢不受水，五日不雨則旱，故境內陂湖，最當繕給。命耕者出力，田主出粟。』宋史三七三是地主知收私租，亦知修浚水利也。然食貨志亦言寧宗嘉定二年一二〇九臣僚言：『竊聞豪民鉅室，並緣為姦，加倍圍裹，又影射包占水蕩，有妨農民灌溉。』卷一七三吳芾傳言：『知紹興府，鑑湖久廢，會歲大饑，出常平米，募飢民浚治。芾去，大姓利於田，湖復廢。』宋史三八七汪綱傳言：『諸暨十六鄉瀕湖蕩濼，灌溉之利甚厚。勢家巨室卒私植埂岸，圍以成田；湖水既束，歲不得去，雨稍多則溢入民居，田里寖蕩。……歲損動數十萬畝。』宋史四〇八以地主之奪水利而為田，尤兼併至烈之一徵。

當時地主之淫威，自不能令佃人寧息不遑；即如清代之莊頭，第七節〇為地主之爪牙者，宋世則有所謂管莊者矣。

通考卷六載高宗時，漕臣韓元吉言永豐圩，『初是百姓請佃。後以賜蔡京，又以賜韓世忠，又以賜秦檜，繼撥隸行宮，今隸總所。五十年間，皆權臣大將之家，又在御府。其「管莊」多武夫健卒，欺陵小民，甚者剽掠舟船，囊橐盜賊，鄉民病之！』然則管莊之屬，為地主之爪牙，又可徵也。

無怪夫當時人之痛哭而道矣。

邵博言：『鮑□云：「民有七亡，豪彊大姓，蠶食無厭，一亡也」，馬援云：「大姓侵百姓，乃太守事耳。」然以曹操之勇，先在濟南，除殘去穢：以是為豪強所忿。恐致家禍，故謝病去。今之君子，欲以禮義廉恥，截大姓之暴吾民者，計亦疎矣。』聞見後錄卷十第八葉津逮本 宋將亡時，羅大經撰鶴林玉露中云：『本富為上，末富次之，姦富為下。今之富者，大抵皆姦富也。而務本之農，皆為僕妾於奸富之家矣，』鶴林玉露卷十三 綜二氏云云，蓋恫哉其言之也。

然則南渡之後，自高宗以訖於寧宗，百餘年間，非特國家效法地主，即地主之豪強者，膏腴偏野，冠蓋刼人，雇用爪牙，漁奪細弱，抑奪民戶，霸佔水利，而法律於業主之毆殺佃人，猶曲為優容。——讀史者有鑒於此，不將謂林勳本政之書，劉惀「丘井」之議，與現實乃背道而馳耶？

案容齋三筆卷十六多赦長惡云：『熙寧三年旱，神宗欲降赦，時已兩赦矣。王安石曰：湯旱，以六事自責曰，政不節歟。若一歲兩赦，是政不節，非所以弭災也。乃止。安石平生持論，務與衆異。獨此說為至公。近者六年之間，再行覃赦。婺州富人盧助教，以刻核起家，因至田僕之居，為僕父子四人所執，投置杵臼內，搗碎其軀為肉泥。既鞫治成獄，而遇己酉赦恩獲免。至復登盧氏之門，笑侮之曰：「助教何不下莊收穀？」……』可知農怨之深。

四四 紹興經界法

故朱子雖謂本政書爲可愛，有如象山弟子揚簡登乾道五年（一一六九）進士，論治道急務，有「限民田以漸復井田」之語。（宋史四〇七楊簡傳）然朱子亦嘗官達，而其所爲者，不過均賦之經界法而已。且朱子所推行之經界法，高宗紹興間，李椿年已推行之。椿年者，李心傳建炎已來朝野雜記，趙彥衛雲麓漫鈔，甚稱道其事云。

朝野雜記云：『經界法，李椿年仲永所創也。紹興十三年，仲永爲兩浙轉運副使，上書經界不正十害：一，侵耕失稅；二，推割不行；三，衙前及坊場戶虛換抵當；四，鄉司走弄稅名；五，詭名寄產；六，兵火後稅藉不信，爭訟日起；七，倚閣不實；八，州縣隱賦多，公私俱困；九，豪猾戶自陳，稅籍不實；十，逃田稅偏重，故稅不行。……又言平江歲入昔七十萬斛，今實入才二十萬耳。詢之士人，其餘皆欺隱也。請考案覆實，自平江始，然後推行之天下。

『因上經界，畫一其法令也。民以所有田，各置「坫基簿」，圖田之形及其畝目四至，土地所宜，永爲照應。卽田不入簿者，雖有契據可執，並拘入官。諸縣各爲坫基簿三：一留縣，一送漕，一送州。凡漕臣若守令交承，悉以相付。詔專委仲永措置，遂置局於平江。周敦義時守平江，見仲永言當均稅，不當增稅；仲永不從，敦義遂坐事免。

「十三年六月，詔頒其法於天下。仲永亦遷戶部侍郎。十五年，仲永以憂去，命王承可以戶部侍郎代之。……承可請令民十家爲甲自陳，不復圖畫打量，卽有隱田，以給告者。……十七年春，仲永免喪，復故官，專一措置經界。三月丁卯，仲永復以結甲自陳爲不便！謂當令有司造圖，而遣官覈實。先成有賞，慢成有罰。十九年冬，經界畢，民多詣台省，訴其不均。曹延堅筠，時爲臺官。因奏仲永私結將帥，曲庇家鄉，請罷之，更遣官覈實。

「十一月辛丑初，朝廷旣頒其法於諸道，其後有司畫圖供賬，分立土色，均認苗稅，民始病其煩。仲永旣遣官屬，分往諸路，又遣覈視之，議者不以爲便。明年二月壬子，戶部請委漕臣限一季結絕，悉罷前所遣官。三日戊戌，遂下詔曰：「昨李椿年乞行經界，初欲去民十害，遂從其請。今聞寖失本意，可令監司將乖謬害民者，日下改正。」時敕定所刪定官開封鄭克，經界川陝四路，故峻責州縣。故蜀中增稅亦多。又官田號省莊者，所租有米穀粟麥麻荳芋菽桑棗鷄卵之屬，凡十八種，皆令輸以錢。故民至今，猶以爲患。時馮濟川檝，爲瀘南安撫使，論於朝。於是瀘敍長寧獨免經界。仲永，蓋饒州浮梁人云。

「然諸路田稅，由是始均。今州縣坫基簿，半不存。黠吏豪民，又有走移之患矣。」以上見朝野雜記甲集卷五經界法條。

雲麓漫鈔云：「紹興中，李侍郎椿年，行經界，有獻其步田之法者。若五尺以爲步，六十步以爲角，四角以爲畝，使東西南北之相等，則各以其數乘之。一者二也，二者四也，三者九也，四者十六也，五者二十五也，六者三十六也，七者四十九也，八者六十四也，九者八十一也。使東西爲一等，南北爲一等，則以短者爲口，以長者爲絃，以口之一，而乘絃之十，則十也。以口之二而乘絃之十，則二十也。至於東西南北之不相等，則合東於西，合南於北，而各取其半，乘之如上法。又有圓田之法，取圓之數，相乘積之，十二而得一也。圭田之法，取方之多，補銳之少，併二而得一也。所謂覆月者，半圓也。取圓之徑半而除之，乘圓之數，再除其半，其長可見也。所謂勾股者，半圭也。以短爲勾，以長爲股，以尤長爲絃。取勾之半乘股之數，其步可見也。有名腰鼓者，中狹之謂也。有名大股者，中闊之謂也。有名三廣者，三不等之謂也。三者，皆先取正長，倍加中廣，四而得一也。四而得一與十二而得一，非少之也；加虛數而究其實也。此積步之法，見於田形之非方者然也。既已得積步之數，欲捷於計畝，則一除二四，二除四八，三除七二，四除九六，五除一二，六除一四四，七除一六八，八除一九二，九除二一六。蓋一畝者，除二百四十也；二畝者，除四百八十也；三畝者，除七百二十也。推而上之，十畝，除二千四百也；二十畝，除四千八百也；三十畝，除七千二百也。又推而上，一百畝者，除二萬四千也；二百畝者，除四萬八千也；三百畝者，除七萬二千也。』（雲麓漫鈔卷一頁十至頁十一涉聞梓舊本）蓋其計算之設施如此。

案此，則椿年所行經界，確乎着實丈量與首實法之脅以告訐，逼其吐直者，工事雖繁，爭端自多矣。

蓋自元稹均田已來，所謂均田，實則不過均稅。豪族之有羨田，此固其優益之處；至於廣占土而隱納稅，則優益中之更優益者。孟子所謂經界，言宅地分土也；猶田制第一義也。椿年所謂經界，乃均稅而非均田，乃田制史中第二事矣。所謂坫基簿，有近於後世之魚鱗册，從地而不從戶；而不如前此之首實，從人而不從地。觀夫白氏長慶集所記均田狀，「並不遣官擅到村鄉，」當卽王承可所以異於李椿年者。椿年所謂：「有司造圖，遣官覈實，」卽脚踏實地之均稅法；所謂淸丈有異夫聽人呈報，而臨之以法者矣。

第椿年所行，匪特均稅，而且加稅，此殆國家經濟逼之使然。故建炎以來繫年要錄卷一八〇載紹興二十八年，『左迪功郎李耆言自經界之後，稅重田輕，終民所入，且不足以供兩稅。』此椿年所以爲人詬病歟？所以當時土封至題「李椿年墓」以詈斥之歟？

案羅大經鶴林玉露卷十六第十二葉稗海本載『朱文公守漳，將行經界。王子合疑其擾民，公答書曰：「經界一事，固知不能無小擾，然以爲不若是，則貧民受害，殆無了時。故忍而行之，庶幾一勞永逸耳。若一一顧卹，必待人人情愿而後行之，則無時可行矣。紹興正施行時，人人嗟怨，如在湯水中。（案宋史四〇〇汪大猷傳：『李椿年行經界法，約束嚴甚。』可徵爾時情勢）但訖事後，田稅均齊，田里安靜，公私皆享其利。凡事亦要其久遠如何耳。少時見所在所立土封，皆爲人題作「李椿年墓」。豈不知人之常情，惡勞喜逸，顧以利害之實，有不得不避者耳。」』案答王子合書在朱子文集四十九。足見椿年推行經界時，時人嗟怨何如？

四五 朱子漳泉經界法

繼椿年而行經界法者，則朱熹也。

光宗紹熙元年，一一九〇熹上條陳經界狀，略稱：『臣自早年，卽爲縣吏，實在漳泉兩郡之間。中歲爲農，又得備諳田畝之事，竊見經界一事，最爲民間莫大之利。其紹興年中，已推行處，至今圖籍猶有存者，則其田稅猶可稽考，貧富得實，訴訟不繁，公私之間，兩得其利。獨此泉漳汀州，不曾推行。細民業去產存，其苦固不勝言。而州縣坐失常賦，日朘月削，其勢亦將何所底止？然而此法之行，其利在乎官府細民，而豪家大姓，滑吏姦民，皆所不便。故向來議臣，屢請施行，輒爲浮言所阻。甚者，至以汀州盜賊籍口，恐脅朝廷。殊不知往歲汀州累次賊盜，正以不曾經界，貧民失業，更被追擾，無所告訴，是以輕於從亂。其時，未嘗有經界之役也。……今者，議臣之請，且欲先行泉漳二州，而次及於臨汀。旣免一州盜賊過計之憂，又有以慰兩郡貧民延頸之望，誠不可易之良策也。……今具下項：

『一，推行經界最急之務，在於推擇官吏，……果得其人，別事克濟，而民無擾矣。

『一，經界之法，打量一事，最費功力，而紐折算計之法，又人所難曉者。本州自聞初降指揮，旣已差人於鄰近州縣，已行經界去處，取會到紹興年中施行事目，及募本州舊來有曾經奉行諳曉算法之人，選擇官吏！將來可委者，日逐講究，聽候指揮。但紹興年中，戶部行下打量攢算格式印本，多方尋訪，未見全文。竊恐諸州，亦未必有。欲乞聖意，特詔戶部根檢騰錄，點對行下。

『一，圖帳一法，始作一保，大則山川道路，小則人戶田宅，必要東西相連，南北相照；以至頃畝之闊狹，水土之高低，亦須當衆共定，多得其實。其十保合爲一都，則其圖帳，但取山水之連接，與遂保之大界，總數而已；不必更開人戶田宅之闊狹高下也。其諸都合爲一縣，則其圖帳，亦如保之於都而已，不必更爲諸保之別也……。

『一，紹興經界打量既畢，隨畝均產，而其產錢，不許過鄉。此蓋以算數太廣！難以均敷。而防其或有走弄失陷之弊也。……然遭此一番走量攢算之擾而未足以革其本來輕重不均之弊，無乃徒爲煩擾而不免有害多利少之歎也。今來推行經界，乃是非常之舉！不可專用常法；欲乞特許產錢過鄉，通縣均紐。庶幾百里之內，輕重齊同，實爲利便。

『一，本州民間田有產田，有官田，有職田，有常平租課田，名色不一，而其所納稅租，輕重亦各不同。……若更存留此等名字，則其有無高下，仍舊不均。而色名猥多，不三數年，又須生弊。爲今之計，莫若將現在田土，打量步畝，一概均產。

『一，本州更有荒廢寺院田產頗多，目今並無僧行住持，田土爲人侵佔！逐年失陷稅賦不少。將來打量之時，無人照對，亦恐別生姦弊。欲乞特降指揮，許令本州出榜，召人實封請買。』（以上詳朱子文集卷十九）

此朱子踵述李椿年之舊法，而略加修正者也。

案椿年經界，在宋高宗時，朱子經界，在光宗時。介於二時之間，固亦有議行經界者。李心傳建炎以來朝野雜記（甲集卷五）福建經界云：『自紹興經界後，久之諸道經界圖帙，多散佚，吏緣爲姦。（孝宗）淳熙八年（一一八一）閏三月癸巳，新知江陰軍王師古言於朝，詔漕臣督州郡補葺。八月戊辰，諫官葛楚輔言其擾民，乃止。初紹興之經界也，汀泉漳三郡，以何白旗作過之後，朝廷恐其重擾，止不行。然漳泉富饒，未見其病，惟汀在深山窮谷中，兵火之餘，舊籍無存者，豪民漏稅，十常失五六。郡邑無以支吾，因有計口科鹽之事。一斤之鹽，至出數斤之值，論者患之。淳熙十四年四月，福建轉運判官王回代還入見，爲上言其病不專在鹽，請先行經界，上是其言。丙申以回爲戶部右曹郎官，往汀州措置，未至官，有武臣提刑，言其不便；遂止之。其後朱文公守漳州，亦以可行爲言，而迄不聽也。』——然則光宗高宗之間，請續行經界法者，又不始於熹也。

但吾人所欲問者，朱子既深愛林勳本政之書，曷爲乎不建均田之議？且朱子固自言之矣：『夫土地者，天下之大本也。春秋之義，諸侯不得專封，大夫不得專地。今豪民占田，或至數千百頃，富過王候，是自專封也。買賣由己，是自專其地也。』（朱子文集六十八井田說）然而朱子僅建議於「田必出稅，稅必均平」之經界法也。良以田制不立，則豪族之佔田也多；佔田喜多，納稅則未必樂於多輸，故封殖以外，更有隱課自肥者；彊宗豪族，田連阡陌之外，更有隱賦匿稅之利；而使下戶貧民，重爲負擔，此殆兩重兼併矣。朱子固自量時度力，思打破其一重；而不敢侈言打破兩重矣。王夫之誹薄朱子所行，殆不得其實而論之乎。

王夫之宋論云：『朱子知漳州，請行經界法，有詔從之。其爲法也，均平詳審，宜可行之天下而皆準，而卒不能行。至賈似道，乃竊其說以病民，宋由是亡，而法終沮廢。然則言之善者，非行之善；固若是乎。……夫經界，何爲者耶？以爲淸口分之相侵越者乎？則民自有其經界矣，而奚待於上？先世之所遺，鄉鄰之所識！方耕而各有其埒，方穫而各計所獲！歲歲相承！而惡乎亂？……以爲辨賦役之相詭射者乎？詭射者，人也，非地也。……以爲自此而可限民之田，使豪強無兼併乎？此尤割肥人之肉，置瘠人之身；瘠者不能受之以肥，而肥者斃矣。兼併者，非豪民之能鉗束貧民而強奪之也；賦重而無等，役煩而無藝，有司之威，不可嚮邇。於是同一賦也，豪民輸之而輕，弱民輸之而重，均一役也，豪民應之而易，弱民應之而難；於是豪民無所畏於多有田，而利有餘，弱民苦於僅有之田，而害不能去；……自樂輸其田於豪民，而若代爲之受病。雖有經界，不能域之也。……誠使減賦而輕之，節役而逸之，禁長吏之淫刑，懲吏胥之恫愒，則貧富代謝之不常，而無苦於有田之民，則兼併者可無乘以恣其無厭之欲，人可有田而田自均矣。』宋論卷二朱子請行經界法條 案船山以均賦即是均田，語失不考。且謂減賦之後，貧民有利，田自可均，亦非事實。今不論均賦之如何影響財政，然如孔子所謂：「不患寡而患不均」何；何也？田連阡陌，而不責其隱稅，又重之以減賦之利，則富人愈得所，貧人愈無機緣可以佔田。又何能達到「人可有田而田自均」乎？

蓋均賦之經界法，所以打破富民之第一重兼併者，當時已不能行。良以『此法之行，貧民下戶，固所深喜。然不能自達其情。豪民滑吏，實所不樂，皆善爲說詞，以惑衆聽。賢士大夫之喜安靜厭煩擾者，又或不深察而望風沮怯，此則不能無憂。』此固朱子所預言者，不幸而言中矣：『細民知其不擾而利於己，莫不鼓舞。而貴家豪右者，佔田隱稅者，胥爲異論以格之，前詔遂格。』宋史一七三食貨志 是光宗紹熙二年一一九一也。以此見地主勢力之厚，即禁其隱稅，有所不可；無論禁其封殖自肥矣。

在朱子經界之後，寧宗嘉定改元一二〇八時，高定子知夾江縣，『鄰邑有爭田十餘年不決；部使者，以屬定子。定子察爲僞爲質劑，其人不伏；定子曰：「嘉定改元，詔三月始下；安得有嘉定元年文書耶？」兩造遂決。』宋史四〇九高定子傳於是，見爭田之訟，一地一事，尙不易決！況擧中國而盡經界之乎？蓋其時地主，誠有如葉水心云：『富人者，州縣之本，而上下所賴者也。』考理宗一二二五至一二六四時，孫子秀居『婺州，婺多勢家，有田連阡陌而無賦稅者。子秀悉覈其田，書諸牘。勢家以爲厲己，嗾言者罷之。』宋史四二四孫子秀傳於比見地主與政府之相互朋比；均賦不能，而況均田？打破一層兼併，出於朱熹之手，而猶困難如是！然則賈似道之「公田」，以「半閑主人」而能打破兩重兼併乎？

案經界或有小效，王楙野客叢書卷十其書蓋成於慶元嘉泰之間。中云：『東方朔曰：豐鎬之間，號爲土膏，其價畝一金。杜篤曰：厥土之膏，畝價一金。費鳳碑曰：祖業良田，畝直一金。按漢金一斤，爲錢十斤。是知漢田每畝十千；與今大略相似。僕觀三十年前，有司留意徵理，所在多爲良田。大家爭售，至倍其值，而爾年以來，有司狃於姑息，所在習翫爲風。擧向來膏腴之士，損半值以求售，往往莫敢向邇。世態爲之一變，甚可歎也。』蓋殆以經界不明，而致土田不易售脫歟？聊記於此。

四六　兼併與官田

考賈似道之「公田，」因非無因而至者焉。

以理論言則以宋儒傳言均田之繁多；與與朱子同時之傅寅，宋元學案亦載其嘗舉文中子之說，以為『人不里居，地不井授，終為苟道。』宋元學案六十是也。以事實言，則以南宋時期官田之多，而兼併之烈，猶不與焉。

理宗淳祐六年一二四六離宋亡不過三十年，謝方叔猶言：『國家駐蹕錢塘百有二十餘年矣。外之境土日荒，內之生齒日繁，權勢之家日盛，兼併之習日滋。百姓日貧，經制日壞。上下煎迫，若有不可為之勢。所謂富貴之操柄者，若非人主之所得專；識者愼焉。夫百萬生靈資生養之具，皆本於穀粟；而穀粟之產，皆本於田。今百姓膏腴，皆歸貴勢之家。租米有及百萬石者。小民百畝之田，頻年差充保役，官吏誅求百端，不得已則獻其田於鉅室，以規免役。小民田日減而保役不休，大官田日增而保役不及。以此弱之肉，強之食，兼併寖盛；民無以遂其生。於斯時也，可不嚴立經制，以為之防乎？去年諫官嘗以「限田」為說，朝廷付之悠悠。不知今日國用邊餉，皆仰和糴；然權勢多田之家，和糴不足以加之，保役不足以及之，敵人睥睨於外，盜賊窺伺於內。居此之時，與其擁厚貲不可長保，曷若捐金輸國，共濟目前？在轉移而開導之耳。乞令二三大臣撫臣僚論奏而行之，使經制以定，兼併以塞。』宋史一七三食貨志 其年，則賈似道執政一二五四前之八年，景定「買公田」一二六〇之前十四年也。

案方叔雖言限田，而其結論，不過欲令權勢之家，「捐金輸國，共濟目前，」此與方孟卿所謂「艱難之際，士大夫義當體國，」同也。此所謂均田，殆即限官吏免稅之田三十八節，而宋人亦謂之限田也。

至於官田之來自，其自有三。四十二節 其去路則亦有三。

甲曰出賣，如高宗紹興元年，『以軍興用度不足，盡鬻諸路官田。五年，詔諸官田比鄰田，召人請買。佃人請買者，聽；佃及三十年以上者，減價十之二』宋史一七三 是也。乙曰賜人，如高宗時『臨安官田只一千一百畝，以賞賜者多也』宋史三八六黃祖舜傳 孝宗時，汪大猷謂：『賜田親戚，豪奪相先；陵礫州縣，惟當賜金，使自求之』宋史四〇〇汪大猷傳 是也。丙曰出租；如『開熙三年，韓侂冑既誅，金人講解。明年用廷臣言，置安邊所。凡侂冑與其他權倖所沒出之田及園田湖田之在官者，皆隸焉。輸米七十二萬二千七百斛有奇，錢一百三十一萬緡有奇，以給行人金繒之費。迨與北方絕好，軍需邊用，每於此取之』宋史一七三 是也。以此三者，故官田之數，旅進旅退。

案俞正燮癸巳存稿卷八 宋景定公田說云：『三國時，各都尉所治，仿民間收租法，民間田主與田客，各得十之五，田主輸公去十之一，猶得十四，以充公私之用。宋以官田，募人代耕；即於公賦，照田主例徵收私租。而諸籍沒田，募人耕者，皆仍私租舊額，每失之重。輸納之際，公私事例罔異；私租額重而納輕，承佃猶可；公租額重而納重，則民不堪命。州縣胥吏，與倉庫百執事之人，皆得為侵漁之道。』然則官田之佃人，較諸佃私田者，乃反困苦矣。

然而官田之出賣，亦往往為勢豪所壟斷。宋史稱『置產之家，無非大姓。估價之初，以上色之產，輕立價貫。揭榜之後，率先投狀。若中下之產，無人屬意。所立之價，輕重不均。』宋史卷一七三 然則南宋官田，蓋亦為豪民兼併之楷梯，而所以啓賈似道之覬覦也。

四七　景定公田考

故賈似道之公田，一則基於宋人「限田也而非限田也」之理想；二則基於多得私租代公賦以充國用；三則基於南宋已有官田之事實。茲錄周密齊東野語卷十七景定行公田條於後：

「景定二年壬寅，賈師憲宰相，欲行富國強兵之術。是時，劉良貴爲都漕尹天府吳勢卿餉淮東，入爲淮漕；遂交贊公田之事，欲先行之浙右。……於是殿院陳堯道，正言曹孝慶等合奏，謂限田之法，自昔有之。買官戶逾限之田，嚴歸併飛走之弊；回買公田可得一千萬畝。則每歲六七百萬之入，其於軍餉。沛然有餘。可免和糴，可以餉軍；可以住造紙幣，可平物價可安富室，一事行而五利興，實爲無窮之利。御筆批依，而買田之事起矣。

「……然上宋理宗意終出勉強，內批云「永免和糴，莫如買逾限之田爲良法。然東作方興，權俟秋成，續議施行。」則上意蓋可見矣。賈相憤然，以去就爭之，——力言其便。御筆遵依，轉劄侍從臺諫給舍左右司三省奉行惟謹焉。賈相遂先以自己浙西田萬畝，爲官田表倡；嗣榮王繼之。

「先是議以官品逾限田外回買立說，此猶有抑強嫉富之意。既而轉爲派買之說，除二百畝以下，免行派買外，餘悉各買三分之一。及其後也，雖百畝之家，亦不免焉。立價，以租一石者，價十八界四十楮，不及石者，價隨以減。買數少者，則全以楮券，稍多則銀券各半，又多則副以度牒；至多則加以登仕、將仕、校尉、承信、承節、安人、孺人告身。……此則幾於白沒矣。

『……其間毗陵澄江，一時迎合，止欲買數之多，凡六斗七斗者，皆作一石，及收租之際，元額有虧，則收足於田主，以爲無窮之害。或內有磽瘠及租佃頑惡之處，又從而責換於田主，其害尤慘……。

『甲子（理宗景定五年一二六四）秋，彗見求言。公卿大夫士庶，始得以伸田舍怨歎不平於上。然至此，業已成矣。賈相遂力辨人言，丐辭相位，御筆答云：「言事易，任事難，自古然也。使公田之策不可行，則卿建議之初，朕已沮之矣。惟其上可以免朝廷楮幣之費，下可以免浙右和糴之擾；公私兼濟，所以命卿決意舉行之。今業已成矣，一歲之軍餉，皆仰給於此。君遽因人言而罷之，雖可以快一時之異議，其如國計何？其如軍餉何？卿既任事，亦當任怨。禮義不愆，何恤人言？卿宜安心奉職，毋辜朕依畀之意。」自是公論頗沮，而劉良貴以人言藉藉，遂陳括田之勞，乞從罷免。

『至咸淳（度宗四年一二六八）戊辰正月，遂罷莊官，改爲召佃，或一二千，或數百畝，召人承佃，自畊自種，自運自納，止令分司拘責分催。……當是時，人不敢言而敢怨。南康江天錫以入奏而罷言職；教授謝枋得以發策而遭貶斥。……至乙亥（恭帝德祐元年一二七五）春，賈既去國，北兵已抵昇潤，察院（李）既可，奏乞罷公田之籍，以收農心，謂「此事苛擾，民皆破家蕩產，怨入骨髓。若盡還原主，免索原錢，而除其籍，庶使浙西之人，永絕公田之苦」然而僅放欠租。李遂再奏，始有旨云：「公田之創，非理宗本意。稔惡召怨，最爲民苦。截日住罷，其田盡給原佃主，仰率租戶義兵，會合防拓。其後勘會，謂招兵非便。且其田當還業主，於種戶初無相干，秋成在邇，餉軍方急，合宜收租一年；……然邊遽日急，是時仍收公租；還田之事，竟不及行；嗚呼，哀哉！」

案周密書至「嗚呼哀哉」之後，緊接云：『昔隋鑿汴渠，以召民怨；乃爲宋漕運之利。今宋奪民田以失人之心，乃爲大元餉軍之利；古今興利害民之事，於此可以鑒矣。』揆此，則似道公田，宋亡時不曾取消焉。俞正燮謂：『德祐元年春，謝太后詔以公田給還田主；令率租戶爲兵。時亟，未能施行。其所入，元時承之不改。大德三年，閣復因星變上書，言江南公田租太重，請減以貸貧民。明洪武十三年，建文二年，宣德五年。遞減之，而租仍視他處爲重。明人謂是洪武惡浙西人爲張王守，特重其賦；乃傳譌。洪武初，亦知浙西賦重，以張士誠恃富，未遑加卹；則有之也。』癸巳存稿卷八宋景定公田說 然則似道公田，其影響於東南者，亦遠也。

揆似道之所以致敗，蓋有數因。

雖限田主之田，而佃戶依舊出私租，如其俗之故也。此與王莽大不同處。故大戶高門，怨讟紛起。下戶佃人，實惠未至。有損於地主，無益於佃人。此其所以致敗，一也。

至若逢迎之吏，枉法求寵，如宋史似道傳云：『進用羣小，取先朝舊法，率意紛更。法買公田，以罷和糴。浙西田畝，有值千緡者，俞正燮曰：『按不當有畝值千緡之田』似道率以四十緡買之。又多予度牒、官告，吏已恣爲操切，浙中大擾。有奉行不至者，提領劉長貴勁之有司爭相迎合，務以買田多爲功。……包恢至平江督買田，至以肉刑從事。』宋史四七六 操切從事，則其所以致敗二也。

案其立法之初，足餉以外，『本在重楮。則會子之給，亦權宜之制。而雜以告牒，又一切予以畝二斗之價；而所謂銀半分者，據賈似道傳則亦銀關，銀關一兩，當會子錢三貫，亦皆空紙也。』癸巳存稿卷八 是則所謂收買，不啻等於沒收，此其所以致敗三也。

且其立法之效，大損於地主，於貧佃未有小利，而當時正人君子，詬厲無所不至。黃東發固『言其不便』宋史四三八黃東發傳 馬光祖亦『移書賈似道，言不以及江東；必欲行之，罷光祖乃可。』宋史四一六光祖傳 王應麟固言其害宋史四三八 而葉李尤詆斥之，以爲『三光舛錯，宰執之愆。似道謬司台鼎，變亂紀綱。神人共怨，以干天譴。』元史一七三葉李傳 似道之德，不及荊公；國勢危急，有過熙寧；上下離心，朝野解體；此則其所以致敗四也。

案『似道當國，行公田關子法，民間苦之。錢塘葉太白李上書力詆，似道怨，黥流嶺南。及赦還，而似道有漳州之謫。遇諸途，太白贈之詞云：「君來路，我歸路，來來去去何時住？公田關子竟何如？國事當時誰與誤？雷州戶，厓州戶，人生會有相逢處。客中頗恨乏蒸羊，聊贈一篇長短句。』詞律卷一 田汝成西湖遊覽志餘卷五 謂賈似道時，襄陽被圍三年，而似道行富國強兵之術。『以品官限田立「回買」「派買」之目，民間騷然。有爲詩云：「襄陽累載困孤城，豢養湖山不出征。不識咽喉形勢地，公田枉自誤蒼生。」……又作沁園春詞：「道過江南泥牆粉壁，有具在前；述何縣何鄉里，住何人地，佃何人田。氣象蕭條，生靈焦卒，經界從來未必然。惟何甚，爲官爲己，不把人憐。思量幾許山川？況土地分張，又百年？西蜀巉巖，雲迷鳥道，兩淮清野，日警狼煙。宰相弄權，奸臣罔上，誰念干戈未息肩？掌大地，何須經理，萬取千焉。」樞密使文及翁作百字令咏「雪」以譏之云：「沒巴沒鼻，煞時間做出，不問高低與上下，平白都教一例。鼓弄滕六，招邀巽二，只恁施威勢，識他不破，至今道是祥瑞。最苦是鵝鴨池邊，三更半夜，誤了吳元濟。東郭先生都不管，撫上門兒穩睡。一夜東風，三竿紅日，萬事隨流水。東皇笑道，山河原是我底！」足見當時反對之烈矣。

然吾人對於似道，當致其原情之論。誠有如俞正燮所言：「似道傳言畝值千緡者，亦給四十緡。按，不當有千緡之田。食志貨亦不載此數。蓋凡相攻擊者，君子小人，各務構虛，以相誣。此所以不足取信於人，而是非終於無定也，」（癸巳存稿卷八宋景定公田說）其言實允焉。

卷八　遼金元田制考

四八　遼田制考

然則統兩宋(九六〇至一二七九)三百年之田制論之，固有限田之擬議，固有丘井之迂談，及其亡也，又有損業主而無益佃人之公田法令，然擬議未嘗行也，迂談未嘗試也，公田行之而公田敗矣。其試而有效者，惟李椿年之經界法乎？以宋儒稽古之勲，而所爲僅僅如是；則與宋同代之遼金，可知也已。

遼史食貨志：「契丹舊俗，其富以馬，其強以兵。縱馬於野，馳兵於民，有事而戰，獷騎介夫，卯命辰集，馬逐水草，人仰湩酪，挽強射生，以給日用，糗糧芻茭，道在是矣。」(遼史五九)殆以其褊於畜牧，故史家至特爲辟遊幸一表。游幸表敍云：「朔漠以畜牧射獵爲業，猶漢人之劭農，生生之資，於是乎出。」(遼史六十八)遼史(卷二十八)天祚紀：「天慶六年六月，籍諸路兵，有雜畜十頭以上者，皆令從軍。」禮謂：「問庶人之富，則數畜以對。」足徵遼將亡時，其畜牧爲生之習氣，猶有存者。以此知其田制不立，無宋人迂談高論之事，其來有自。

案遼史(卷八十)張儉傳：「張儉宛平人，性端愨，不事外飾。統和十四年(九九六年宋太宗至道三年)舉進士第一。調雲州幕官。

故事車駕經行，長吏當有所獻。聖宗獵雲中，節度使進曰：「臣境無他產，惟幕僚張儉之賢，順以獻。」』是言遼主好獵，而臣下當有所獻於其狩獵之際焉。

及遼史八十五高勳傳：『保寧（九六九至九七八）中，以南京郊內多隙地，請疏畦種稻，帝（景宗）欲從之。林牙耶律昆宣言於朝曰：「高勳此奏，必有異志；果令種稻，以水爲畦，設以京叛，官軍何自而入？」帝疑之，不納。』是遼開國時，對於農植，尚有杞人憂天之病，遑論經土宅民乎？

又案遼史食貨志雖言太祖時戶口滋繁，然遼史卷八十七蕭穆傳謂重熙八年（宋仁宗寶元二年，一〇三九）『表請籍天下戶口以均徭役；由是賦役始平。』其時，在陳靖請授逃戶田，及仁宗下令均田之後，而遼之戶口，猶待立籍。其則田制賦稅，可想知焉。

遼史食貨志，關於田賦，僅寥寥二千餘字。且非純然關於田制者。惟綜讀遼史，綜略以觀，則遼人田制，尚可識有下列三者。

其一，遼亦有所謂公田，志謂『統和中（九八三至一〇一一）耶律昭言：「西北之衆每歲農時，一夫偵候，一夫治公田，二夫給糺官之役。」當時沿邊各置屯田，戍兵易田積穀，以給軍餉，故太平七年（一〇二七宋仁宗天聖五年）詔諸屯兵在官斛粟，不得擅貸；在屯者力耕公田，不輸稅賦。此公田制也。』

案耶律昭傳：『竊聞治得其要，則仇敵爲一家；失其術，則部曲爲行路。夫西北諸部，每當農時，一夫爲偵候，一夫治公田，二夫給糺官之役。大率四丁，無一室處。芻牧之事，仰給妻孥。一遭寇掠，貧窮立至。春夏振卹，吏多雜以粃糠。重以掊克，不過數月，又復苦困。且畜牧者，富國之本，有司防其隱沒，聚之一所，不得各就水草便地。兼以逋亡戍卒，隨時補調，不習風土，故日積月損，馴至耗竭。爲今之計，莫若振窮薄賦，給以牛種，使遂耕穫。置游兵以備寇掠，頒俘獲以助伏臘；散畜牧以就便地，期以數年，富強可望。』遼史一〇四 然則遼人所謂公田，猶宋之屯兵邊境，以限戎馬；無他義焉。

其二，則有所謂閑田與私田。志所謂：『餘民應募，或治閑田，或治私田，則計畝出粟，以賦公上。（太平）十五年一〇四六宋仁宗時募民耕灤河曠地，十年始租。此在官閑田制也。又詔山前後未納稅戶，並於燕雲幽樂占田置業入稅，此私田制也。』食貨志五十九 意閑田乃內地在官之荒土，私田則民所墾業者。

其三，則遼人用奴，似多於宋。志稱『召部大臣從上征伐，俘掠人戶，自置郛郭，爲頭下軍。』即至『道宗壽隆三年一〇九七宋哲宗時六月丙戌，謂：「每冬駐蹕之所，宰相以下構宅，毋役其民。」』遼史二十六道宗紀 然則宰相以下構宅，平時可以役人；惟駐蹕之所，皇恩特沛，禁臣下毋役而已。案此年下距遼亡，不過三十年；遼之親貴，倘恣睢自若焉。

綜言之，遼殆無具體之田制可言。

其有似於宋之經界者，惟『興宗即位重熙元年一〇三二宋仁宗時使使閱諸道禾稼，是年通括戶口。詔曰：「朕於早歲，習知稼穡。力辦者廣務耕耘，罕聞輸納。家食者全虧種食，多至流亡；宜通檢括，着爲均平。」』遼史五十九 此雖似惡地主之隱稅而爲第二次兼併。因責其地盡出賦；然如何檢括，要亦語也不詳。

蓋遼介於宋金之間，而其因襲荒曠，不思就曠土以立制，則可推知。聖宗九八三至一〇一一時，『太師韓德讓言，兵後逋民棄業，禾稼棲畝，請募人穫之，以半給耕者。』曰「以半給耕者，」則是耕者得半，地之主人得半，與宋人無以異也。嗣後聖宗猶有『田園蕪廢者，則給牛種以助之』等語；然則曠土棄業，頗令人聯想於前燕慕容皝之時代。然而不能因其荒曠，思爲桑田露田，計口均給，如後魏之制者，則以遼人儒學本不發達；故不能追踵後魏也。

案遼初立制，漢人惟一韓延徽。然其作爲，不過『建都邑，營宮殿，正君臣，定名分。』遼史七十四延徽傳伊雖有「白鶴」之號，揆其所致，亦不過一叔孫通。而遼亡以後，又無元好問王若虛諸老，能以私人著述，爲金源存文獻梗概。考遼史修於元至正三年一三四三四月，上距遼亡，一一二五已二百餘年。文獻難徵，或非延徽一流人，未及開國建制之過歟？遼史四十八百官志，言『遼國以畜牧田獵爲稼穡，財賦之官，初甚簡易。』意後來雖有更張，而史多闕文耶！

四九　金之通檢推排與農佃情弊

至於金元田制，則文獻燦然，非遼可比。王士禎序歸潛志：『遼金立國，規模不甚相遠。而金源人物，文物之盛。獨能頡頏宋元之間。非數君子記述之功，何以至是？』歸潛志附錄頁二。故金之田制，若通檢推排，若括田宅兵，其事可徵。

通檢推排者，金史謂：『偏走阡陌，盡量田畝。整田稅載之圖册，使民有定產，產有定稅，稅有定籍。』金史四十八食貨志是殆同於宋人之經界法，故曰偏走阡陌也。

宋經界法詳四四節著於高宗紹興十三年，一一四三金則世宗大定四年，一一六四孝宗隆興二年詔曰：『粤自國初，有司常行大比，於今四十年矣。正隆時一一五六至一一六〇兵役並興，調發無度。富者今貧，不能自存。版籍所無者，今爲富戶，而猶倖免。用遣節度使張宏信等十三人分路通括天下地力。』自大定四年，上推至於北宋宣和六年，適爲四十年。豈金之通檢，早於宋之經界耶？

案南宋李椿年所行經界法，其導源實遠溯宇文融之括浮戶，及元稹之均田狀詳三三六節以後，歐陽修王安石之方田第四〇節蓋同一系統也。此一系，直至李椿年之經界，可名之曰覈田括稅。故謂金之通檢推排！適與南宋經界同時，則可；不當謂宋人學步於金。蓋覈田括稅，其自遠矣。惟南宋理宗景定五年，一二六四行經界推排法於平江紹興及湖南路，則推排兩字，殆學於金人而始得之者。

然金世宗之推排通檢，似無佳果焉。當時完顏永元，責張宏信云：『朝廷以差調不均，立通檢法。今使者所至，以殘酷妄加農民田產；箠擊百姓，至有死者。』金史七十六永元傳此又有似於紹興中李椿年推行經界法『鄭克之經界川陝，頗峻責州縣』焉。

後至宣宗貞祐四年一二一六年南宋寧宗嘉定九年更定歲閱民田，徵其稅賦之令。此時離金之亡，不過二十餘年。國力銷微，頭會箕驗，非通檢舊事矣。故高汝勵上言『國家自大定通檢後十年一推物力，惟其貴簡靜而重勞民耳。今言者請如河北歲括實種之田，計畝征斂，卽是常時通檢，無乃駭人視聽，使之不安乎，……如每歲檢括，則夏田春量，秋田夏量，中間雜種，亦且隨時量之。一歲中，略無休息，民將厭避，耕種失時，或止耕膏腴，而棄其餘，則所收仍舊，而所輸益少，一不可也。檢括之時，縣官不能家至戶到，里胥得以暗通賄賂，上下其手，虛爲文具，轉失其直，二不可也。民田與軍田，犬牙相錯，彼且陰結軍人，以相冒亂，而朝廷只憑有司之籍，倘使臨時少於元額，則資儲闕誤，必矣；三不可也。』金史一〇七高汝勵傳 然則金末通檢，志在得賦；與南宋之以均稅始，而以加派終者；又相似焉。

案此，則金人所謂通檢推排，無非查剩田匿稅。然其結果，則豪強與田吏，上下其手而已。續通考一卷所謂虛加寡弱戶田稅，是其弊也。又案每歲檢括，當時亦有所本。如劉豫存什一之法，樂歲輸多，歉歲寡輸，當時號爲助法金史九十二李上達傳 蓋『豫以什一稅民，名爲古法，其實裒斂，而刑法嚴急，吏夤緣爲暴。民久罹兵革，益窮困，陷罪者衆。境內共之，右丞相張孝純及拱兄侍郎巽極言其弊，請仍因履畝之法，豫不從，巽坐是免官，自是無復敢言者。（范）拱曰「吾言之，則爲黨兄；不言，則百姓困疲。吾執政也，寧爲百姓言之。」乃上疏。其大略曰：「以爲國家懲亡宋重斂，什一稅民，本爲休息。官吏奉行太急，驅民犯禁，非長久計也。」豫雖未卽從，而亦未加譴。拱令刑部條奏上，以稅抵罪者，凡千餘人。豫見其多，乃更爲五等稅法。』金史一〇五范拱傳 然則不定稅額，每歲檢括，固豫之遺法矣。

蓋除通檢推排之制以外，亦可知國家之無意於田制焉。

其一，則可於其時私租之重徵之。唐之租實田賦也。宋始以稅概賦稅之名。在金，則儼然以地主所收於佃人者爲租矣。（金以前雖亦名地主所得者爲租但上冠一私字）金史食貨志『租賦，官地輸租，私田輸稅，租之制不傳。』（金史四十七）此所謂『租，』以官地無地主，故國家向佃人直徵其租，以別於稅，足見金國所收於民者，固亦嘗如地主之徵收於佃人矣。金租額雖不傳，然以泰和元年學田之數考之，生員給「民有官田」六十畝，歲支粟三十石，則畝租五斗。此與民田之稅，歲納粟五升三合，草一束之數，實倍蓰之。此固私租重於公賦之一徵。兼亦爲國家好爲地主之一徵焉。（參詳續通考一）

其二，則廣蓄俘虜之風，實爲地主揚眉吐氣之助。如金世宗（一一六〇至八九南宋孝宗時）時，『劉璣同知北京留守事，坐曲法放免奴婢訴良者。……上曰：「朕聞璣在北京，凡奴婢訴良，不問契劵眞僞，輒放爲良。意欲徼福於冥冥，則在己之奴，何爲不放？」又曰：「璣放朕之家奴，意欲以此徼福，有心若是，不宜再用。」』（金史九十七劉璣傳）帝王亦畜奴耶？放奴可得福耶？

其三，豪家活躍，史亦有其明文。食貨志謂：『世宗大定十七年，邢州男子趙迪簡言：「隨路不附籍官田，及河灘地，皆爲豪強所佔。而貧民土瘠稅重，乞遣使拘籍冒佃者，定立租課。後量減人戶稅數，庶得輕重均平。」』然則每十載之通檢推排，其效云何？又大定十九年下詔：『親王公主，及勢要家牧畜有犯民桑者，所屬縣官立加懲斷。』而金史裴滿亨傳：『承安章宗四年，一一九九改河南路案察副使。時世襲家豪奪民田；亨檢其實，悉還正之。』金史九七然則地主與貴族固相率而爲患鄉曲焉。

五〇 猛安謀克

蓋金人立制，正如遼人立國之縱容契丹，而縱容女直。遼制，『凡軍國大計，漢人不與。』遼史一〇一張琳傳既疾漢人，即自有貴族。其在於金，則有猛安謀克，卽金之貴族焉。

金史兵志：『金之初年，諸部之民無他徭役，壯者習兵，平居則聽其佃居射獵，習爲勞事。有警則下令部內，及遣使詣諸孛堇徵兵。……其部長曰孛勤，行軍則稱猛安謀克。從其多寡以爲號。猛安者，千夫長也。謀克者，百夫長也。』金史四十四參看金史一〇九陳軌傳但猛安謀克，漢人有功，亦得爲之。如孔敬宗勸劉宏降金後，世襲猛安。金史七十五孔敬宗傳故猛安謀克者，亦可謂金貴族之代表焉。

金史食貨志雖言以官地分民，如云：『凡官地，猛安謀克及貧人請射者，寬鄉一丁百畝，狹鄉十畝，中男半之。』卷四十六然徒爲從龍有功之女直人戶，無端建立披甲地主。所謂貧民請射，想亦絕無僅有之事耳。

披甲地主之建立於一般農村，自多不利。曹望之在世宗（宋高孝時）時上封事『山東河北猛安謀克，與百姓雜處，民多失業。陳蔡汝潁之間土曠人稀宜徙百姓以實其處。……州縣多與猛安干涉者，無相黨匿，庶幾軍民協和，盜賊寧息。』（金史九二曹望之傳）此卽言披甲地主之所以令民失業也。

又，『世宗不欲猛安謀克與民戶雜處，欲使相聚居之。……其後，遂令猛安謀克自爲保聚，其田土與民田，犬牙相入者，互易之。』（金史七十思敬傳）『左丞完顏守道奏近都兩（路）猛安父子兄弟，往往析居。其所得之地，不能贍，日益困乏。上以問宰相，（紇石烈）良弼對曰：「必欲父兄聚居，宜以所分之地，與土民相換易。雖暫擾，然經久甚便。」右丞石琚曰：百姓各安其業，不若依舊便。上（世宗）竟從良弼議。』（金史八八良弼傳）是勒令退佃，圈易土田，便其從龍舊屬，又淸人圈易之先聲（第七十節）使貧民遷地易業，以就地主，尤可歎已。

又世宗時，『山東河東軍民交惡，爭田不絕。有司謂兵爲國家根本，姑宜假借。（李）石持不可，曰：「兵民一也，孰輕孰重？國家所持以立者，紀綱耳。紀綱不明，故下相輕冒。惟當明其疆理，示以法禁，使之無爭，是爲長久之術。」』（金史八十六李浩傳）同時，以『中都山東河北屯住軍人地土不贍，官田多爲民所冒占，命宗浩行省事，括籍，凡得地三十萬餘頃。』（金史九十三宋浩傳）然則「兵爲國家根本」括田以處軍人，又金源田制度中之要事已。

五一　金軍人授田尙存古意說

雖然，金於一般民衆，雖無田制可言；而其於猛安謀克，則給田也勸農也，防止不勞而穫也，蓋猶有古意在焉。

其一，猛安謀克之得田，尙從官授，而非以兼併賣買得之。

世宗嘗謂猛安謀克戶所授官地塉薄。因令籍漢人之冒佔官田者。又謂省臣曰：『官地非民誰種？然女直人自其鄉土三五千里移來，僅得薄地，若不拘刷良田，勢必貧乏？』是官地者，因嘗以供猛安謀克之授受矣。

又世宗時『詔徙女眞猛安謀克於中都，給以近郊官地，皆塉薄，其腴田皆豪民久佃，遂專爲己有。上出獵，猛安謀克人前訴，所給地不可種藝。詔拘官田在民久佃者，與之。因命汝弼議其事，請條約立限，令百姓自陳過限。過限，許人首告，實者與賞。仍遣同知中都轉運使拘籍之。』金史八三張玄素傳 然則金之官地，固嘗以供授受；未嘗如南宋之出賣出租，而以供軍人授受之用矣。

案金之官田來自有二：一係閑荒，一則亡遼時所籍沒田地焉。金史一〇九張九思傳：『九思所守淸約，然急於進取，一切以功利爲務。率意任情，不卹百姓。詔檢括官田，凡地名疑似者，如皇后店太子莊燕樂城之類，不問民田契驗，一切籍之。復有鄰接官地，冒佔倖免者。世宗聞其如是，召還戒之曰：「如遼時支撥國土，及國初元帥府拘刷指射租田，近業冒爲己業，此類當拘籍之。其餘民田，一旦奪之，百姓失業！朕意豈如此耶？』（金史九〇）食貨志亦云：『工部尚書張九思執強不通。向遣刷官田，凡犯秦漢以來名稱，如長城燕子城之類，皆以爲官田。此田百姓爲己業，不知幾百年矣。』此卽括官田以供軍戶授田之流弊。然以較宋之貨租公田，則差勝人意也。

但猛安謀克之授田，何以曰猶有古意存焉。案金史食貨志：『民田業各從其便，賣質於人無禁，但令隨時輸租而已。』是金於普通私有之民田，除責其出賦以外，未有絲毫限制焉。然猛安謀克戶所授之田，則另以法令制限之。

一則曰：不能賣買也。

金史章宗紀言泰和元年，（宋寧宗時一二〇一）『用尚書省言，申明舊制，猛安謀克戶，每田四十畝，樹桑一畝。毀樹木者有禁，鬻地土者有刑。其田多汚萊，人戶闕乏，並坐。』（金史十一）是則官地雖與軍戶，然法仍禁售轉也。曰「申明舊制」者，則其制乃不始於章宗太和初矣。

二則軍戶所受之田，例須自耕，不得任意召佃代耕也。

『世宗大定五年（宋孝宗時一一六五）十二月，上以京畿兩猛安民戶，不自耕墾，及伐桑棗爲薪鬻之，命大興少尹完顏讓巡察。……二十一年正月，上謂宰相曰：「山東大名等路猛安謀克戶之民，往往驕縱，不親稼穡。不令家人農作，盡令漢人佃蒔，取租而已。富貴家盡服紈綺，酒食游宴，貧者爭慕效之，欲望家給人足，難矣。近已禁買奴婢，約其吉兇之禮。更當委官閱實戶數，計口授地；必令自耕，力不贍者，方許佃於人。』（金史四十七）後至章宗明昌元年，（一一九〇）三月仍申此令：

『軍人所授田，止令自種；力不足者，方許人承佃。亦止隨地所產納租，其自折錢輸納者，聽民所欲，不願承佃者，毋強。』

六月『尙書省奏：近制以猛安謀克戶不務栽植桑果，已令每十畝須栽一畝。……如有不栽，及栽之不及十之三者，並以事怠慢輕重罪科之。』（金史四十七）承安二年，（一一九七）又『差戶部郎中李敬義往臨潢等路規畫農事。舊令軍人所授之地，不得租賃與人。違者，苗付地主。』（金史四十七）此種屢次申誡之禁令，雖其實效如何，不得推知；然自國家視之，則猶有古者必自墾植其田之遺意也。

案金國恐軍戶之銷沉於地主之晏樂中，有時立法，甚爲嚴厲。故食貨志：世宗大定『二十二年（一一八二宋孝宗時）以附都猛安戶不自種，悉租與民，有一家百口隴無一苗者。上曰：「勸諭官，何勸諭爲也？」其令治罪。宰相奏曰：「不自種而輒與人者，合科違例。」上曰：「太重，愚民安知？」遂從大興少尹王脩所奏，以不種者杖六十，謀克四十，受租百姓無罪。』（金史四十七）

然此制疑不時行，故陳規在宣宗貞祐四年（一二一六宋甯宗時）條奏：『比者徙河北軍戶百萬餘口於河南，雖革去沉濫，而所存猶四十餘萬有奇，歲支粟三百八十餘萬斛，致竭一路終歲之斂，不能贍此不耕不戰之人。雖無邊事，亦將坐困。況兵事方興，未見息期耶？近欲分佈沿河，使自種植。然游惰之人，不知耕稼。羣飲賭博，習以成風。是徒煩有司，徵索課租而已。舉數百萬衆坐糜廩給，緩之則用缺，急之則民疲。朝廷惟此一事，已不知所處，又何以待敵哉？』（金史一〇九陳規傳）此言軍戶得田，無濟游惰也。其時離金之亡於蒙古，不及二十年矣。十餘年前，章宗太和四年一二〇四『其間屯田軍戶，多冒名增口，以請官地，及包取民田，而民有空輕稅賦，虛抱物力者。』金史四十七然則軍戶給田之制，隨其政治運命而澌滅也。

五二　金人限田授田議

復次，以金源文物之盛，豈無倡田制改革論，以圖挽救時艱者。

劉祁歸潛志言：『士大夫爲吏者，當以至公無我處之，事自理，民自服，不可委曲要譽以枉義也。余在南方時，見辟舉爲令者，往往妄用其心。如富家與貧民訟，必直貧家。勢家與百姓爭，必直百姓。不問理何如也。又或故舊同道之家，有科徵，必先督促，不少貸，至加之刑罰。其意以爲如此，示我無私，且賈細民稱譽。嗟乎，貧富相爭，自有曲直。彼貧民中，亦有桀黠不逞者。富家中，亦有循良懦弱者。烏可執此哉？』卷七頁九爲吏者以鋤強扶弱爲心，此即均田論之出發點也。

案金史八十三張浩傳：『浩尹平陽，近郊有淫祠，郡人頗事之。廟祝田主，爭香火之利，累年不決。浩撤其祠屋，投其像水中。彊宗黠吏，屏迹莫敢犯者。』足見當時以剷滅豪強，爲循吏政績之一；風尚可概見焉。

且金有官地，以宅猛安猛克；則限田給士之事實，不得謂毫無印象，足以縈當時人之懷想者。

故於貴族之佔田，世宗曾定有各給十頃之令。『大定二十年……三月，陳言者言豪強之家，多占奪田者，上曰：「前參政納合椿年占地八百頃，又聞山西田，亦多爲權要所占，有一家一口至三十頃者，以至小民無田可耕，徙居陰山之惡地，何以自存？其令占官地十頃以上者，皆括籍入官，將均賜貧民。」省臣又奏椿年猛安三合故太師耨盌溫敦思忠長孫壽等親屬所占地三千餘頃。上曰：「至秋，除牛頭地外，仍各給十頃，餘皆拘入官。」』（金史四十七）然則定品官占領官地，限於十頃之令，而以其餘賦予貧民；雖賦予之未可考，而限地十頃則史已有明文。

案志稱大定二十二年，『以趙王永中等四王府，冒佔官田，罪其各府史椽。』又稱二十七年（一一八七宋孝宗時）『隨地官豪之家，多請占官地，轉與他人種佃，規取課利。命有司拘刷見數，以與貧難無地者。每丁，授五十畝，庶不致失所。餘佃不盡者，方許豪家租佃。』（金史四七）是每丁五十，又世宗時明令也。

以當時官地之多，當時人非不知括官地以行授受。故章宗之初，『擬再立限，令貧民請佃官地。緣今已過期，計已數足；其佔而有餘者，若再容告訐，恐滋姦弊。況續告漏通地敕旨已革，今限外告者，宜卻之，止付元佃。兼平陽一路地狹人稠，官當盡數拘籍，驗丁以給貧民。上曰「限外指告多佃官地者，卻之當矣。如無主不願承佃，方許諸人告請。其平陽路宜計丁限田。如一家三丁，已業止三十畝；則更存所佃官地一頃二十畝（以合一夫五十之制。）餘者，拘籍給付貧民可也。」』（金史四十七）是一丁，仍五十也。

然則由世宗以至章宗，正南宋朱熹推行經界之前後，金源田制，固嘗括官田以賦民，而定一夫五十；固嘗限勢家之占官地，定一家十頃之令。南宋之林勳本政，祇建議夫田五十；而金之夫田五十，竟推行之於官田。較之宋之以官田出賣出租，令人覺此愈於彼矣。

五三　金末括田屯軍史

然章宗明昌之後，蒙古之勢寖盛，金之國家經濟，寖入軍費困難期矣。

案章宗初申「夫田五十」之限然自明昌元年（一一九〇南宋光宗紹熙元年）歷衞紹王（一二〇九至一二一二）宣宗（一二一三至一二二三）哀宗（一二二四至一二三四）以至於亡，凡四十年。此四十年中，大半爲蒙古對金之軍事時期。

章宗明昌間『主兵者言比歲征伐軍多敗衂。蓋屯田地寡，無以養贍，至有不免飢寒者，故無鬬志。願括民田之冒稅者，分給之，則戰士氣自倍矣。朝臣議既定。（張）萬公獨上書，言其不可者五：「大略以爲軍旅之後，瘡痍未復。百姓附摩之不暇，何可侵擾？一也。通檢未久，田有定籍，括之必不能盡，適足以增滑吏之弊，長告訐之風，二也。浮費侈用，不可勝計，推以養軍，可以歛不及民，而無待於奪民之田；三也。兵士失於選擇，強弱不別，而使同田共食，振厲者無以盡其力，疲劣者得以容其姦，四也。奪民田以與軍，得軍心而失天下心，其弊有不可勝言者；五也。」……不報。』（金史九五張萬公傳）此卽括田屯軍之第一聲。然括田屯軍之嚴厲奉行，則在宣宗貞祐初。

當時以軍務日繁，國用日亟，曾加有賦與括田孰便之兩擬：『所遣官並言農民並稱，比年已來，租賦已重，若更益之，力實不足。不敢復佃官田，願以給軍。』金史一〇七高汝礪傳 而國家爲捍拒蒙古計，遂欲括地河南，以處來自河北之軍戶。侍御史劉元規曾上書力諫：『伏見朝廷有括田之議，聞者莫不駭愕，向者河北河東已爲此舉，民之塋墓井灶，悉爲軍有。怨嗟爭訟，至今未絕。若復行之，則復大失衆心。』金史四十七食貨志 然是年貞祐三年一二一五『卒以北方侵及河南，由是羣起諸路軍戶南來，共圖保守，而不能知所以得軍糧之術。衆議可分遣官集耆老問之，其將益賦，或與軍田，二者孰便？』同上 蓋自括田屯軍之議起，其反對括田策者，如高汝礪一流人，雖大聲疾呼；然國家猶謂軍屯官田，可以省賦，可以奉行焉。

案貞祐三年，參政高汝礪言：『遷徙軍民，一時之計也。民佃官田，永久之計也。河南民地官田，計數各半，又多全佃官田之家，墳塋莊井，俱在其中。率皆貧民，一旦奪之，何以爲生？夫小民易動難安，一時避賦，遂有捨田之言。及其與之，卽前此之主，今返爲客。能勿悔乎？悔則忿心生矣。如山東撥地時，腴地沃壤，盡入富家，瘠惡者，乃付貧戶，無益於軍，而民則有損。至於互相憎嫉，今猶未已。前事不遠，足爲明戒。惟當倍益官租，以給軍糧之半，復以係官荒地牧馬草地，量數與之，令其自耕，則百姓免失業之艱，而官司不必爲厲民之事矣。』金史一〇七汝礪傳 汝礪云云，蓋介於給田與授賦之間。

良以蒙古崛起，金之軍費益困，故括田之外，又有軍戶授官荒，一夫三十之議。貞祐四年，一二一六省臣奏：『自古用兵，且耕且戰。是以兵食交足今諸帥分兵，不啻百萬。一充軍伍，咸仰於官。至於婦子居家，安坐待哺。蓋不知屯田，爲經久之計。願下明詔令諸帥府各以其軍耕耨。』然宣宗興定四年一二二〇移剌猶言：『軍戶自徙於河南，數歲尙未給田。兼以遷徙不常，莫得安居。故貧者甚衆，請括諸屯處官田，人給三十畝。』五年一二二一『石抹斡魯言：「京南東西三路。屯軍老幼四十萬口，歲費糧百四十餘萬石。皆坐食民租，甚非善計。……若分給軍戶，人三十畝，使之自耕；或召人佃種，數歲之後，畜積漸饒，官糧可罷。』以上同見金史第四十一卷是官授軍田，起於明昌，訖於貞祐，固遲遲未行焉。

十年以後，國業日非。括田給軍之事，亦終與賈似道之公田同時異地，爲亡國之點綴而已。

然則統金一代，與南宋相提並論：南宋之經界，金之通檢推排也。南宋有官田，金亦有官田也。南宋有林勳限田之議，金世宗亦有各給十頃，夫田五十之限。金有猛安謀克，而宋亦有武人縱橫之事。其尤奇者，則宋之亡於元也，有公田；金之亡於元也，有括田：亦可謂異地同時，德不孤，而必有鄰者矣。

五四　元初奪田賜田考

元之興也，南宋之官田，金之官田，皆爲其俘獲矣。

元人起自朔漠，本無所謂田制。故其入中國後，至元二十二年，即用盧世榮言：回買江南民土田。元史十二世祖紀而至元二十五年（一二八八）董文用爲大司農，『時欲奪民田爲屯田，文用固執不可。』（元史一四八文用傳）奪田也，回買也，皆可見元之草昧無知，常有亂命焉。

方其入主之初，又愛以江南田賜羣下。趙翼綜其事云：『元代所賜臣下之田，卽南宋入官田（俞正燮亦存此意，詳上第四十七節）內府莊田及賈似道創議所買之公田也。宋史，朱緬敗，籍其家，田至三十萬畝。建炎元年，籍蔡京王黼等莊，以爲官田。開禧三年，誅韓侂胄，置安邊所。黃疇若奏以其萬畝莊等田，竝及其他權倖沒入之田，皆隸焉。共收米七千二萬一千七百斛，錢一百三十萬五千緡。後理宗復詔華亭奉宸莊，亦助邊費。景定四年。陳堯道曹孝慶等，倡議買公田，賈似道主之。平江、江陰、安吉、常州、鎭江、六郡，共買田三百五十餘萬畝。……元之有天下也，此等田皆別領於官。

『其賞賜臣下，則有如世祖賜鄭溫常州田三十頃，葉李平江田四頃，又以王積翁使日本，被害於途，賜其子都中，平江田八千畝。武宗賜瑀阿不剌平江田一千五百頃。仁宗賜玉駉答剌罕平江田百頃。……文宗賜雅克特穆爾，平江官地五百頃，又賜大龍翔集慶寺平江田五百頃，又賜魯國大長公主平江等處官田三百頃。……使本非官田，而欲奪民產以賜，元政雖不綱，亦未至必此。可見皆宋末官田，平宋後，仍入於官，故得任意賞賜。觀武宗所賜雅克特穆爾者，曰平江官地；賜魯國大長公主者，曰平江官田，蓋知田已在官也。

『元時，又籍宋時后妃田，以供太后，曰江淮財賦都總管府。又籍朱清薛暄等田，以供中宮，曰江淮財賦所。又籍朱國珍管明等田，以賜丞相托克托，曰稻田提領所。又有撥賜莊，領宋親王及新籍明慶妙行二寺田，並白雲宗僧田，

皆不隸州縣。此又元時所增官田也。』（二十二史劄記卷三十）

案甌北此論，實襲顧炎武日知錄（卷十）蘇松二府田賦之重，但略有附益耳，附記於此。

此項賜田之事，雖時有朝令暮改之病，然此制迄久不廢。如武宗未改元時（一三〇七）塔剌海言：『比蒙聖恩，賜臣江南田百頃。今諸王公主駙馬，賜田還官，臣等請還所賜，從之。』仍諭諸人賜田悉令還官。然是年，『以永平路為皇妹魯國長公主分地，租賦及土產，悉賜之。』（元史二十二武宗紀一）是則田地之賞或奪，初無定焉。

又如武宗大德九年，『安南王陳益稷賜湖廣地五百頃。』（元史二一）而仁宗即位，（一三一一）『益稷入見，言「臣自世祖朝來歸，妻子皆為國人所害。朝廷授以官爵，又賜漢陽田三百頃……今臣年幾七十，而有司拘臣所授田，就食無所。」帝謂省臣曰：「安南王慕義來歸，宜厚其賜，以贍遠人。其進勳爵受田如故。」』（元史二四）然則地畝之賞，在上者賞之，而在下者奪之矣。

案忽不烈以至元十三年（一二七六）滅宋，是年即詔：『凡管軍將校，及宋官吏，有以勢力奪民田廬產業者，俾各歸其主。無主，則以給附近人民之無生產者。』（元史九）然則世祖平宋時，官吏固有豪奪人田者矣。十五年詔諭軍民官，毋得佔據民產，（元史十）十九年，『覈阿合馬佔據民田，給還其主，庶富強戶輸稅其家者，仍輸之官』（元史十三）二十一年，『中書省臣言，江南官田，為權豪寺院欺隱者多。宜免其積年收入，限以日期，聽人首實。為人所告者，徵其半以給告者。從之。』（元史十三）又二十二年，『敕權貴所佔田土，量給各戶之外，餘悉以給怯薛帶等耕之。』

足徵從龍新貴侵奪地畝之横，故安南王，意致被奪耶？（元史十三）

鄭元佑遂昌雜錄，記『季君玉松江人。……自言本王萬三官人齋產。王氏在宋季，以貲雄。宋亡，富尤甚。王至儉，而諸子皆不肖。時薛暄張淸方興，誘其諸子，使貸款立券，責厚息以償。久之，王卒，貲產盡爲兩家奄有，獨其孫有所謂王東廬者，僅有腴田三十頃，爲養老計。而某氏時時遣人存卹之。東廬俟其生日，以厚禮往爲壽。某氏既見，懽甚。時運粮千戶以下，皆用其私人。呼一千戶者邀東廬觀海船。觀十餘艘，忽大怒，縛王在船，時君玉實從，……東廬不省，泣告千戶，問以何罪？千戶曰：「汝罪在留田，汝不以留田獻相公，令我縛汝，投之海。」東廬泣曰：「我存此爲饘粥計；相公何太忍耶？」千戶者怒，卽以匪罪考掠其幹者。東廬不得已，遂書券以田歸之。所直償以蕃舶上物，十纔一二。』（頁二十五）讀畫齋叢書本。是又武人奪田實事矣。

五五　元時田制四蠹記

綜計元時地主之形勢，約略可分爲四者。

一則曰呈獻田畝，與賞賜臣下也。

如世宗之媳，成宗之母，裕聖皇后爲太后，『置徽政院，後院官有受浙西田七百頃，籍於位下。太后曰：「我寡居婦人，衣食自有餘。況江南率土，皆國家所有，我曷敢私之？」卽命中書省，盡易院官之受獻者。』元史一一六后妃傳 成宗大德元年，一二九七『禁諸王駙馬，並權豪毋奪民田，其獻田者有刑。』續通考卷一 大德二年，『禁諸王公主駙馬，受人逞獻公私田地。』同上 是則蒙古豪族，得田以受獻而來。豪族所以受田，其志在於得私租，平民所以獻田，則除勉得歡心以外，殆爲規免公賦。交易而退，各得其所，遂以成一時風氣，而致禁令莫能止矣。

平民獻田於貴族之外，則又有貴族之受田於公上也。

如拜住於英宗時爲中書平章政事，至治二年一三二二『敕賜平江腴田萬頃。拜住辭曰：「陛下命臣厘正庶務，若先受賜田，人其謂何？」帝曰：「汝勳舊子孫，加以廉愼，人或援例，朕自諭之。」』元史一三六拜住傳 以拜住辭田之史傳爲美，足徵當時貴族之慣於受田公上也。

案元代既有官田，又嘗以官田賜臣下，於是政治領袖，與地主階級，遂致合而爲一。泰定元年一三二四張珪上書：『天下官田歲入，所以贍衞士，給戍卒。自至元三十一年以後，累朝以此田分賜諸王公主駙馬，及百官宦者寺觀之屬，遂令中書酬直海漕，虛耗國帑。其受田之家，各任土著奸吏爲贓官，俯甲斗級，巧名多取。又且驅迫郵傳，徵求餼廩；折辱州縣，閉償逋負。至倉之日，變鬻以歸。官司交忿，農民竄窘。臣等議：惟諸王公主駙馬寺觀，如所與公主桑哥剌吉及普安三寺之制，輸之公廩。計月直折支以鈔。令有司，兼令輸之省部，給之大都。其所賜百官及宦者之田，皆拘還官，著爲令。』元史一七五張珪傳 然則貴族受到賜田以後，利用州縣，折辱佃人；以政治力而恣其地主之淫威，固躍躍紙上矣。故珪令農民輸之政府，政府分之封家，以免主佃之直接糾紛也。

二則曰：番僧寺觀焉。

考桑門而爲地主，宋時已然。宋史（一七四食貨志）言：『咸淳十年（一二七四）陳堅陳過等奏：「今東南之民力竭矣，西北之邊患棘矣。諸葛亮所謂危急存亡之秋也。而邸第戚畹，御前寺觀，田連阡陌，無慮數千萬計。皆巧立名目，盡蠲二稅。……琳宮梵宇之流，安居暇食，優游死生。」』於此知緇流之爲地主，與常人之爲地主，南宋時，已江河並流已。

元時，則益重僧侶矣。鄭思肖心史（卷下頁七十六）所云『一官、二史、三僧、四道、五醫、六工、七獵、八民、九儒、十丐』是也。蔣超伯麗濊薈錄言：『虞道淵大護國仁王寺恒產碑，「大都等處，水地二萬八千六百六十三頃有奇，陸地三萬四千四百十四頃二十三畝有奇，山村河泊湖渡陂塘柴葦魚竹場二十有九，……又河間襄陽江淮等處水地一萬三千六百五十一頃，陸地二萬九千八百五頃六十八畝有奇。……又考元史文宗紀，天歷二年九月，以故宋太后全氏田，給大承天護聖寺爲永業。此外賜護聖寺田甚多。噫，元之奉釋氏如此，良可歎也。』（卷一）此可足徵其一斑已。

案泰定帝賜大天源延聖寺吉安平江二路田千頃，中書省言：『養給軍民，必藉地利。世祖建大宣文弘教等寺，賜永業，當時已號虛費。而成宗復構天壽萬寧寺，較之世祖，用增倍半。若武宗之崇恩福元，仁宗之承華普慶，租權所入，蓋又甚焉。英宗鑿山開寺，損兵傷農，而卒無益。夫土地，祖宗所有；子孫當共惜之。臣恐茲後藉爲口實，妄興工役，徼福利以逞私圖，惟陛下察之。』（元史三〇）然泰定以後之文宗，（一三二八至一三三二）一則詔『以西僧爲帝師僧尼徭役，一切無所與；』元史三三 再則『括益都般陽寧海閑田十六萬二千九十頃，賜大承天護聖寺為永業，』元史三四 然則僧侶占田，不僅大護國仁王寺已也。

僧侶又不僅占田而已。占田之外，則又有豪奪人田者。元史卷一二五 忽辛傳：『先是瞻思丁為雲南平章，時建孔子廟，為學校撥田五頃，以供祭祀教養。瞻思丁卒，為大德寺所有；忽辛按廟學舊籍，奪歸之。』僧侶奪田，賴賢明之平章，為之平反；史且大書其事。則未及平反者，亦可見已。

僧侶不僅上受賜田，下侵民土已也；於公租，且不肯繳納焉。

續通考載世祖中統五年『詔僧道凡種地者，白地每畝輸稅三升；』水地每畝四升。然至元十四年，敕『西京僧道有室家者，一體輸賦。』然則無室家者，仍可不納賦矣。至元二十七年，一二九〇『宣政院臣言，宋全太后瀛國公，以為僧尼，有地三百六十頃，乞如例免徵其租，從之。』元史十六 曰「如例免徵」者，「例」固許僧不納租，非以其為廣賓，而曲予優容之焉。

案成宗元貞元年一二九五 詔「河西僧納租稅。」然則元貞以前，河西僧固不納租稅者。武宗至大二年一三〇九『中書省臣言：「河南江浙省言，宣政院奏免僧道答失蠻租稅。臣等議，田有租，商有稅，乃祖宗成法。今宣政院一體奏免，非制，有旨依舊制徵之。」』元史卷二十三 仁宗延祐五年，一三一八『敕僧人除宋舊有，及朝廷撥賜土田免役稅，餘田與民一體科徵。』元史三六 然則延祐以前，僧人舊有田，固不負公賦。即依延祐詔令，僧人尚得擁有免納租稅之田。

故泰定帝泰定元年（一三二四）張珪猶言：『世祖之制，凡有田者，悉役之。民典賣田，隨收入戶。鐵木迭兒爲相，納江南諸寺賄賂，奏令僧人買民田毋役之。……臣等議惟累朝所賜僧寺田及亡宋舊業，如舊制勿徵；其僧道典賣民田，及民間所施產業，宜悉役之著爲令。』（元史一七五張珪傳）然則僧道得田可以免役，奚止免租稅而已。

案「著爲令」云云，似非當時實錄。元史（卷一四〇）鐵木兒塔識傳言：『先是僧人與齊民俱受役於官，其法中變，至是奏復其舊。』案氏爲順帝至正間人。此云「中變」者，是張珪上言後，僧侶買田，仍有不役之時乎？

蓋僧侶占田之多，爲元時田制一蠹。而又不應賦役，則乃蠹中之蠹矣。僧寺擁田之厲民，正如其病國一例。故惠宗元統初（一三三三）王克敬以『江浙大旱，諸民田皆減租，惟長寧寺不減，遂移牒中書，以爲不可忽天變而毒疲民。』（元史一八四王克敬傳）是寺田者，對上則隱賦；對佃人，則又不肯效地主之因荒減租焉。

案僧侶多田，爲元時田制一蠹，其流風明初猶然。明史陳繼之傳：『建文二年（一四〇〇）進士。時江南僧道多腴田，繼之請人限五畝，餘以賦民。』（明史一四一）此元代重僧之餘波矣。

三則曰平民之爲地主者，當時仍甚活躍也。

其在成宗時，則徹里爲江浙行省平章政事，『震澤之注，自吳淞江入海。歲久江淤塞，豪民利之，封土爲田，水道淤塞。』（元史一三〇徹里傳。）又成宗元貞間（一二九五至九六）『兩浙鹽運司同知范某陰賊爲姦。……民有珍寶腴田，必奪爲己有。不與，則朋結無賴妄訟之羅織之，無不蕩破家業者。……蘭溪州民葉一王十四，有美田宅，范欲奪之。不可，因誣以事繫獄。事聞於省，省下理問所推鞫之。適拜降至官事，遂得直。置范於刑，而七人者竟瘐死獄中。惟葉一王十四得釋，時論多焉。』（元史一三一拜降傳）

其在仁宗時，瞿霆發在延祐間『有當役民田二千七百頃，並佃官田，共及萬頃。浙西有田之家，無出其右者。』（楊瑀山居新話頁四九）

其在英宗（一三二一至一三二三）時，『初，浙民吳機以累代失業之田，……賣於司徒劉夒。夒賄宣政八刺志思買，置諸寺以廣僧業。矯詔出庫鈔六百五十萬貫，酬其直。田已久爲他人之業，鐵木迭兒父子及夒等上下蒙蔽，分受之，爲贓鉅萬。……拜住舉奏，命召審鞫之，盡得其情，以田歸主。』（元史一三六拜住傳）此爲至治二年（一三二二）事，詐取豪奪之情，可想焉。

其在泰定帝時，觀音奴『知歸德府。豪民楊甲夙嗜王乙田三頃，不能得。值王以饑，攜其妻就食淮南（而王得疾死。）其妻還，則田已爲楊氏據矣。王妻訴之官，楊行賄，僞爲文憑曰：「王在時，已售我。」觀音奴令王妻挽楊同就崔府君祠質之。楊懼神之靈，先期以羊酒浼巫，囑神勿洩其事。及王與楊詣神質之，果無所顯明。觀音奴疑之，召巫詰問；巫吐其實，曰：「楊以羊酒浼我囑神，『我實據其田，囑神勿洩也。』」觀音奴因訊得其罪，歸其田王氏，責神而撤其祠。』（元史一九二觀音奴傳）夫以奪田之訟，而有賴於神祕訊質，正可見兼倂之烈。說郛（卷二十一）引元人仇遠稗史云：『天台縣有宋氏，家本富，後貧，鬻田於鄰。價成，作一詩與之曰：「自歎年來刺骨貧，故居今已屬西鄰。殷勤說與東園柳，他日相逢是路人。」富人讀之惻然，卽以劵還之，亦不索其値。』究係稀有之事歟。

案元帝，似亦知有此等事實。故成宗『元貞六年正月，帝語台臣曰：「朕聞江南富戶，侵占民田，以致貧者流離轉徙，卿等嘗聞之否？」臺臣言曰：「富民多乞護持璽書，依界以欺貧民。官府不能詰治，宜悉追收爲便，」命卽行，毋越三日。』元史二〇成宗所以雷厲風行，毋越三日，殆以地主壟斷鄉曲；恐不急行，則或有阻止之圖耳。

四則曰：當日佃奴盛行，卽當時所謂私戶是。

趙翼言元初諸將多掠人爲私戶：『元初起兵朔漠，以畜牧爲業。故諸將多掠人戶爲奴隸，課以游牧之事。其本俗事也。及取中原，亦以掠人爲事。如張雄飛傳：「阿爾哈雅行省荆湖，以降民三千八百戶爲家奴，自置吏治之，歲收其租賦，有司莫敢問。雄飛爲宣撫司，奏之，乃詔還籍爲民。」世祖紀至元十七年，詔覈阿爾哈雅等所俘三萬二千餘人，並赦爲民。……』二十二史劄記卷三十元時，對於此等家奴之蓄養，雖亦時予限制；如成宗大德二年一二九八『禁諸王公主駙馬受諸人呈獻公私田地及擅加戶者。』元史十九然其刑法之論戶婚也，謂『諸典賣佃戶者禁，佃戶嫁娶，從其父母。』元史一〇三刑法志此則不啻言當時地主，有典賣佃戶之事，阻礙佃戶婚嫁之事矣。此與西洋封建時期中之地主，其權力足以干涉佃戶之一切者，復何所異哉？

五六　經理均田與減免私租

但元人對於田制非極不思有所更張者。

其一，則賡續南宋以來之通檢使地主不得隱稅。在元，則名之爲經理者也。

案元之經理，世宗至元四年，已有括民田之事。成宗元貞二年，又括權豪隱匿者，責令輸租。武宗至大元年，(一三〇八)皇子和世㻋『請立總管府，領提舉司四，括河南、歸德、汝寧境內瀕河荒地，約六萬餘頃，歲收其租。……中書省臣言：「瀕河之地出沒無常，……先是有亦馬罕者妄稱省委，括地蠶食其民，以有主之田妄爲荒地，所至騷動，方議其罪，遇赦獲免。今乃獻其田於王子，若從所請，設立官府，爲害不細。」帝曰：「安用多言，其止不行！」』(元史二二)此言括荒地也。

仁宗延祐元年，(一三一四)時大舉檢覈江南田稅：『江南漕臣言，江南殷富蓋自多匿腴田，若再行檢覈之法，當益田畝累萬計。吳元珪(江浙行省左丞)曰：「江南之平，幾四十年。戶有定籍，田有定畝；一有動搖，其害不細。」固爭月餘，不能止，移疾去。』(元史一七七元珪傳)此言括稅隱腴田焉。

爾時，平章張律力言再行經理之便，帝乃以張律往江浙，尙書乘密智鼎，往江西，左丞陳士英等往河南；凡以熟爲荒，以田爲蕩，或隱占盜亡之產，或盜官田，指民田爲官田，及僧道以田作弊者，並許諸人首告。十畝以下，田主及管幹田戶，皆杖七十七；二十畝以下，加一等，百一畝以下一百七。以上流竄北邊，所隱田，沒官。郡縣正官，不為查勘，致有脫漏者，量事論罪。重者除名。時期限猝迫，貪刻用事。富民黠吏，並用為姦。中書右丞特們德爾，猶以為未實。復下令括田增稅，鼐密智鼎在江西，酷冒尤甚。新豐一縣，撤民廬千九百區，至夷墓揚骨，以為所增頃畝。次年八月，遂有贛民蔡九五之亂，率衆寇掠汀漳諸州，建號稱王。禽斬之，始平。張律在江浙，以括田迫民，有致死者。』續通考卷一 是年上距宋亡，垂四十年，正元之中葉矣。

於是仁宗從御史臺言，詔罷之，自此以後，並無大規模經理之舉。祗史稱文宗至順元年一三三〇 徵河南行省，民間自實粮土而已。

案剩田隱稅，自當經理。吾人大可舉程沙隨之贊宇文融者，以為元人張目。然四蠹在前，經理無從着手。疑當時所經理僅使小地主及自耕農，受其騷累，而於大地主無與。故結果至不佳耳。

經理者，括稅也；經理不能，則均田之制，自更不能也。

考世祖至元二十七年『募民耕江南曠土，戶不過五頃。官授之劵，俾為永業。』元史十六 翌年有布衣趙天麟上太平金鏡策，略言：『今王公大人之家，或佔良田，近於千頃。不耕不稼，謂之草場。專放孳畜。又江南富豪，廣占農地，驅役佃戶。無爵邑而有封君之貴，無印節而有官府之權。恣縱妄為，靡所不至。貧家樂歲終身苦，凶年不免於死亡。荊楚之域，至有僱妻鬻子者。衣食不足，由豪富兼併故也。方今之務，莫如復井田。尚恐驟然，騷動天下。宜限田以漸復之。凡宗室王公之家。限幾百頃；巨族官民之家，限幾十頃；凡限外退田者，賜其家長以定名告身。每田幾頃，官階一級。不使之居實職也。凡限田之外，欺蔽田畝者，坐以重罪。凡限外之田，有佃戶者，就令佃戶爲主。凡未嘗墾闢者，令無田之民，占而闢之。第一年，全免租稅；次年減半；第三年依例課徵。凡占田不可過限。凡無田之民，不欲佔田者，聽。凡以後有賣田買田者，亦不可過限。私田既定，乃定公田。公田之制，有九等。一品者二十頃；二品者十六頃；三品者十五頃；四品者十二頃；以下俱以二頃爲差，至九品，但二頃而已。庶乎民獲恆產，官足養廉。如是行之，五十年後，井田可復興矣。』（續通考卷）——不識夫當時之四蠹，而貿然追踵宋儒，擬太平之策，斯眞草茅「布衣」之見矣。

案元以荒地行授受，除世祖至元二十七年之令以外，成宗紀稱元貞元年（一二九五）『速帶而之軍，因李壇亂，去山東。其原住之地，爲人所墾，歲久成業，爭訟不已。命別以境內荒田給之。正軍五頃，餘丁二頃，已滿數者不給。』（元史一八）又大德元年，『徙襄陽屯田合刺魯軍於南陽，戶受田百五十畝，給種牛耕具。』此等田土授土，雖祇限於軍士，然亦元初或有曠土，使之然耳。此即趙天麟所以上書之背景歟。清黃以周儆季雜著史說略云：『元趙天麟言限外之田，就令佃戶爲主；未墾闢者，令無田之民，占而闢之。如其說，未見授田之益，而先受奪田之害。此與王莽作王田以授民，無以異也！』（卷三論限田一）案趙言王公之家，限幾百頃，其數字之大至斯，則乃限而不限！又奚止於奪田一事而已哉？然元人之作爲，其可以稱道者，則亦有減免私租之令在焉。

自土地私有以後，國家卽能薄賦，惠及地主，而恩不沛於佃人。（詳一八節）唐陸贄言：『裁限租價，務利貧民』（三十五節），亦言之而未能行。宋儒喜言井田均田，迂遠之制，而於利農最速之減租運動，無人道及。則至元二十二年盧世榮之倡減私租，且得實行；亦可謂北魏均田以後之要事焉。

元史姦臣傳：『世榮旣以利自任，懼怒之者衆，乃以九事說世祖詔天下……其七，江南田主收佃客租課，減免一分，……大抵欲以釋怨要譽而已，世祖悉從之。』（元史二〇五）元典章（卷三）云：『至元二十三年，詔免江南田主所取佃客租二分。』此元人減租之第一聲，亦卽國史上減免私租之第一聲也。

案世榮，元史入姦臣傳。然世榮以上可裕國，下不損民結主知，爲右丞之『翌日』，卽奏『老弱疾病之民，衣食不給，行乞於市，非盛世所宜見，宜官給衣粮。』又擬立『常平鹽局，或販者增價，官平其直，以售庶民。』又奏『盡禁權勢所擅產鐵之所。』又奏『以低息貸貧人。』世榮曾自言：『臣之所爲，多爲人所怨，後必有譖臣者。』其後得罪，罪名不過引用僉人，紊亂成法，其事亦莫須有。元史以之入姦臣傳，得無世榮在當時已蒙惡聲，史臣從而抨擊之歟？

且如減租一事，以當時地主與官吏之相連爲一，則世榮家未必無田，減租云云，於世榮本人有損無利；則釋怨要譽之言，罪皆莫須有。名之姦臣，寃哉！附記於此。

且自世榮倡議以後，元代常有減租令焉。如世祖崩，成宗初卽位，（一二九四）冬十月，『江浙行省臣言，陛下卽位之初，詔蠲今歲田租十分之三。然江南與江北異。貧者佃富人之田，歲輸其租。今所蠲特及田主，其佃民輸租如故。則是恩及富室，而不被於貧民也。宜令佃民當給田主者，亦如所蠲之數從之。』元史十八 愚案：自此以前國家卽有薄斂之令，大抵恩及於田之所有者，然不及於無田而依田爲生者。不意蒙古人之能言之也。

案元之取民，大率法唐。太宗六年七月，『定天下地稅，中田每畝二升有半，上田三升，下田二升，水田每畝五升。』續通考一 然案元史武宗至大二年（一三〇九）御史台臣言：『比者近倖爲人奏請，賜江南田千二百三十頃，爲租五十萬石乞拘還官，從之。』元史二三 公田者，固雜有租私者；依數推算，則每畝亦四五斗也。較公租重十數倍，此乃減租運動之由來歟。

成宗末改元而減私租後，至大德八年（一三〇四）又『以江南佃戶私租太重，以十分爲率，減二分，永爲定例。』元史二一 而武宗至大元年又『詔免紹興慶元建康廣德田租。紹興被災尤甚，今歲又旱；凡田戶止輸田主十分之四。』元史二二 而順帝至正十四年（一三五四）『詔諭民間，私租太重，以十分爲率，普減二分，永爲定例。』元史四三 然則元代之詔免私租，匪特僅行於江南；匪止有特殊災害時，又常局部諭免官租，要亦行之不替者矣。

綜言之，就元代百年間之胡運而言，豪富侵陵，僧侶橫行，言經理則但以擾民，言均田則徒托空論。然能實行陸贄以來之裁限私租論，以爲「非此則恩及富室而不被於貧民」，則一針見血之論，急迫需要之事；蒙古人固有足以自豪者矣。

卷九　魚鱗與莊田

五七　明初徵租入糧考

明代元後，中國情勢變矣，且太祖本人，嘗受侮於地主者也。朱國楨皇明大政紀卷一引太祖御製鳳陽皇陵碑云：『昔我父皇寓居斯方，農業艱辛，朝夕傍皇。俄而天災流行，眷屬罹殃。皇考終於六十有四，皇妣五十有九而亡。孟兄先死，闔家守喪。田主德不我顧，呼叱昂昂。既不與地，鄰里惆悵。』太祖之受侮於地主也若斯，然太祖行事，雅近漢高，不能託古改制，鑒今革弊也。

太祖洪武三年，以『鄭州知州蘇琦言：「自辛卯一三五一河南起兵，天下騷然。兼以元政衰微，將帥凌暴，十年之間，耕桑變爲草莽。若不設法招徠耕種，以實中原，恐日久國用虛竭。」……帝是其言，遂令省臣議計民授田，設司農司，開治河南，掌其事。六月諭中書省曰：「蘇松嘉湖杭五郡，地狹民衆，無田以耕，往往逐末利而食不給；臨濠，朕故鄉也。田多未辟，土有餘力，宜令五郡民無田者，往開種，就以所種田爲永業。……驗其丁力，計田給之，毋許兼併。又北方近城，地多不治；召民耕，人給十五畝，蔬地二畝，免租三年，有餘力者，不限頃畝。』續通考卷一 夫授民田，而不限頃畝，則非授田之初意也。驗丁力而毋許兼併，則是禁包佔也。蓋皇覺寺僧之目的，無非在田盡出賦田盡開墾而已。緣彼乃計較私租，因以入賦者焉。

日知錄卷十云：『明初承元末大亂之後，山東河南多是無人之地。洪武中，詔有能開墾者，永不起科，即爲己業。』以永不起科，誘人開墾，明時蓋時有之。如楊博於嘉靖『二十五年巡撫甘肅大興，請募民墾田，永不征租。』明史二一四 但不能因曠土以立制，則均田之機緣，未免當面錯過已。

曷言夫明初之計較私租，括以入賦也。

陳繼儒白石樵眞稿卷十二田賦八故言：『我太祖高皇帝受命之初，收天下田稅，每畝起科，止三升五升，反輕於古昔井田之稅。此之謂民田。國初有因兵燹後，遺失土田無主者；有籍沒張士誠者；有籍沒土豪之虐民得罪者；此之謂官田。查得（孝宗）弘治十五年（一五〇二）松江府民田止七十三萬二十八畝，官田有三百九十八萬五千六百畝。則官田不更多於民田乎？此租額，非粮額也。』

無名氏孤樹裒談卷一云：『吳中自昔繁榮，迨錢氏奢侈，徵斂困乏。及假納土，宋人沉其賦籍於水，悉令畝出一斗，民受其惠。蒙古時，民富而僭，其後佔幷益甚。太祖憤其城久不下，惡民之附寇，且困於富室，而更爲死守，因命取諸豪族租佃簿，歷付有司，如其數以爲定稅。故蘇賦特重。』然則租額與粮額，明人混以爲一，明人固知之焉。

案胡渭書揚州田賦後云：『宋時兩浙之稅，每畝不過一斗；民猶易辦。自景定公田之法行，浙西於是多官田。

下逮元明，籍沒之田愈多，皆案其租簿，以輸額，而浙西之稅粮，天下莫比矣！』（切問齋文鈔卷十五引）然則徵私租以入公粮，又奚止松江府一處而已。

惟余永麟北窗瑣語（硯雲乙編頁二十六）云：『偶見蘇松舊册一本，內開重賦之由，蓋太祖見蘇松俗尙靡侈，故重稅以困之。亦一時之權宜也，其云：太祖見某氏租簿，遂定以爲稅者，乃傳聞之訛。』此說恐非。

國家之好爲地主，徵租入粮，其弊備見於杜宗桓上周忱書：『我太祖高皇帝受命之初，天下田稅，不過三升五升，而其最下，有三合五合者。於是天下之民，咸得其所。獨蘇松二府之民，則因賦重而流離失所者，多矣。今之粮重去處，每里有逃去一半上下者。請言其故：國初籍沒土豪田租，有因爲張氏義兵而籍沒者，有因虐民得罪而籍沒者，有司不體聖心，將沒入土地，一依租額起粮。每畝四五斗，七八斗，至一石以上。民病自此而生！』（日知錄卷十引）虐民得罪，蓋醜詆他人；民病自此，則言私租重耳。

案徵租入粮，其害猶不止粮重而已。蓋：『田未沒入之時，小民於土豪處還租，朝往暮回而已。後變私租爲官粮，乃於各倉送納。運涉江湖，動經歲月。有二三石納一石者，有四五石納一石者。』（日知錄卷十）（亭林原注，引王叔英疏：「輸之官倉，道路旣遠；勞費不少。收納之際，有甚於輸富人之租者。」）此則以手續之不便，而困及佃人焉。

於是賣買之際，有以官作民，飛灑移換之弊。王弼（成化十一年一四七五年進士）永豐謠云：『永豐墟接永寧鄉，一畝官田八斗粮。人家種田無厚薄，了得官租身卽樂。前年大水平斗門，圩底禾苗沒半分。里胥告官縣官怒，至今追租如追魂。有田追租未足怪，年年舊租結新債。舊租了，新租促，更向城中賣黃犢。』日知錄卷十引　蓋以官田賦重，故飛洒之弊起矣。

徵租入粮之非，明帝未嘗不知。故洪武七年，洪武十三年，均有減免之令。建文二年一四〇〇詔：『蘇松官田，悉準私稅，用懲一時，豈可爲定則？今悉與減免，畝毋過一斗。』然靖難以後，仍革此令。宣宗洪熙元年一四二五周幹言：『蘇州等處，人民多有逃亡者。詢之耆老，皆云自官府弊政困民所致。如吳江崑山民田，畝舊稅五升；小民佃富室田，畝出私租一石。後沒入官，依私租減二斗，是十分取八也。撥賜公侯駙馬等田，每畝舊輸租一石，後因事還官，又如私租盡取之。且十分而取其八，民猶不堪，況盡取之乎？』幹謂以爲當『畝稅六斗，則官地無拋荒之患，而小民得以安生。』宣德五年，一四三〇乃十分減二三有差。日知錄卷十引宣宗實錄

案明史一五三周忱傳：『初，太祖平吳，盡籍其功臣子弟莊田入官。後惡富民豪併，坐罪沒入田產，皆謂之官田。按其家租籍征之。故蘇賦比他府獨重。官民田租共二百七十七萬石，而官田之租乃至二百六十二萬石，民不能堪。時宣宗屢下詔減官田租，忱乃與知府況鍾曲算累月，減至七十二萬餘石。……初，欲減松江官田額，依民田起科。戶部郭資胡濙，奏其變更成法，請罪之。宣宗切責資等。』則是減賦格於成法，執政者知收租入粮之非而未及盡改也。

後至英宗正統元年，始復減之。景泰二年一四五一楊『瓚以湖州諸府官田賦重，請均之民田賦輕者，而嚴禁詭寄之弊。詔與孫原貞督之，田賦始平。』明史一六一瓚傳是則於減之之外，又均之也。歐陽鐸於嘉靖三年『巡撫應天十府，蘇松田不甚相懸。下者畝五升，上者至二十倍。鐸令賦最重者減耗米，派輕齎；最重者，徵本色，增耗米。陰輕重之，賦遂均。』明史二〇三鐸傳『嘉靖二十六年，嘉興知府趙瀛，創議官不分田民，稅不分等則，一律以三斗起徵。蘇松常三府，從而效之。自官田之六斗七斗，下至民田之五升，通爲一則。而州縣之額，各視其所有之官田多少爲準。長州，至畝科三斗七升。』陸朗甫切問齋文鈔卷十五引是則均之減之，而終未嘗全泯其跡焉。

案東南方面，公田官田，徵租入粮之事實，其影響於田制者，約有二事。其一，『顧寧人曰：「國家失累代之官田，而小民乃代官佃無涯之租賦；事之不平，莫甚於此！」』切問齋文鈔十五引是以公賦額重，而非之也。一也。然公賦額重之外，必致影響於私租之加重。蓋爲地主者，以受官田之累，多納粮賦；則舐糠及米，勢必加增私租，是公賦以私租之併入而重。私租以公賦之增重，而亦俱重也。

故當時佃耕官田者，似在兩重地主以下，亭林天下郡國利病書卷十八江南六記江南之田，官多於民。而日知錄卷十則謂：『吳中之民，爲人佃作者什九。』如官田無私人地主，則爲人佃作者何以多至什九，此一徵也。利病書卷十四江南二又謂：『嗣後民困徵輸，欲鬻田以加稅，竟無受者。而富者惟利民田，於是官業僞作民業售之。』則官田可以化爲民田也。同書同卷又謂：『隆慶中中丞海公撫吳，以官田佃於民者日久，各自認爲己業。實與民田無異。而粮則多寡懸殊。』可知「多粮」之官田以下，必有「與民田無異」之佃戶云。此二徵也。

五八　魚鱗册考

明初制度之可稱者，其惟魚鱗册乎？何也，以其雖不能令人皆有田，而能令田皆出稅，足以應付宋以來均賦之需求焉。

案魚鱗二字，始見於宋史一七三食貨志。志稱寧宗嘉定十年一二一七魏豹文代趙師喦爲（婺州）守，『凡結田册，戶產簿，丁口簿，魚鱗圖，類姓簿二十三萬九千有奇。剏庫櫃以藏之，歷三年而後上其事於朝。』則魚鱗册云云，殆非起於明初。

蔣超伯麓澞薈錄言：『魚鱗册始於明初。洪武二十年，帝命戶部核實天下土田；而兩浙富民，畏避徭役，大率以田產寄他戶，謂之鐵脚詭寄，相沿成風，鄉里欺州縣，州縣欺大府，奸弊百出，謂之通天詭寄。帝聞之，命國子生武純等，分行州縣，隨粮定區，區設粮長四人。量度田畝方圓，次以字號，悉書主名，及田之丈尺四至，編類爲册，狀如魚鱗，號曰魚鱗圖册。』卷十三明史食貨志言：『先是，詔天下編黃册，以戶爲主。詳其舊貫新收，開除實在之數，爲四柱式。而魚鱗圖册。以土田爲主。諸原坂墳衍，下濕沃瘠，沙鹵之別畢具。魚鱗爲經，土田之訟質焉。黃册爲緯，賦役之法定焉』『凡賣買田土備書稅粮科則，官爲籍記之。毋令產去稅存，以爲民害。』明史七十七 然則魚鱗册者，從田而不從戶，度當時必有一番手續焉。

案潘永讀明史劄記言：『明初編賦役，黃册以一百一十戶爲一里，丁粮多者，十戶爲長。餘百戶，爲十甲，甲十人。歲役里長一人，甲長十人，董一里一甲之事。凡戶三等，曰民、曰軍、曰匠。土田之制，有二：曰官田，曰民田。魚鱗圖册主土田，以爲經；黃册主戶口，以爲緯。』昭代叢書本第四葉 此言魚鱗册在國家賦役中之位置也。

魚鱗册之優點，卽在乎以田爲母，而以戶爲子。故顧炎武天下郡國利病書言：『萬歷十年（武進）奉旨通縣丈量。丈量之法，有魚鱗圖。每縣以四境爲界，鄉都如之。田地以邱相挨，如魚鱗之相比，或官或民，或高或汚，或埂或瘠，或山或蕩，逐鄙細注，而業主之姓名隨之。每月賣買，則年有開注。人雖變遷不一，田則一定不移。是之謂以田爲母，以人爲子。子依於母，而的的可據，縱欲詭寄埋沒，而不可得也。此魚鱗圖之制然也。』利病書三十三卷 蓋以視宋之手實，其利遠過；卽較之宋之經界，亦較爲計畫深遠焉。

案潘永言里甲之制，詳明史一三八范敏傳。又明史一三八端復初傳：『……元末爲小吏。……太祖知其名，召爲徽州府經歷，令民自實田，彙爲圖籍，積弊盡刷。』然則明初定魚鱗之制，乃先定役法，先令百姓首實而後爲魚鱗圖焉。但案亭林云云，則知其制亦曾中廢，故萬歷間，武進又通縣丈量耳。比制之所以異於宋人之千步方田者，前者爲使稅不致詭寄；後者，則僅僅限於均賦也。

然魚鱗册之奉行，歷時究幾許耶？

黃宗羲南雷文約卷三賦稅『古之賦稅，以田爲母，以人爲子。故履畝而稅，追呼不煩。今之賦稅，以戶爲母，以田爲子。田既錯雜，而戶復出入。故案籍而徵，稽考甚難。』顧炎武天下郡國利病書卷三十三云：『自此制一廢，以田隨戶，以戶領田。戶既可以那移，而田卽因之變亂。變動不句，官民肥瘠，高圩山蕩，存於積者，特其槩耳。』又詳卷二十五頁一引鎭江府志　是亭林梨洲，但知魚鱗廢後之弊；不言其碻廢於何時。

以今考之，知孝宗弘治間一四八八至一五〇五魚鱗册蓋已紊矣。

明史一八六張泰傳：『（孝宗）弘治五年一四九二……，乞減皇莊及貴族莊田被災租賦。……泰又言甘州膏沃地，悉爲中官武臣所據。……初，薊州民田，多爲牧馬草場所侵。又侵御馬監，及神機營草場。皇莊貧民失業，草場亦虧故額。孝宗屢遣給事中周旋侍郎顧佐熊翀往勘，皆不能決。至是，命泰偕錦衣官會巡撫周季麟復勘。泰密求永樂間舊籍，參互稽考，田當歸民者，九百三十餘頃。而京營及御馬監牧地，咸不失故額。』弘治之時，而曰密求故籍，則知弘治間，魚鱗圖册之未嘗全存。

甘薊之地，猶得曰事近邊疆，地近草萊也。

然案梁材傳明史一九四『御史郭宏化言：「天下土田，視國初減半，宜通行清丈。」材恐煩擾，請但敕所司清厘，籍難稽者，始履畝而丈，帝悉可之。』宏化上言，在武宗正德六年一五一一則是武宗之時，『田既錯雜，而戶復出入，』有如梨洲所言，而無以見魚鱗之影蹤也。

歐陽鐸傳，明史二〇三 載鐸巡撫應天十府，『諸推收，田從圩，不從戶，詭寄無所容。』夫以戶隨田，以田爲母，正魚鱗之本義。鐸傳云云，似以從圩之制，始創自鐸。然則鐸以前，應天田賦，固從戶不從田者，鐸乃世宗嘉靖三年巡撫應天者也。

案王儀傳明史二〇三 載儀爲蘇州知府，『至則歎曰：「蘇賦當天下什二，而田額淆無可考，何以定賦？」乃履畝丈之。使縣各爲籍，以八事定田賦，以三條核稅課。徭役雜辦惟均。治爲知府第一，進浙江副使，飭蘇松常鎮兵備。時巡撫歐陽鐸均田賦，儀佐之，以治蘇者推行於旁郡。』曰「歎曰」，曰「田額淆無可考」，則所謂「以田爲母，以戶爲子」之魚鱗册，當遠廢於嘉靖以前也。

蓋自唐以後，地主之兼併賣買，固爲一事，而地主之飛洒混寄，得私租而不納公賦，又爲一事。魚鱗册雖不足以制裁第一類之兼併，而足以制裁飛洒混寄之第二類兼併；殆亦慰情聊勝於無者。但念及孝世之間，田册已紊；然則制止第二類兼併，事已不易。制止第一類兼併，能乎否乎？地主橫行之事實，此殆其旁證與！

五九 明代皇莊考

明代地主橫行之旁證，又可於皇莊徵之。

詩謂溥天之下，莫非王土，然則，國家何貴而有莊田？南宋時，后妃或間有莊田，元成宗母裕聖皇后，亦有莊田，元史一一六后妃傳然未有皇莊之目也。

明史謂皇莊始於『（仁宗）洪熙初一四二五有仁壽宮莊，又有淸寧未央宮莊。（英宗）天順三年一四五九以諸王未出閣，供用浩繁，立東宮德王秀王莊田。二王之藩，地仍歸官。憲宗卽位一四六五以沒入曹吉祥地爲宮中莊田，皇莊之名，由此始。』『其後莊田徧郡縣，給事中齊莊言：「天子以四海爲家，何必置立莊田，與民較利？」勿聽。弘治二年，戶部尙書李敏等，以災異上言：「畿內皇莊有五，共地萬二千八百餘頃。勳戚中官莊田三百三十有二，共地三萬三千餘頃。管莊官校，招集羣小；稱莊頭伴當占地土，斂財物，汚婦女，稍與分辨，輒被誣奏。官校舉傳，舉家驚遑。民心傷痛入骨，災異所由生。乞革去管莊之人，付小民耕種。畝徵銀三分，充各宮用度。」帝命戒飭莊戶。』時憲宗末年也。

案明史食貨志謂皇莊始於英宗沒曹吉祥田地。蕭良榦皇莊子粒議云：『按漢高帝令民得田故秦苑囿園也，其後世猶有罷池御賦，弛三輔公田者。書之史册，以爲美談。我朝（英宗）天順間，一四五七至一四六四沒曹閹田產，悉入宮闈；皇莊之設，蓋濫觴於此。憲孝二朝，因緣未改。』拙齋十議八頁指海本此謂皇莊始天順也。明史一八五李敏傳：『當憲宗末，中官佞幸，多賜莊田。旣獲罪，率辭而歸之官。罪重者，奪之，然不以賦民。敏請召佃，畝課銀三分，帝（孝宗）從之。然他莊田如故也。會京師大水，敏乃極陳其害，言今畿輔皇莊五，爲地萬二千八百餘頃，……

皇莊始（英宗）正統間，諸王初封，相閑地立莊。王之藩地仍歸官，其後乃沿襲。普天之下，莫非王土，何必皇莊？請盡革莊戶，賦民耕，每畝徵銀三分，充各宮用度。無皇莊之名，而有足用之效，……時不能從。』其間小有出入。

皇莊之所以造成，大抵由奏獻侵奪二方面而來。明志謂：『定制，獻地皇府者戍邊。奉御趙暄，獻雄縣地為皇莊。戶部尚書周經劾其違制，下暄詔獄。敕諸王輔導官導官奏請者，罪之。然當日奏獻不絕，乞請亦愈繁。……武宗即位踰月，即建皇莊七，其後增至三百餘處。諸王外戚，求請及奪民田者，無算。世宗（一五二二至六六）初，命給事中夏言等，清核皇莊田。言極言皇莊為厲，自是正德以來，投獻侵牟之地，頗有給還民者。而宮戚輩復中撓之。戶部尚書孫交，造皇莊新冊，頗減於舊；帝命覈先年頃畝數以聞，改稱官地，不名皇莊。……』是言皇莊由奏獻而來也。明史一八六王璟傳言武宗時『又以莊田故，遣緹騎逮民魯堂等三百領人。畿南騷李璟抗疏切諫，尚書韓文等力持之，管莊內臣稍得召還。』是言皇莊有侵奪百姓事也。

明志又言：『世宗時，承天六莊六湖地八千三百餘頃，領以中官，又聽校舍兼併，增八百八十餘頃，分為十二莊，至是始領之有司，兼併者還民。』明史七七世宗似亦內疚於心，故改為「官地」；然以帝王之導，而好為地主，無怪乎明志之謂：『為民厲者，莫如皇莊及諸王勳戚中官莊田為甚』也！

案明設皇莊，當以武宗時為最甚。故蕭良榦皇莊子粒議云：『迨夫逆瑾擅權，狐鼠之徒，邀上以取寵，剝民以道荒。廣置皇莊，越州跨邑。貂璫校尉，縱橫四出，騷擾州縣，莫敢誰何。利歸私戶，怨入公門。正德之季，海內幾於騷動。世廟在潛邸時，灼知其弊，分遣廷吏渙號清刷，宸衷逖覽，豈漢世中材之主，所能望其彷彿。而卒未能舉大公之政，挈畎畝之利，僅易皇莊之名爲官田耳。夫以英睿不世出之君，重修化理，而乃蹈漢人之所不爲。則左右之臣，不能將順之過也。今三宮子粒，徵自縣官；非中貴所與，歲入不盈四萬。視正德之季，害已去其七八。然則當時當事諸臣，力陳治體，能佐下風，度地以授民，履畝而供稅，出之內府，莊之外庫，亦一轉移間耳！國家何利而久不爲此？夫幅員之大，孰非君土？食土之毛，誰非君臣？燕享與有司，歲有常供；若官田者，雖勿徵可也。」拙齋十議頁八至九指海本 夫國家正愁無田以供授受；今乃自效地主，命爲皇莊；無怪蕭氏之痛議矣。

蓋在世宗嘉靖初，皇莊之事實仍在。世宗嘉靖元年一五二二「外戚邵喜奏乞莊田（秦）金述祖制，請案治。帝囿喜，命都察院禁如例。中旨，各宮仍置皇莊，遣官校分督。金言西漢盛時，以苑囿賦貧民，今奈何利民，以益上？乞勘正德間額外侵佔者，悉歸其主，而盡撤管莊之人。帝稱善，即從其議。」明史一九四秦金傳 所謂「稱善」者，殆非全廢皇莊。孫交傳言：「世宗時詔下各宮莊田數視舊籍不同。交言舊籍多以奏獻投獻，數多妄報也。新籍少以奉命清核，田多清豁也。帝意稍解，令考成弘間舊籍以聞。」明史一九四 是世宗之於皇莊，亦效地主之斤斤自籌；未能恝置。秦金傳云云，殆傳陳失實耳。

六〇 明代貴族莊田考

上有好之，下焉必甚。上有皇莊，則貴族之莊田，事可知焉。

潘永季讀明史劄記言：『明世病國者，莫甚於宗祿；病民者，莫甚於莊田。初，太祖賜親王莊田千頃，勳戚公侯，丞相以下，莊田多者百頃。』（頁十一 昭代叢書本）是謂莊田起於明初也。原莊田之來自約有三途：一曰得諸乞請；一曰得諸投獻；一曰得諸侵占。以乞請言，則皇家賜賚，亦在其中。

茲錄賜賚及奏請者於下。

明史食貨志云：『仁宣之世，乞請漸廣，大臣亦得請沒官莊田。至英宗時，諸王外戚中官，所在占官私田，或反誣民占，請案治。此案問得實；帝詔還之民者非一，乃下詔禁奪民田及奏請畿內地。然權貴宗室莊田墳塋，或賜或請，不可勝計。』（明史七七）代宗景泰五年，林聰以災異偕同官條上八事：『言武清侯石亨，指揮鄭倫，身享厚祿，而多奏求田地；百戶唐興多至一千二百餘頃。宜爲限制。』（明史一七七林聰傳）而李敏在『景泰中，貴戚請隙地及鷹房牧馬場千頃，敏執不可。』因請『權要莊田，亦請佃戶領之有司，收其租課，聽諸家領收。悅心民，感和氣，無逾於此。時不能用。』（明史一八五）——此言仁宣至英代時之乞請賜賚也。

其在憲宗時，則『成化四年（邱宏，）偕同官上言：「洪武永樂間，以畿輔山東土曠人稀，詔聽民開墾外，永不科稅。邇者權豪怙勢，率指爲閑田。朦朧奏乞，如嘉善長公主求文安諸縣地，西天佛子劄實巴求靜海縣地，多至數百頃。百頃，古者百家產也。豈可徇一人之私情而奪百家之恆產哉？」帝納其言，詔自今請乞皆不許，著爲令。』明史一八〇邱宏傳然著爲令者，非實事也。

案邱宏傳謂禁止請乞，著爲令者，考之李森傳：『成化間，以貴倖侵奪民產，(森)率諸給事言：「昔先皇（英宗）敕皇親強佔軍田者，罪無赦。投獻者，戍邊。一時貴戚，莫敢犯。比給事中邱宏，奏絕權貴請乞，陛下亦既俯從。乃外戚錦衣指揮周彧，求武強武邑田六百餘頃；翊聖夫人劉氏，求通州武清地三百餘頃。何與前敕悖也？……且本朝百年來，戶口日滋，安得尚有閑田？不耕不稼，名爲奏求，實豪奪而已。」帝善其言，賜者仍不問。』明史一八〇然則所謂「著爲令」者，或即等於帝善其言而已。

案周彧乞田，亦見彭韶傳：『周彧，太后弟也。奏乞武強武邑民田不及賦額者。命韶偕御史李悰復勘。韶等周視還歸，上疏自劾曰：「眞定自祖宗時，許民墾種，即爲恆產。……功臣戚里家，與國咸休，豈豈與民爭尺寸地？臣誠不忍奪小民衣食，附益貴戚，請伏奉使無狀罪。」疏入，詔以田歸民；而責韶等要名方命，下詔獄，言官爭救，得釋。』明史一八三此見憲宗之老羞成怒，明知其過，故「以田歸民」；而又責其要名方命歟？

其在孝宗時，則弘治元年，一四八八張昺上言：『外戚雖罪萬喜，而莊田又賜皇親。』明史一六一昺傳弘治十一年一四九八『崇王見澤，乞河南退灘地二十餘里，（周）經言不宜與，與王祐杭，前後乞……地……千三百餘頃，經三疏爭之，竟不許。帝以肅甯諸縣地四百頃賜壽甯侯張鶴齡。其家人因侵民地三倍，且歐民至死。下巡撫高銓巡報，銓言可耕者無幾，請仍賦民，不許。』（明史一八三經傳）而李東陽於「弘治十七年（一五〇四）重建闕里廟成，奉命往祭。還上疏，言勢家巨族，田連郡縣，猶請乞不已。」（明史一八一東陽傳）於此，知奏請賜賚之多矣。

其在武宗時，正皇莊擴大之時，而『秦王請關中閑田爲牧地，……帝排羣議，許之，命閣臣草制。（楊）廷和（蔣）冕引疾，帝怒甚。（梁）儲度不可爭，乃上制草曰：「太祖高皇帝著令，茲土不畀藩封，非吝也。……王今得地，直益謹，毋收聚姦人，毋多畜士馬，毋聽狂人謀不軌，震及邊方，謀危社稷。是時，雖欲保親親，不可得已。」帝駭曰「若是其可虞，」事遂寢。』（明史一九〇儲傳）而梁材亦言：「成周班祿有田，非常祿外復有土田。今勳戚祿已逾分，而陳乞動百萬；請申禁之。自特賜外，量存三之一，以供祀事。」帝命並清已賜者，額外侵據者，悉還之民，勢豪家，乃不敢復請乞。』（明史一九四材傳）

其在世宗時，則嘉靖三年，彭汝實言：『長鯨巨鰌，決網自如，腴田甲第，橫賜無已。』（明史二〇八）而『外戚邵喜乞莊田，（秦）金述祖制請按治，帝囿喜，命都察院禁如例。』（明史一九四秦金傳）所謂「禁如例」者，惟見『后父安平侯方銳，乞張家莊馬房地。（王）杲言：此地二千餘頃，正供所出，不可許，宜以大慈恩寺入官地二十頃予之，帝從其議。』（明史二〇二王杲傳）而已。

穆宗之後，至於神宗，福王出國之藩，賜莊田至二百萬畝之多，尤屬駭人聽聞。明志謂『括湖南山東湖廣田爲皇莊，至四萬頃。羣臣力爭，乃減其半。王府官及諸奄，丈地徵稅，旁午於道。……格殺莊佃，所在騷然。』明史七七 神宗之時，明亡已迫，而請乞敕賜，猶如是其煩多也。

案福王賜田，碻爲神宗朝一大事。葉向高傳謂福王遷延不肯之國，『已而傳旨，莊田非四萬頃不行。廷臣大駭，向高因進曰：「……祖制無有此事，……」帝報曰：「莊田自有成例」』明史二四〇 又陸大受傳：『福王將之國，詔賜莊田四萬頃，大受請大減田額。』明史二三五 又姜志禮傳『福王將之國，詔賜田二百萬畝，……志禮抗疏曰：「臣所轄二郡，民不聊生。……自高皇帝迄今，累十餘世，封王子弟多矣，有賜田二百案當作「萬」頃，延連數十郡者乎？繼此而封，尚有瑞惠桂三王也。倘比例以請，將予之乎，不予之乎？況國祚靈長，久且未艾。嗣是天家子姓，各援今日故事以請，臣恐方內土田，不足供諸藩分裂也。」帝大怒，貶三秩。』明史二三七 案福王之藩，爲萬歷四十二三年間事，正與滿洲之建國同時。

蕭良榦功臣土田議云：『按太祖初平天下，法制已立。一時佐命勳臣，皆錫之土地，各食其賦。未幾，頒祿一定，遂罷公田。其一二元勳，給賜莊宅，垂及後裔，則聖主之特恩耳。自後賚予無節，戚畹貴家，憑藉寵靈，恣行陳乞。际皇祖報功之意戾矣。至於左右近倖，蔑犬馬之勞，恃帷幄之寵，夤緣請討，房莊場蕩，踰溢無度，此何爲者也？……今膏腴所在，非宮掖之私田，則權門之莊宅。民之世業，半爲所蠶併，衣食之資，既無所給！……閭閻之民，何以堪此？』拙齋十議第七頁指海本 膏腴所在，非宮掖之私田，即權門之莊宅，此蓋痛乎言之。無怪乎明志之言憲宗時，『桂惠瑞三王及遂平寧國兩公

主莊田，動以萬計。而魏忠賢一門，橫賜尤甚。蓋中葉以後，莊田侵奪民業，與國相終始云。』明史七七

貴族莊田之成，內得諸賜賚乞請者外，則又以奸民之投獻也，茲錄投獻之史實於下。

案奸民投獻土田，約有二因：一爲蔭田貴族，以期免稅。如代宗景泰三年一四五二華敏言中官害民十事，其一言：『廣置田莊，不入賦稅。寄戶郡縣，不受征徭，阡陌連亙，而民無立錐。』明史一六四聊讓傳 一則爲以田投獻而爲進身之計，如孝宗弘治九年一四九六『奉御趙瑄獻雄縣地爲東宮莊，……（周）經爭之曰：「太祖太宗定制，閑田任民開墾。若因姦人言而籍之官，是土田予奪盡出姦人口，小民無以爲生矣。」既而勘者及巡撫高銓言閑田上七十頃悉與民田錯。於是從經言，仍賦民，治瑄罪。』明史一八三 曰「奉御趙瑄」，言「獻地東宮」，足徵獻田爲進身計也。

明史食貨志雖言獻地者有禁，然揆之明史，則知投獻者，滔滔不絕，其風甚久也。

其在英宗天順五年一四六一李棠遷山東右布政使：『民墾田無賦者，姦民指爲閑田，獻諸戚畹。部使者來勘，（曾）肇曰：「祖制民墾荒田，永不起稅，奈何奪之。」使者奏如言，乃免。』明史一五九李棠傳 其在憲宗成化二年一四六六原傑巡撫山東，『時黃河遷決不常，彼陷則此淤，軍民就淤墾種，姦徒指爲園場上屯地，獻賞王府，輒據有之。傑請獻者謫戍，並罪受獻者，從之。』明史一五九傑傳 成化二十年一四八四朱英以星變陳八事中有云：『治奸民投獻莊田及貴戚受獻者罪。權倖皆不便，執政多持之不行。英造內閣力爭，竟不能盡從。』明史一七八 則是投獻之爲故常，而豪族之好兼倂也，亦明甚。

其在世宗時，『山民以牧馬地獻中官韋恆（王）軏，厘歸之官。奸人馮賢等，復獻中官李秀。秀爲請於帝，軏抗疏劾之，帝雖宥秀，竟治賢等如律。』（明史二〇一軏傳）此曰「如律」者，蓋見投獻之事，雖曰於律有禁！然律禁甚輕，投獻之風，迄未絕也。

趙翼二十二史劄記云：『戒庵漫筆，萬歷中嘉定青浦間，有周星卿，素豪俠。一寡婦薄有貲產，子方幼，有侄陰獻其產於勢家。勢家方坐樓船，鼓吹至閱莊。星卿不平，糾強有力者突至索鬭，乃懼而去。會新令韓某，頗以扶抑爲己任，遂直其事。此亦可見當時獻產惡習。此一家因周星卿及韓令得直，其他小民被豪占者，而不得直者，正不知凡幾矣。』（卷三十四明鄉官虐民之甚）於此，可見有明一代，投獻田產，雖禁而實未嘗禁也。

蕭良翰拙齋十議功臣土田議云：『奸滑之徒，窺伺瑕釁，不曰無主荒田，則曰無稅官地。獻納於勢豪，效孥豎之誠，投溪壑之慾。失業之民，痛心疾首，何所控籲，不亦大可哀耶？……考歷朝詔令，所以禁抑投獻，法非不燦然備密也。而人輒犯之無畏者，令不信於民，而施行罕斷也！』（頁七至八）於此知有明一代，投獻田產之惡習，果禁而未嘗禁也。

貴族莊田之造成，除賜賚乞請乞奸民投獻之外，則又有侵占之惡業也。茲錄侵奪之史實如下：

明史稱宣宗『宣德中，郭玹署宗人府事，奪河間民田廬，又奪天津屯田千畝，（郭英）罪其奴而宥玹。』（明史一三〇英傳）景帝時，石亨從子彪，『倚亨勢，多縱家人占民田產。又招納流亡五十餘戶，擅越關，置莊墾田。爲給事中李侃御史張奎所劾，請竝罪亨。景帝皆宥不問，但令給還民產。』（明史一七三石亨傳）而楊繼宗於『憲宗成化中（一四六五至一四八七）以右僉都御史巡撫順天。畿內多權貴莊，有侵民業者，輒奪還之』明史一五九繼宗傳 孝宗弘治十六年(一五〇三)席書以雲南地震，『上疏言皇親奪民田』明史一九七席書傳 然則侵佔之事，宣孝之間，常有而未已焉。

至如武宗之時，梁『儲子次攄為錦衣百戶，居家與富民楊端爭民田。端殺田主，次攄遂滅端家二百餘人。事發，武宗以儲故，僅發邊衛立功。』明史一九〇儲傳 此誠暗無天日之爭田奪地矣。

其在世宗嘉靖中，則『世宗踐祚，中外競言時政。……初，正德中，奄人多奪民業為莊田。至是因民訴，遣使往勘，(鄭)自璧復備言其弊，帝命勘者嚴治，民患稍除。』明史二〇八自璧傳 夏言傳明史一九六 言：『偕御史樊繼祖等出按莊田，悉奪還民產。……禁戚里求請，及河南山東姦民獻民田王府者。』王儀通傳明史二〇三 亦言：『嘉靖七年，擢御史。巡撫陝西，秦府豪奪民產，儀悉奪還』——然則世宗初年，執政者明知土田奪掠為民間積弊之一，然而因循未改，懲創無方焉。

其在神宗萬曆間，則江東之出視畿輔屯政，『奏駙馬都尉侯拱辰從父，豪奪民田，寘於理。』明史二三六江東之傳 而嘉靖四十三年，顏鯨出案河南：『景王之國，越界奪民產為莊田。鯨執治其爪牙。魏國公侵民產，植欽賜名樹牌為界，鯨仆其牌，戍其人。』明史二〇八鯨傳 以平反田訟為循吏政績，足見土田奪掠之劣風矣。

神宗已後，明之憂患亟矣。然魏忠賢傳明史三〇五 稱其『任良卿為肅寧伯。賜宅第莊田。頒鐵券。』明史三〇五 其後清師入關，福王偏安南京，而『朱一馮身為大臣，多藏厚貲。致勇追比，大喪縉紳之體。其入官七萬外，田宅所值幾何？九千六百畝之外，有無餘產着撫案察明。』顧炎武聖安本紀卷四荊駝逸史本然則就明代之奏請賜賚，給予侵占言之，則朱一馮之身爲地主者，亦終於成其爲衰世之地主而已何也，因其僅有九千六百畝也。

案明史二五一錢士昇傳，記崇禎帝時，『武生李璡請括江南富戶，報名輸官，行首實籍沒之法，士昇惡之，……乃上疏言『……比者借端言事者，實繁有徒。然未有誕肆如璡者焉。其曰搢紳豪右之家，大者千百萬，中者百十萬，以萬計者，不能枚舉。臣不知其所指何地。就江南言之，富者數畝以對，百計者什六七，千計者什三四，萬計者千百一二耳。江南如此，何況他省。且郡邑有富家，固貧民衣食之源也。地方水旱，有司令出錢粟，均糴濟饑，一遇寇警，令助城堡守禦。富家未嘗無益於國。按周禮荒政十二，保富第一。今以兵荒歸罪於富家朘削，擬括其財而籍沒之，此秦皇不行於巴清，漢武不行於卜式者，而欲行於聖明之世乎？今秦晉楚豫，已無寧宇。獨江南數郡稍安，此議一倡，無賴亡命，相率而與富家爲難；不驅天下之民，胥爲流寇不止。』於此，可見當時地主之多，國家財計艱難，思分潤其肥耳。

六一　明代地主虐民

有皇莊則國家爲地主矣；有貴族莊田，則貴族爲地主矣；佃人之生斯世者，其苦奚似？

趙翼二十二史劄記記明代鄉官虐民云：『前明一代風氣，不特地方有司，橫派私征，民不堪命。而縉紳居鄉者，亦多倚勢恃強，視佃民爲魚肉，上下相護，民無所控訴也。今按楊士奇傳，「士奇子稷，居鄉嘗侵暴殺人。……」時士奇方爲首相，而其子至爲言官所劾，則其肆虐，又極可知也。又梁儲傳「子次攄……與富民楊端爭民田，端殺田主，次攄遂殺端家二百餘人。」……朝野異聞錄，又載次攄最好束人臂股，或陰莖，使急迫而以針刺之，血縷高數尺，則稱快。……焦芳傳：「芳治第宏麗，治作勞數郡。」是數郡之民，皆爲所役。又姬文允傳：「文允宰滕縣，白蓮賊反，民皆從亂。文允問故，咸曰：「禍由董二。」董二者，故延綏巡撫董國光子，居鄉暴橫，故被虐者至甘心從賊。則其肆毒，更可知也。又瑯琊漫鈔，載松江錢尚書治第，多役鄉人，磚甓亦取給於役者。有老傭後至，錢責之。對曰：「某擔自黃瀚墳，路遠故遲耳。」錢益怒，答曰：「黃家墳皆吾所築，其磚亦取自舊冢，勿怪也。」此又鄉官虐民故事焉。』（二十二史劄記卷三十四）此所謂鄉官，其殆特指地主乎？

世均知嚴嵩淫富而伍袁萃貽虐堂稿（金集翼史）則謂『華亭（徐階）在政府久，富於分宜（嚴嵩）有田二十四萬，子弟家奴，暴橫閭里，一方病之。如坐水火中。海公行部至雲間，投牒訴冤者日以千計。』名臣如此，他可知已。

以此地主虐民之結果，遂有正統間（一四三六至一四四九）鄧茂七之亂。

明史（一六五）丁暄傳，言暄於『正統間爲御史，初禮建多礦盜，命御史柳華捕之。華令村聚皆置望樓，編民爲甲，擇其豪爲長，得自置兵杖，督兵巡徼。沙縣佃鄧茂七素無賴，既爲甲長，益以氣役屬鄉民。其俗，佃人輸租外，例餽田主。茂七倡其黨，令毋餽，而田主自往受粟。』

案上文言茂七「無賴」「役屬鄉民」而下文言「倡其黨」，史以成敗論人，「無賴」云云，殆非實錄乎。

又案佃戶自餽田主粟，似亦爲明代地主恣橫之旁證。日知錄引杜宗桓云：『田未沒入之時，小民於土豪處還租，朝往暮回而已。』又引王叔英言：『輸之官倉道路旣遙，勞費不少，收納之際，其弊更多。有甚於輸富民之租者。』（日知錄卷十）則亦是田主令佃人餽粟也。

『田主訴於縣，縣逮茂七，不赴。下巡檢追躡，茂七殺弓兵數人。上官聞，遣軍三百捕之，被殺傷幾盡！巡檢及知縣，竝遇害。茂七遂大剽略，稱剷平王。設官屬，黨數萬人。……時福建參政交趾人宋新，賄王振，得遷左布政使，侵漁貪惡，民不能堪，益相率從亂，東南騷動。（正統）十三年四月……明年二月，喧誘賊復攻延平，督各軍分道衝擊，賊大敗，遁走。指揮劉福追之，遂斬茂七，招脅從復業。』

夫茂七，所剷平者何物？殊足耐人思味，何休謂貧富兼併，不能使野無寇盜；蓋足徵明代地主之虐佃，乃令佃人激而生變耳。

考明代地主之恣暴，更見於呂坤實政錄所記：『梁宋間百畝之田，不親力作，必有傭佃。傭佃者，主家之手足也。夜警資其救護，興修賴其筋力，雜忙賴其使令，若不存卹，何以安生？近見佃戶缺食，便向主家稱貸，輕則加三，重則加五。穀花始收，當場扣取，勤勤一年，依然凍餒。』（實政錄卷二）案實政錄成於神宗萬歷二十六年（一五九八）然則乘青黃不接之時，取倍稱之息，以苛削佃人，又明代地主故事也。

陳繼儒白石樵眞稿卷十二救荒議田主救佃戶云：『查得華亭田一百九十五萬畝。若田主各自按救佃戶，種田一畝者，付米二升，種田十畝者，付米二斗。……災傷之重輕，與饑戶之眞僞，惟田主與租戶，痛癢相關，情形又實。……況士農工商，惟農最苦。……是說也，無田者田少者皆欣然以爲可行；而展轉阻撓，倡言不便者，皆出於多田富戶之儕輩。』然則資佃客以爲利，而又爲富不仁，又明代地主故事也。

明史一八六張鼐傳：『憲宗末年，……出案江西，盜賊多彊宗佃僕，鼐與巡撫閔珪，交奏其事。尹直等構之，乃貶鼐而坐珪。』梁材傳明史一九四載武宗正德時：『初徽王守莊者，與佃人訟。材請革守莊者，令有司納租於王。報可，而王稱不便，帝又從之。』然則田主副從，魚肉鄉曲，又明代地主故事焉。

讀史者，於此可知鄧茂七之稱剷平王，其故非無在矣。全浙詩話三十六引客座新聞云：『富陽俞克明，旣宦而貪。家有田與他人塍相連，每歲令人侵其畔。鄉民苦之。其族人俞古章者，賦詩一絕云：一年一寸若相侵，一尺原來十度春；若使百年侵一丈，世間那有萬年人！』其言殊悱惋也。

六二　明儒田制思想略

明儒對此地主橫行之事實，上下三百年，不思有所補救乎？

夷考明初洪武十三年（一三八〇）葉子奇已成草木子。其中論井田云：『井田之法，非徒為均田制祿而已。蓋所以陰寓設險守險之意，故中原平衍，設立許多溝澮，許多阡陌，使車不得方其軌，騎不足騁其足故也。豈非寓至險於大順之中者乎。』（卷三上）然則太祖方在徵私租以入官糧，而迂儒乃創大順之論乎。

陳繼之嘗『登建文二年進士，授戶部給事中。言江南僧道多腴田，請人給五畝，餘以賦民，從之。』（周鑣遜國忠紀卷五陳繼之傳）繼之之「五畝限田」論，雖只限於僧道，然不得不謂尚有授受之古意存焉。

又建文之初，方孝孺欲復古井田，王叔英與書云：『方今明良相逢，千載一時。但天下之事，固有行於古，而可行於今者。如夏時周冕之類是也。亦有行於古，而難行於今者，如井田封建之類是也。可行者行之，則人之從之也易。難行者行之，則人之從之也難。從之易，則民樂其利。從之難，則民受其患。此君子之用世，所以貴得時措之宜也。』（屠叔方建文朝野彙編卷一引姜氏祕史）然則，因曠士以復井田，孝孺未嘗無意也。

案孝孺因明初曠士，修復古井田之議，亦見周鑣遜國忠紀（卷五）方孝孺傳，明史（一四三）王叔英傳，亦略記之。

又明史（二一四）葛守禮傳，守禮言『畿內地勢窪下，河道堙塞，遇潦則千里為壑。請仿古井田之制，濬治溝洫，使旱潦有備。』守禮為世宗嘉靖七年（一五二八）鄉試第一。其無辦法而拘於古制，與孝孺正同。用附記於此。

孝孺言之，孝孺固未嘗施行之焉。明儒固不如宋儒之拘泥，其言井田也，蓋亦閃鑠其詞矣。

蔡羽太藪外史（政通中）云：『不必論田之與奪，卽如天下之土皆虛而人主得戶授之。八家之力，能轉於數千里之外乎？後世貴臣大爵，盡衞京師。使之就公田於數千里外，能就其養乎？卽如別有其方，交納之際，能保其無橫乎。』則是言非特因其曠土，井田固不可復；卽盡得曠土在官，以手續之繁雜，井田亦不能行也。

蔡璦浚濱語錄（卷五頁三至四畿輔叢書本）云：『程子欲以扶溝之地，畫爲溝洫，以開井地之端。使後之人知其利，必有繼之者。推此心也，若遇有志之君，居得爲之位，在可與乎。』然彼方言井田可行，而又言：『井田之制，湮廢二千餘載，而能與復於後世乎？可慨也夫！』是則蔡氏所言，仍不過迂腐不實，模稜兩可之空言。

王鏊震澤長語：『井田之法，後世不復行，愚以爲江南信不可行矣。北方平原沃野，千里彌望，皆不起科，使勢要得占爲莊田。於此略倣井田之法，爲之溝塍畎澮，公私有分，旱潦有備，不亦善乎：……自一鄉漸推之一州一郡，以至一省，庶民不驚，事不擾。然必得好古力行之君子，使爲守令，假以便宜，不拘文法，不求近功，不聽浮言，天子親命之使民曉然知此意，乃或有濟。不然，誠難言也。』（震澤長語卷上食貨門）案王氏一則言，井田之制，江南必不能行；二則言江南或可施行，然其可行之條件，陳義甚高，限制甚密。信可行歟？抑不可行歟？伊亦在作雙關之玄論乎！

明史（二二六）海瑞傳：『常云欲天下治安，必行井田；不得已而限田，又不得而均稅，尙可存古人遺意』考沈德符野獲編（卷十二）云：『海忠介撫江南，立意挫析豪強。……不諳民俗，妄禁不許完租。夫租旣不完，稅何由出？致佃戶賴租，產戶賠稅。』於此亦可徵瑞之疾世者深，故以限田爲不得已。然明儒之不得已而主限田者，果何見耶？

明人限田，僅食貨志稱：『穆宗（一五六七至一五七二）從御史王廷瞻，定世次遞減之限。勳臣五世限田二百頃；戚畹七百頃，至七十頃有差。』（明史七十七）意者未嘗實行也。蓋王軏傳（明史二〇一）言：『出叚勳戚莊田，請如周制，計品秩，別親疏，以定多寡。』考軏之陳言，在世宗時；而廷瞻之擬策，在穆宗時。世次遞減云云，想係對付莊田而起之辦法，未必有極大實驗焉。

蔡靉洨濱語錄云：『分田，其王政之本乎。有恆產，則有恆心。有恆心，則倫理明，風俗厚。』又云：『近世均田限田世業之法，皆議之而不果行，行之而不能久。』又云：『先代有限田之議，均田之制，口分世業之法，宜倣其制而乘除之，亦因時救弊之政焉。』（卷五頁二至三，畿輔叢書本）是靉言田之當均，而不知如何均；言均田古制，勢須乘除；然不明言如何乘除，是眞腐儒之含混語而已。

世宗嘉靖七年（一五二八）羅欽順成困知記中，言：『井田勢不可復，限田勢未易行。天下之田，雖未能盡均，然當求所以處之之術。不然，養民之職，無由而舉矣。今自兩淮南北西極漢沔，大率土曠人稀，地有遺利；而江浙之民，特爲蕃庶，往往無田可耕，於此當有以處之。』（困知記卷一二十六頁）胡居仁居業錄，亦言：『君者所以爲天下主，以養天下之民者也。故必均田制井，務農重穀，使民食足而生養遂，然後教化行而風俗美。老泉蘇氏，水心葉氏，端臨馬氏，皆以復井田爲儒生空談；愚恐其爲萬世生民之害也。』（何桂珍續理學正宗卷一引）「當有以處」與愚恐其爲，蓋猶迂腐不實之限田談。

袁永之世緯（卷下頁二十二，知不足齋本）云：『限田之法，雖若迂闊，而尤爲要切。夫富者連阡陌，而貧者無立錐之居。無制故也。今宜稍爲之限，使豪右兼併之家，有所忌憚，而貧者有恆產。』袁則世宗嘉靖間人也。

然在崇禎十三年（一六四〇），明亡已在目前，而有李振聲限田之議。

嚴有僖漱華隨筆言：『崇禎庚辰，工部主事李振聲，請限田。一品官田十頃，屋百間。二品官田九頃，屋九十間。以是爲差，踰限者，房屋入官變價；田地入官爲公田。下部議，侍郎蔣德璟出揭駁之，謂「三代時有井田，故田可限。至秦而經界廢矣。董仲舒始議限田，李翺元稹林勳，皆祖其說，非不雅志三代，爲抑富扶弱之圖。然皆不見用，惟王莽王安石賈似道，力任以爲可行，而皆以擾民致亂。由是思之，法非不善，而井田既隳，勢固不能行也。」其言頗達治理。』（卷一頁八，指海本）夫振聲侈言均田，而期以變價入官，得錢充官；其動機固不得謂爲純正者。且不察夫當前之事實，無怪德璟之斥以擾民致亂。然德璟混井田與限田爲一談，亦非通曉於田制之過去者。亦足見均田之制，在明季之不能實行也。

案崇禎庚辰，其時滿洲與流賊，勢均猖獗。故李氏限田論，乃全然注眼於「得價充公」。明史蔣德璟傳；（明史二五一）『時議限民田，德璟言民田不可奪，而足食莫如貴粟。北平關陝江北等處，宜聽民開墾，及耕種桑棗，修農田水利。縣官考滿，以此爲殿最。至常平義倉，歲輸本色，依令甲行之，足矣。』然則均田之出發點，僅在「足食」；而均田之議，意在得餉；非眞意在均平焉。

六三 減私租與增糧論

然不論限田論者之出發點何如，終可謂明代諸人，對於地主兼併，尙有不滿。又就明季人之增賦減租而言，其意義甚有異於前此之輕賦薄稅，可知明人尙不以私租與地主爲然。

明人減免私租事具明史食貨志：『二祖成宣時，每遇蟲蝗，必令人捕捉，且命富戶蠲佃戶租，』明史七八 恐亦不常實行耳。

考明景帝一四五〇至一四五六時，民田租，畝約六斗。余繼登典故紀聞言：『景泰六年一四五五永嘉大長公主奏願以置買無錫縣田一千二百餘畝，歲入租糧七百餘石，盡歸有司，以助供給有司軍需之用。』卷十二 曰「買置之田」，則其歲入租糧，殆私租矣。千二百畝，而得私租額七百餘石，則私租每畝可六斗左右矣。

典故紀聞又紀宣宗一四二六至一四三五時『給事中嚴富言：「江南小民佃富人之田，歲輸其租。今詔免災傷稅銀，所蠲特及富室，而小民輸租如故，乞令被災之處富人田租，如例蠲免。」』又言：『各處饑饉，官無見糧接濟。間有大戶贏餘，多閉糶增價以規厚利。有司絕無救濟之方，乞命嗣後荒歉，爲貧民立劵貸富人粟分給，仍免富人雜役爲息，候豐年償本，從之。』典故紀聞卷十 然則富民之爲地主者，收六斗之私租，肆侵蝕以自肥，當時人未嘗不思施爲種種救濟，以救濟佃農之病也。但在僅被災之時，特奏而始免私租，則其爲減租者，亦偶然事耳。

又明史卷二三六江東之傳，言神宗萬歷時，『先是皇子生，免天下田租三之一。獨不及皇莊及勳戚莊田，（江）東之爲言，減免如制。』案此所謂減租，殆爲減私租而非減公賦。何以言之。如爲減公賦也，則當自土地之所有者受惠，皇莊之主人國家也；莊田之主人勳戚也；即不減免，取不傷廉。東之何必爲言而減免之乎？且皇莊不納公賦，勳戚莊田，如聊讓傳所記，亦無公賦之擔負，第五十七節 自更無減免之需要，而不必東之之以爲言也。——然則東之所請減之如制者，其殆以皇莊勳戚莊田，不肯以災荒而蠲佃戶租，故東之爲言之耳。

蓋減賦之惠，惠足以及地主，而德不能及貧佃；此其象，明季人已知之。故崇禎帝時，楊『嗣昌增剿餉，期一年而止。後餉盡而賊未平，詔徵其半。至是（崇禎九年）督餉侍郎張伯鯨，請全徵。帝慮失信，嗣昌曰：「無傷也。加賦出於士田，士田盡歸有力家。百畝增銀三四錢，稍抑兼併耳。』明史二五二嗣昌傳 嗣昌雖庸懦不足爲訓，然謝肇淛王雜俎卷四云：『江南大賈強半無田。蓋利息薄而賦役重也。江右荊楚五嶺之間，米賤田多，無人可耕；人亦不以田爲貴。故其人雖無甚貧，亦無甚富。閩中田賦亦輕，而米價稍爲適中，故仕宦富室，相率蓄田。故富者日富，而貧者日貧矣。』是嗣昌之言，或有所據。然增餉一事，直接雖取之地主，間接則取之佃人，不知大處落墨，亦不成其爲抑止兼併，——顯知減賦之惠，不及佃人；公賦所收，收自地主；則與明代之限田論者，其對於土地分配之認識，不無稀徵類似者矣。

然在嗣昌陳言時，蓋已明之叔世已。

卷一〇　地丁制度下之田制

六四　清初井田授田小試記

嗣昌創議加賦以後，匪久而明亡。

清人初入關也，江南聞見錄，『傳清朝八政。一曰求賢，二曰薄稅，三曰定刑，四曰除姦，五曰銷兵，六曰隨俗，七曰逐僧，八曰均田。互相傳說，尙無殞示。』明季稗史本第十一葉足徵土地改制，當時人甚有所企求於新朝焉。

然清初碻曾小試井田。俞正燮癸巳存稿云：『其井田，雍正時定，以田一百二十五畝；公田十二畝五分，廬舍十二畝五分，私田百畝，納公田租十二石五斗。乾隆時改爲屯田，每畝交一斗。』卷九田土條清通考卷五謂：『雍正二年一七二四在直隸新城固安二縣，制井田，選八旂人戶往耕，以內務府餘地及戶部官撥新城縣一百十六頃，固安縣一百二十五頃八十九畝，令八旗選無產之人，前往領種。自十六歲以下六十歲以上，各撥田百畝，周圍八分爲私田，中百畝爲公田。其公田之穀，候三年後徵收。於耕種所餘地內，立村莊，造廬舍四百間，每名給銀五十兩。……五年議定，將八旗滿洲蒙古欠糧及犯法革退官兵無所倚靠者，併伊妻子，發往井田，每戶給田三十畝。』此眞何休井田說之小試矣。

此據清通考卷五。然清通考又載乾隆元年『以井田試行十年，沓回者已九十餘戶。令地方官確查實力耕種者，改爲屯戶，於附近州縣，按畝納糧。』則是試行之範圍本小，而年限亦短，不知如何做了一番把戲也。

清初小試井田之外，則又小試授田焉。

授田之制，有行於四川者。清通考卷五言世宗『雍正六年，議准：各省入川民人，每戶酌給水田三十畝，或旱田五十畝。若有子弟及兄弟之子成丁者，每丁水田增十五畝，或旱地增十五畝。實在老少丁多，不能養贍者，臨時酌增。』此蓋以大亂之後，四川最土曠人稀，故試爲計口授田。

案四川在清初之多曠土，乃由張獻忠之亂。孫騏蜀破鏡卷三下云：『獻忠命四養子之兵，分路草殺：順治元年十二月，歲除回成都，上功疏：平東一路，草殺男子五九八八萬，女子九千五百萬；撫南一路，草教男子九九六〇萬，女子八八〇二萬；安西一路，草殺男子九千九百餘萬，女子八千八百餘萬；定北一路，草殺男子七千六百餘萬，女子九千四百餘萬。』數雖誇大，亦可見蜀難之烈也。

授田之制，亦有行之於陝西者。清通考卷三謂『乾隆六年，定陝西招民開墾例。……令該管保長等，稽察其平衍易收之地，每一壯丁，授地五十畝。砂石難收之地，每一壯丁，授田百畝。其父子兄弟，均係壯丁，酌量加增。』是陝西墾荒，亦行授田之制焉。

然井田之小試，授田之小試，清帝爲之，不過無意識之稽古右文之小試，清帝固認土地當私有也。

東華錄言乾隆四十三年九月上諭：『朕歷覽諸史今古異宜，知立儲之不可，與井田封建等，實非萬全無弊之道。』又四十六年十月上諭；『夫淳樸難復，古道不行。如三代井田之法，豈非王政之善。當時所謂八家同養公田，公事畢，然後敢治私事，此亦宜於古而不宜於今。今世人情日薄，誰肯先公後私？』東華錄卷三十六 然則政治者固斥均田宅士之議迂腐難行也！

清律卷十七云：『凡鄉黨敘齒，及鄉飲酒禮，有定式。違者，笞五十。』然而，又云：『鄉黨敘齒，士農工商人等平居相見，及歲時揖讓之禮，幼者先施；坐次之列，長者居上，如佃戶見田主，不論齒敘，並行以少事長之禮。若親屬，不拘主佃，止行親屬禮。』然則，訂法者，固認地主地位，高於佃人焉。

執此而論，則井田授田之小戲，豈非無意義之小戲耶？

六五　清儒田制論述（一）

清初非薄井田而又小試井田之矛盾，甚有似於清初思想者議論田制之矛盾互見也，玆推論之於下。

清初諸儒，其遷就現實而斥責限田均田之非是者，僅有王夫之。夫之謂：『割肥人之肉，置瘠人之身，瘠者不能受之以肥，而肥者磽矣。……誠使減賦而輕之，節役而逸之，禁長吏之淫刑，懲吏胥之恫愒，則貧富代謝之不常，而無苦於有田之民，則兼併者無可乘以恣其無厭之求，人可有田而田自均。若其不然，恃一旦之峻法，奪彼與此，而不卹其安。疲懦之民，且遁走空山而不願受，無已則假立疆畛，而兼併者自若；徒貧姍笑而已。』（宋論卷十二朱子請行經界法條）割肥置瘠，船山以爲不當也。

又案，船山評林勳本政書云：『建一先王以爲號，而脅持天下之口，誠莫有能非之者；而度以先王之時，推以先王之心，其忍此乎？抑使勳自行之，而保民之不揭竿以起乎？且使行之於勳之田廬，而勳不棄產以逃乎？夫亦捫心而自問乎？奉一古人殘缺之書，掠其迹以爲言，而亂天下者，非徒勳也。……前乎勳而爲王安石，亦周官也；後於勳而爲賈似道，亦經界也。』（宋論卷十）是船山斥迂儒拘泥，其言至明。

然夫之以外，則有侈言井田者。

黃宗羲明夷待訪錄（田制篇）言：『余蓋於衞所之屯田，而知所以復井田者。……世儒於屯田，則言可行，於井田，則言不可行，是不知二五之爲一十矣。每軍撥五十畝，古之百畝也，非卽周時一夫授田百畝乎？……天下屯田見額六十四萬四千二百四十三頃，以萬歷六年實在田土七百一萬三千九百七十六頃二十八畝律之，屯田居其十分之一也。授田之法未行者，特九分耳。由一以推之九，似亦未難爲行。況……州縣之內，官田又居其十分之三。以實在田土均之人戶一千六十二萬一千四百三十六，每戶授田五十畝，尚餘田一萬七千三十二萬五千八百二十八畝，以聽富民之所佔，則無不足。』蓋黎洲以屯田官田，知授田之可行。然田有寬鄉狹鄉之別，人戶不可如棋子之移易，則梨洲未有以破此困難者。

與黎洲同時，如顧炎武，其人雖痛惡胡虜，而其評後魏田制，則謂其『墾田均田之制，有足法者。』又言：『宋林勳作本政之書，而陳同文以爲必有英雄特起之君，用於一變之後，豈非知言之士！』（日知錄卷十後魏田制）又言『子曰「無欲速，無見小利；」夫欲行井田之法，則必自此二言始。』（同上治地）則亭林，固非無意於均授土田者。

當時，又有呂留良，據曾靜供狀『蓋緣自幼以來，講解經書，講到孟子滕文公問爲國章，說那井田法制，心中覺得快活。私地暗想，以爲今日該行。由是屢去問人，卻無一人說「今日行得。」心中聽着人說「行不得，」甚不快活。後看見呂留良此章書文評語，竟以爲行得。且說「治天下，必要井田封建；井田封建復下，然後可望得治平。」遂不覺賞心合意，從此遂深信呂留良的說話，且執着這個死法子，放肚裏，因而看輕漢唐宋明之治，大不及三代，以爲井田不復，貧富不均，其餘言治，皆非至道。』（大義覺迷錄卷一第七十三頁）然則，呂留良與曾靜，未嘗無意於均田。

案：此亦不滿地主兼併之表示也。大義覺迷錄（卷一第五八頁）載世宗問曾靜『你（上岳鍾琪）書云「土田盡爲富戶所收，富者日富，貧者日貧等語「自古貧富不齊，乃物之情也。人能勤勞節省，積累成家，則貧者可富。若游惰侈汰，耗財散業，則富者易貧。富者之收併田產，實由貧民之自致窘追，售其產於富戶也。今你說：土田爲富者所收，其果自雍正元年以後，富者始收民之土田乎？抑康熙年間，富者已收民之土田乎？其果自本朝以前，若明若宋若漢唐若三代，民間皆貧富均齊乎？抑自古已來，民間卽有富者收民之土田乎？』曾靜供：『此是太平日久，民間輾轉，積而成弊，固自然之勢，不關君上事。亦漢唐以來的通弊，不起於本朝。但本朝列聖相繼，承平之久，亘古不及，……而惟田業一項，富戶安於有餘，貧民常苦不足。輾轉流弊，土田將多爲富戶所收。此際正須裁成輔相，因妄謂斯民所仰望君上者，在酌盈劑虛，裒多益寡。聖人成能，宜不忍物情之自流。此是彌天重犯山鄙之粗見，不通世事之愚論。豈知貧以游惰而致，富因勤儉而得。此等不齊，自天降下民已然，原非人力之所能挽。蓋天之生物不齊，因五氣雜糅，不能一致。人之昏明巧拙，才質不同，乃造化之自然；雖天亦未可如何。人之富貧，視乎作爲營辦，又視材力之巧拙昏明，此自然之理勢也。』案此時曾靜，已在桎梏交加，命在呼吸，故勉爲否認前議之論；然倔彊之態，仍有存者；正見土田集於富戶，故有心人蹙然憂之耳。

此外，則又有顏習齋元。習齋言行錄，稱『李剛主（塨）問，出將奚先？先生曰：「使余得君，第一義在均田，田不均，則教養諸政，俱無措施。橫渠所謂終苟道也。」剛主曰：「衆議紛阻，民情驚恐，大難猝舉。」先生曰：「所謂愚民不可以謀始也。」』卷上二十七頁畿輔叢書本 又稱『彭永年言，行井田法，易擾民生亂，不如安常省事。先生曰：「古先王之井田溝洫，豈天造地設，不勞民力乎？……蓋昔人務其費力而永安，後人幸其苟且而省力。而卒之，民生不遂，外患迭乘。未有能苟安者也。」』言行錄卷上第二十八葉 是習齋固亦好言井田。

觀於黃顧諸家之說，足徵雍正初，試行井田之思想背景也。

然而彼等亦知恢復井田，乃思古幽情，幻而為夢耳。

即如顏元之弟子李塨，與其同門王源合著平書訂。其言井田也，一則言：『二千年必不可復之法，一旦而復之，使民之恆產立，而王政有所本。』再則言：『井田不可與封建並論也，封建不宜行，而井田必須行也，不行，則民必不能家給人足，即聖君賢相，世世補救，而苦樂不均，怨悉痛疾，無可如何。……故曰，井田必宜行。』是王李二人於井田之復，固咬定牙根者也。然平書又言：『如紹興一地，聞其家與田相當，每家不能一畝，則必遷十之九九而後可也。或均或不均，則法不一，必易生亂。立驅盡均，則勢難行，或中阻。』又謂：『且夫井田可以行乎？曰：師其意，不必師其法。井田之法，方；方，則利平壤，不利曲狹。利於整，不利於散。棄地多，概用之，恐不便。有井有不井，法不一則亂。』（以上均詳平書訂卷七頁二至七，畿輔叢書本）是則一面言井田為必須復者，而一則言槩用之不便，一則言或用之致亂，其宗旨亦含混極矣。

故與王李同時之余懷，其山志（二集卷二）井田條云：『余謂誠能薄其稅斂，準以什一之法，雖不井田，猶井田焉。不然，井田之中，亦豈無弊？八家共作，亦未必不滋之擾害也。時世日異，事變不測，即限田之制，亦有不可行者。』而顏元送張文昇佐武洞含尹鹽城序云：『鹽之田，即不得如古井田，苟使民之有恆業者，得遂其耕穫。無恆業者，得免於飢寒。家給人足焉，即謂今之井田，可也。』（習齋記餘卷一，畿輔叢書本）然則清初講學者之論井田，亦未嘗不自知其不可行，而徒說之空幻也。

案紀昀閱微艸堂筆記（姑妄聽之三）載一鬼語云：『諸儒所說封建井田，皆先王之大法，有太平之實驗，究何如乎？』

一鬼云『夫井田封建，不可行；徵騐者知之，講學者本自知之。知之而必持是說，其意固欲借一必不可行之事以藏其身也。……使人必不能試，必不肯試，必不敢試，而後可號於衆曰：「吾所傳先王之法，吾之法，可爲萬世致太平；而無如人之不用何也！」……以棘刺之端，爲母猴，而要以三日齋戒乃能觀，是卽此術。第彼猶有棘刺，猶有母猴，故人得以求其削。此更托之空言，更無削之可求矣。』其非薄井田論也，刻毒如此。

六六　清儒田制論述(二)

清初講學諸儒，明知井田之不可復，則將折而主張均田乎？

蓋信古最篤之顏李學者，亦且折而主張均田焉。

顏元存治編：『或問於思古人曰「井田之不宜於世也久矣，子之存治，果何執乎？」曰：「此千餘載民之所以不被王澤也。夫謂不宜者，類謂奪富民之田，或謂人衆而地寡耳，豈不思天地間田，宜天地間人共享之乎？若順彼富民之心，卽竭彼萬民之產，以給一人，所不卹也。王道之順人情，固如是乎？況一人而數十百頃，或數十百人而不一頃，爲父母者，使一子富而衆子貧可乎？又或謂畫井生亂，無論至公服人，情自戢也。國朝之圈占，幾半京輔，誰與爲亂？……況今荒廢十之二三，墾而井之，移流離無告之民，給牛種而耕焉，田自更餘也。……所慮者，溝洫之制，經界之法，不獲盡傳。北地土散，恆恐損溝高低墳邑，不便區劃。然因時而措，觸類而通，在乎人耳。溝無定而主乎水，可溝則溝，不可則否。井無定而主乎地，可井則井，不可則均。」存治編一葉至二葉畿輔叢書本然則元固有意「於不可則均，」未嘗膠固於井田。

案顏元字習齋，其卒與閻若璩同時。康熙四十三年一七〇四年習齋雖侈言井田，然其結果，不過着眼均田。習齋年譜：『蕭九苞問曰「復井田，則奪富民產，恐難行。」先生曰：「近得一策可行也。如趙甲有田十頃，分給二十家，甲祇得五十畝，豈不怨恣？法使十九家仍為甲佃，以半供上，終甲身。其子賢，而仕；仍食之。否則，一夫五十可也。」』卷上頁五十一又習齋弟子李塨恕谷擬太平策亦云：『田有水可蓄洩者，則溝洫井之。無水而人民新造，地足分者，則均之。一家八口百畝中人左右足各一蹺；其兩肱舒直等五尺為一步，步百為畝。如不得均，則限之。一夫不得過五十畝，多者許賣，不許買；宅亦有限。』卷二第一葉畿輔叢書本是顏李學者，固言可井則井，不可則均，又不可則限也。

李塨為顏元弟子，其擬太平策又言：『非均田則貧富不均，不能人人有恆產。均田，第一仁政也。但今世奪富與貧，殊為艱難。顏先生有佃戶分耕之說，今思之甚妙。如一富家有田十頃，為之留一頃，而使九家佃耕九頃。耕牛子種，佃戶自備，無者領於官，秋收還。秋熟，以四十畝糧交地主，而以十畝代地主納官，即古者什一之徵也。地主用五十畝，則今日停分田戶也。而佃戶自收五十畝，過三十年為一世。地主之享地利，終其身亦可已矣。則地全歸佃戶。若三十年之前，地主佃戶，情愿賣買者，聽之。若地主子弟衆，情願力農者，則三頃二頃，可以聽其自種。但不得多雇傭以占地利，每一佃戶，必一家有三四八，可以自力耕鋤，方算一家。無者，或兩家，或三家，共作一家。地不足者，一家五十畝，亦可。無地可分者，移至荒地。』卷二頁一至二 是蓋委宛於均田之實施，冀以終身之樂。娛地主，有近於均將來不均現在者。

然無論顏元之分均說，或李塨之三十年後限田說，其爲奪富與貧，則事實不可否認也。

故黃宗羲非之以爲：『董仲舒有限民名田之議，……其意甚善。然古之聖君，方授田以養民；今民所自有之田，乃復以法奪之，授田之政未成，而奪田之事先見，所謂行一不義而不可爲也。』明夷待訪錄田制二 王夫之亦云：『自漢以後，天下統於一王，上無分土逾額之征，下有世業相因之土，民自有其經界，而無煩乎上之區分。……夫亦惡乎田之不闢，而民之不勤；百姓不足而君亦貧，無與限之！』宋論卷二 黃言「乃不當爲」，王言「乃不必爲」也。

黃震孫限田論陸曜切問齋文鈔卷十五引 則更言限田均田，有大不可者五：『今之大縣，戶不下數萬，苟欲計口而給田，則田少而不足以給，其不可一也。今之承事於官者，率富民也，徵發之令，不及於小民。彼小民謁終歲之力，不過能耕十畝。蓋有見徒隸，則心惕息者矣。設與小民以數畝之田，而責以賦役之事，彼將爲賦役所困，而不得安其耕，其不可二也。量人量地，斟酌損益，雖得良有司竭力奉行，亦非耳目所能辦！其間奪者已奪，授者未授，國家之力役財賦，將責之何人？其不可三也。至於既行之後，又當鉤考其授田還田，吏胥上下其手，弊孔必且百出，其不可四也。且緩急人所恆有，今既官爲之限，則買賣之際，勢心窒閡而難通；其弊也，勢必富者有多田之實，而無其名；貧者有受田之名，而無其實，而民之困乃愈甚，其不可五也。』震孫斥均田限田之窒閡，頗有似於清高宗之指斥顧琮者。

東華錄載乾隆八年九月諭：『前漕運總督顧琮，督運來京，奏請舉行限田之法。每戶以三十頃爲限，以爲如此，則貧富可均，貧民有益。朕深知此事，名雖正而難行，卽去歲盛安均田之說也。因示諭云：「爾以三十頃爲限，分之兄弟子孫，則每人名下，不過數頃，未嘗不可置買，何損於富民？何益於貧民？況一立限田之法，若不查問，仍屬有名無實。必須戶戶查對，人人審問，其爲滋擾，不可勝言。夫果滋擾於一時，而可收功於事後，則豈可畏難中止？今展轉思維，卽使限田之法，地方官勉強奉行，究於貧民何補？是不但無益，而且有累也。」而顧琮猶以爲可行，請率地方官，先於淮南一府試行之，持論甚堅。甚至與大學士張廷玉公訥親等，動色相爭。朕見彼如此擔當，勇於任事，意尚可取，是以再令其與尹繼善等熟商。今據尹繼善陳奏，難行之處，與朕語不約而同。則是此事之斷不可行，實出於人人之所同，然又豈可以嘗試？今特降旨曉諭，顧琮此事，着停止；並令各督撫知之』東華續錄卷六 蓋亦以限田之恐生滋擾，故不敢行也。

案東華錄又載乾隆四十八年諭：『卽均田亦稱善政，窮儒往往希此，以爲必應行，而在今日，亦斷屬難行。無論奪富以與貧，萬萬不可。卽使裒多益寡，而富人之有餘，亦終不能補貧人之不足。勢必致貧者未能富，而富者先貧，亦何賴此調劑爲耶？』乾隆東華錄卷三十六 此則明言均田限田之爲窮儒之見矣。

然限田之論，主張之者，固大有人在。

昔人謂均田限田，必致富人之激而生亂，而陳之蘭授田論，則謂：『論者猥以人衆則田不給，奪富民之田，恐其生亂。嗟乎，天下之田，自足以供天下之人。準於人以酌分田之數，而不必百畝，安在其不給也哉？今之世，富者一而貧者百（如能限田）此百人者，盡悅也。助人爲亂，以去己之利，愚者不爲；豪彊卽挾異志，固已有將而無兵矣？』切問齋文鈔卷十五引香國集 此語殊警闢，如屏均田限田之手續於不論，陳語實最能保證田制改革時之社會秩序也。

陳又言：『天下之患，莫大於未或爲之而預斷其不可。……且夫未或爲之，而又何以知其不可也。……行之以誠，布之以公。一夫授田若干畝，而不必井。……張子嘗言三代田制必可復，欲試之一方，而有志未就。程子則謂必井田而後天下可爲，非天下之達道；法在彷其意而行之，而民不病，則莫若限田。……夫養生不必五穀，舍五穀，養生別無長理。治民不必授田，舍授田，治民別無善策。』授田論 則其說之堅決，尤可想見已。

蓋清儒之夢想限田，猶諸宋儒之侈言井田。故下至淸季，黃以周著儆季雜著：『秦商鞅壞井田，開阡陌，而兼併之弊起。後之賢君臣欲救是弊而卒不能救者，以井田之難復也。雖然，井田不能猝復，宜少近古，則限田之議尚矣。』史說略三論均田一 又云：『限田之法行，而天下無無田之戶，無甚貧之民，無不耕之家。今之世，富者田連阡陌而不耕；耕者向人索田，而歸其租於富人。是以富人坐享豐厚，而貧者日貧。……若夫限田之制行，而諸弊自息。貧民可自耕其田，穀米菽麥，不分於富人。官骸手足，不役於富人。人人各饒其力，亦宜自殫其力也。』史說略三論限田二 足徵清人固以井田爲難行，而以均田爲可行者。

視宋人有退步，較宋人則重視事實矣。

六七 諸田制論者之事實背景

以言夫井田限田之理論，清初學者，如是其激昂；蓋清初承李闖流賊之餘，因其曠土以爲授田，此諸理論者所持之事實背景矣。

荒地之多，卽後魏所以持行井田。清初李塨，曾言：『吾有收田之策六，行於草昧初造，固甚易。卽底定之後，亦無不可行：蓋誘之以術，不刦之以威，需之以久，不求之以速。一曰：清官地，凡衛田學田之類在官者清之使無隱。一曰：闢曠土，凡地之在官而汙萊者開之，不棄之無用，一曰：收閑田，兵燹之餘，民戶流亡，而田無主者，收之。有歸者，分田與之。不必沒其全業，一曰沒賊產，凡賊臣豪右田連阡陌者，沒之入官。四策行，田可得什之二三矣。』平書訂卷七 是塨言收田，固着眼於曠土閑田。

考清初固多曠土，如順治元年十一月『直定巡案衛周允奏；「巡行各處極目荒涼，舊額錢糧，尚難敷數。況地畝荒蕪，百姓流亡，十居六七。」』東華錄卷一 如順治二年正月，楊方興奏：『山東地土荒蕪，有一戶之中止存一二人；十畝之田，止種一二畝者。……得旨各直省無主荒地，該地方官開具實數報部，以憑裁酌。』東華錄卷一 順治十二年正月諭：『自流賊煽亂之後，丁人逃散，地畝荒蕪。』卽下至聖祖康熙間，雖云天下承平；而偏僻之處，尚呈土曠人稀之象焉。

案東華錄又稱康熙十年六月：『湖廣總督蔡毓榮奏蜀省有可耕之田，而無耕田之民。招民開墾，洵屬急務。』康熙東華錄卷三 康熙三十九年二月：『湖廣總督郭琇陛辭，奏曰「皇上命臣選奏丈量地畝官員，有……三人才堪委任。但湖南地稀民廣，所以民或不能完課，遂至逃避者有之。清丈之後，則錢粮似較前差減矣。」上曰「約減幾何？」郭琇奏曰「大約減十分之二」上曰「果於民有益，所減雖倍於此，亦所不惜。若不清丈，以荒田着落他人，徵收錢糧，有累窮黎，斷不可也。」』康熙東華錄卷十四 可知清興五十年間，曠土固常見於記載焉。

曠土之多，正諸儒所以鼓吹井田均田者，而清廷臨之不過限於墾荒。如順治十五年一六五八定『督撫一年內開墾荒地二千頃至八千頃以上，道府開墾千頃至六千頃以上，州縣開墾百頃至六百頃以上，衞所開墾二十頃至五十頃以上，分別議敍。』清通考卷一 不立制度，而徒冀夫野之盡闢；則墾荒之事與地主兼併自能相隨以並來也。而能令諸田制論者之惋歎不已也。

蓋雖有荒土，而地主之勢，固未全然銷歇焉。

案李塨著平書訂，謂『官不得有田，則致仕之官，當有祿。凡老病而休致者，致原官俸三之一。』卷七頁六 則是官之有田，塨所深非者；而塨之友方苞，其教忠祠祭田條目云：『至六七百金，則以買上等沖田，不可置雜業。十年後可加良田一倍……二十年之後，祭田又倍，三十年之後，祭田再倍。』望溪先生集外文卷八 是則苞雖篤好程朱，肆意文章，而亦隨俗浮沉，斤斤於持籌益產：如其先輩張英著爲恆產瑣言一則言「屋久而頹，衣久而弊。獨田之一物，雖千年百年而常新。」再則言：「田產不憂水火，不憂盜賊，不勞守護」——是可知當時士大夫之勇於佔田。

宋李泰伯言『今天下雖安矣，生民雖庶矣，而務本之法，或尙寬弛。何者？貧者無立錐之地，而富者田連阡陌。……今將救之，則莫若先行抑末之術，以歐游民。游民既歸矣，然後限人占田，各有頃數，不得過制。而兼併不行，則土價必賤。土價賤，則田易可得，而無逐末之路，游惰之幸。』旴江全集卷十六富國第一 是土價之貴廉，與平民之能否佔田，綽有關係也。然而乾嘉之際，錢梅溪著履園叢話，謂『前明中葉，田價甚昂。每畝值五十餘兩至百兩。然亦視其田之肥瘠。崇禎末年，盜賊四起，年穀屢荒，咸以無田爲幸，每畝只值一二兩，或田之稍下，送人亦無有受諾者。至本朝順治初，良田不過二三兩；康熙年間，長至四五兩不等。至乾隆初年一七三六田價漸長。然余五六歲時，亦不過七八兩，上者十兩。今閱五十年，亦長至五十餘兩矣。』卷二 以有清前葉之田價增長視之，知豪民之逐土，固相將而來歟？

案康熙五十年上諭『先年人少田多，一畝之田，其值銀不過數錢。今因人多價貴，一畝之地，竟至數兩不等。……皆由人多田少故耳。』清通考卷二 足徵國家一面在墾勵墾荒，一面亦在聽「人多田少」於不顧也。後至乾隆十三年（一七四八）楊錫紱陳明米貴之由疏中云：『國初地餘於人，則地價賤。承平以後，地足養人，則地價平；承平既久，人餘於地，則地價貴。向日每畝一二兩者，今至七八兩。向日七八兩，今至二十餘兩。近日田之歸於富戶者，大抵十之五六；舊時有田之人，今俱爲佃耕之戶。』則知清興百年間，地價漲三四倍，以此知貧民佔土之不易焉。

案顧炎武言：『自三代以下，田得賣買，而所謂業主者，卽踰陌連阡不過本其錙銖之值；而值之高下，則又以時爲之。地力之盈虛，人事之盈拙，率數十年而一變。』（日知錄卷十）李塨平書訂云：『天下之不爲農而有田者，願獻於官，則報以爵祿，願賣於官，則酬以資；（不能依其原價，酌立一價，歲給之穀，如其質而止；）願賣於農者，聽。但農之外，無得買。』（卷七）又引惲皋聞曰：『收田之法，莫善於先限田；一戶不得過五十畝。其過五十畝者，爲踰制。必分之於人，必賣之於官而後已。』（同上）則是當時人固以田價之漲落，操縱由於地主；而田價之漲，甚無益於農耕。故以爲定價之權，當由之官，不可聽其自由向上飛漲者焉。

此亦當時世變所驅策者矣。

六八　特種地主及其爪牙

諸井田論者，基於土曠人稀，及田價低落之事實；然土曠人稀，匪久而爲土稀人稠；田價低落，匪久而爲田價飛漲；則殆以淸初政治當局，未能如北魏之乘機更張田制也。

考諸淸初，亦嘗如金源之建特種地主矣。

淸順治元年卽諭戶部曰：『我朝定部燕京，期於久遠。凡近京各州縣，無主荒田，爾部淸釐，分給東來諸王勳臣兵丁人等。蓋非利其土地，以無處安置，故不得已而取之。』王慶雲石渠餘紀卷四圈地 於是前明莊田，率見奪以佃新貴；而當時人且稱爲開剏宏規矣。於是有圈占有換易，直至順治十年，始停圈撥焉。

案東華錄言順治元年十二月『順天巡撫柳寅東奏清查無主之地，安置滿洲莊頭，誠開剏宏規。第無主之地，與有主之地犬牙相錯，勢必與漢民雜處，不惟今日履畝之難，日後爭端易生。臣以爲，莫若先將州縣大小，定用地多寡；使滿洲自占一方，而後以察出無主地與有主地，互相兌換。務使滿漢界限分明，疆理各別，而後可。』東華錄卷一 此乃所謂換主易居也。又二年二月：『令戶部傳諭各州縣有司：凡民間房屋，有爲滿洲圈占，兌換他處者，俱視其田產美惡，速行撥給，務令均平。倘有瞻顧徇庇，不從公速撥，躭延時日，爾部察出，從重處分。』東華錄卷二 是即所謂田畝換易焉。

李紱穆堂初稿卷三十一畿輔田志序云：『八旂之衆，從龍而西，五百里以內，撥給旗地；人增於昔，地不加多。旗民雜處，壤地參差。旗地有給，有退，有改給，有官莊，王莊，徵租督負，蝟攢蜂集。民地有圈有補，圈此而補彼，東處而西食，代徵轉解，間不以時。呼籲猥冗，戶部鈎稽文移之煩，直隸當天下十之四五。易傳所謂眞天下之至賾，而不可厭；天下之至動而不可亂；其直隸田賦之謂乎？』凡此所云，不啻斥其紛煩也。

此等可哂之圈易，順治十年，雖詔：『圈撥民間田地，永令停止。』清通考卷五 然下至康熙二十五年五月，聖祖猶諭戶部：『民間田地，久已有旨，永停圈占。其部存地畝分撥時，或有不肖人員，藉端侵害百姓，圈占士民良田，以不堪地畝抵換。或地方豪強，陰占存部良田，妄指民人地畝撥給，殊爲可惡。直隸巡撫，可嚴察此等情弊，指名糾察，從重治罪。』（東華錄卷八）停止已多時，而弊害猶如此；其在未停止時，其騷擾又何如焉？

案昭槤嘯亭雜錄，言孫文定公『總督直隸。以近畿土地，皆爲八旂勳舊所圈，民無恆產，皆仰給租種以爲生。而旂人自恃勢要，屢增租値，屢更佃戶。使民無以聊生，固建旂地不許奪租另佃；有刁民敢爲抗欠者，許訐之官，官代爲徵收，解旗分領。至今，旂民得以相安無事。』（卷一孫文定公條）足見當日旂籍地主厲民之烈。又李元度先正事略（卷九格文清公事略）云：『大學士明珠佐領下人戶，指圈民間冢地墾種。有訴於戶部者，牒巡撫察勘，宛平知縣王養濂，以無礙塋冢飾辨。（文清）劾養濂引圈冢地，厲民。』以此爲循吏政績之一，足見當日引圈之不合輿情矣。

且旂籍地主之下，又有所謂莊頭。莊頭，雖不始於淸，（第四十節）然淸時莊頭，其勢獨盛。淸會典稱：『盛京糧莊一百十八所，每莊莊頭一人；分爲四等。頭等莊頭十二名，每名歲交糧三百八十二石。二等莊頭二十名，每名歲交糧三百五十二石。三等莊頭三十七名，每名歲交糧三百七石。四等莊頭四十七名，歲交糧一百九十二石。』（卷二十五盛京戶部）揆其制度，似包納佃戶之糧於地主，上承地主之權威，下則以權威凌壓佃戶者歟？

如著嘯亭雜錄之昭槤『勒偪莊頭程福海增租。……程福海之父程建義，充當莊頭二年，並未欠租，兼有長欠租錢。昭槤因于大海增租，謀充莊頭，卽將程建義革退。並令照于大海加增之數，加找二年租銀。程建義之子福海，不從。昭樋派護衞柳長壽往程福海家，搶割莊稼，拆毀房屋。又將程福海父子叔侄六人圈禁。昭樋自擲磁瓶，兼用磁片劃傷程建忠程建義脊背百餘道，至於流血昏暈。似此以酷濟貪，虐我赤子，實出情理之外。我國家永不加賦，……全黎庶之身家保國家之根本。各王貝勒家衣租食稅，亦當仰體此意，豈可分外苛求？恣行貪虐。昭樋承受世封，席豐履厚。平日以租佃細故，在順天府步軍統領刑部等衙門涉訟纍纍。而於府第中，仍如此匪刑虐下，實屬奇貪異酷。』（嘉慶東華錄卷十，嘉慶二十年十一月。）然則爲地主者，固虐莊頭者。

於地主之虐莊頭，知莊頭之虐地主焉。故康熙二十一年（一六八二）聖祖嘗告格文清：『旂下莊頭，與民雜處。倚藉聲勢，每爲民害。爾其嚴察懲辦，毋稍姑息。』（先正事略卷九）是聖祖，知莊頭爲民害也。乾隆中，孫嘉淦上八旗公產疏猶言：『比年以來，旂民往往因欠租奪地，互控結訟。其弊皆起於取之租旂奴，承租之莊頭，攬租之地棍。』又言：『莊頭取租，多索而少交。田主受其侵盜，佃戶受其隱漁。……剝良民以養姦民，甚可惜也！』（清經世文編卷三十四）則莊頭云云，上承地主，下亦虐及貧佃矣。王慶雲石渠餘紀（卷四）雖言乾隆二年，乾隆十八年停設莊頭，然不過限於取贖回後之旂地，其餘旂地，固仍設置莊頭焉！

然則在清之盛時，建立特種地主，換主易居，事已荒謬可笑。而無端設莊頭之制，使之介於主佃之間，從中漁利；聖祖名臣，知而不革其弊。然則小試井田何爲者耶？諸限田論者之力嘶而無以見效於世，其故可以知也。張履祥農書云：『近見富家鉅室，田主深居不出，足不及田疇，面不識佃戶，一任紀綱之僕所爲。……或且恃目前之豪橫，淩虐姦民小者勒具酒食，大者逼其錢財妻子，置之獄訟。』因知漢族之爲地主者，未嘗不設莊頭。特滿族莊頭，倚藉其主人之經濟力而外，更藉貴族之政治權力，故其作惡，亦愈甚耳。

六九　地丁合一史略

故清儒在狂呼井田，而國家在建設農民疾苦焉，清不能如後魏之因荒曠而略行更張田制焉。

清代之能略影響田制者，殆爲兩稅創制後之地丁合一制乎？

清初爲敷陳盛事計，曾定永不加賦之制。俞正燮癸巳類稿（卷十二地丁原始）謂『康熙五十一年二月，壬午，諭將直隸各省，現今徵收錢糧冊內，有名人丁，永爲定數。嗣後所生人丁，免其加增錢糧。但將實數，另造清冊具報；豈特有益於人，亦一盛事。』五十二年又詔：『海內承平日久，戶口日繁，地畝並未加廣。宜施曠大之恩，與享恬熙之樂。嗣後直隸各地方官，遇編審之期，止將實數另造清冊奏聞。其徵收口糧，但照康熙五十年丁冊，定爲常額；續生人丁，永不加賦。』（清通考卷十九）其時雖言永不加賦，猶言丁額不增；固未嘗言丁隨地派也。

俞正燮云：『康熙五十三年，御史董之燧請統計丁糧，案畝均派。部議不便更張而止。然舍此別無長策。故廣東四川兩省，先行之；雍正元年，直隸撫臣請行之；三年，山東撫臣請行之；五年，竟通行之。』（地丁原始）李紱穆堂初稿（卷三十一）緩輔戶口志敍云：『我國家愛民如子，恐民力不齊，貧戶丁錢，不能時輸。乃酌盈劑虛，視地緩急，均丁於地，以紓民困。蓋天下有貧丁，無貧地，科役於田，則地與國，野與歲之別，在其中矣。而直隸猶未被其澤也。雍正初年，皇上以督臣之請，畿輔丁役悉均於糧，於是戶役之征，下丁勿擾。』——然則均丁入地，各省施行，有前後也。

案癸巳存稿謂攤丁於地，各省先後不同，至雍正五年，始通行天下。然王慶雲石渠餘紀卷三則謂乾隆四十二年，始攤行完竣。王氏據賦役全書及會典則例，大致言地丁合一，起於康熙五十五年准廣東攤丁入地；終於乾隆四十二年命貴州攤丁入地。其說較俞正燮為可靠也。

地丁合一之後，則富戶之為田主者，於擔負田賦之外，兼須為貧民擔負丁稅也，是果得其平乎？抑不得其平乎？口算之制，起自漢世，貧民各自有其丁，而必帶徵之於富戶之土田乎？

因有謂富民雖多田，然貧民自有丁；不可以富民之土田而責其代負貧丁之口賦者矣。

案陸曜切問齋文鈔卷十五引李光坡答曾邑侯問丁米均派書云：『富者雖田連阡陌，不過一身。貧者雖糧（田）無升合（分釐），亦有一身。普天之下，莫非王土；食毛輸稅，賦既無容偏枯。率土之濱，莫非王臣；均履后土而戴皇天，富者則急從公，貧者必盡竭其手足之烈，除其公旬之義，則役非偏枯乎？』又引邱秀瑞丁役議云：『議者不察，徒見貧富之不均，遂欲以戴配丁，併丁於糧，而創為一定不易之額。……夫人無貧富，無不有身丁可役。而一邑之中，有田者什一，無田者什九。乃欲專責富戶之糧，包賠貧戶之丁，將令游惰復何所懲？

不幸而有水旱盜賊之憂，富戶之粮已去，而額丁不免獨存；將仍責之富戶，而富戶已不能輸；將復攤之貧戶，而貧戶去籍已久，莫可究詰。是又踵兩稅舊弊之外，而復生無窮之弊也，豈國家編審之本意哉？』（切問齋文鈔卷十五）

此均言爲業主者，不應爲貧佃代負丁糧。

然主張併丁於糧，以抑地主之兼併者，固亦有人也。

盛楓江北均丁說云：『區方百里以爲一縣，戶不下萬餘，丁不下三萬。其間農夫十之五，庶人在官，與士夫之無田及逐末者，十之四。其十之一，則坐擁一縣之田，役農夫，盡地利，而安然衣租食稅者也。夫農夫（此當作佃農解）既爲高貲所役，終歲胼胝，寒暑晝夜不得息。高貲坐而分其什五，不以爲怪；而後天下之利權，皆歸於富民（田主）。今田稅而外，舉一縣之丁課，徵什一於富民，寬然而有餘。十之九則非在官，卽士夫也；否則逐末者也；其最下，則農夫之無田者也。彼既以身役於官，焉能復辦一丁？士夫既委身朝廷，亦當不附此例；逐末者貿遷無定，且軼於法外，以求倖免。勢必以什九之丁，盡徵之於無田之貧民而止。貧民方寄食於富民之田，值豐歲規其贏羨以給妻子，日給之外，已無餘粒。設一遭旱潦，盡所有以供富民之租，猶不能足。既無立錐以自存，又鬻妻子爲乞丐，以償丁負。……故逋賦愈多，而貧民愈困。……今試總一縣之田稅，按田爲科，會要之，得若干；又總一縣之丁課，編戶爲籍，人賦之，得若干。其丁賦之數，常不及田稅三十分之一。又以一縣之丁課，均之田稅中，常不及五釐以上。農夫一畝之所穫，通豐耗而權之，富民之入恆不下一石。卽於稅外稍爲溢額，不爲大病，而使貧民盡免一切之供輸，豈非窮變通久之道耶？或曰：審爾，古之人何不爲此？曰晉時計丁，戶調並行者，以有限田之法，天下無無田之人；以丁耕田，即以田之所入輸調，故兩不相左。……今鼎建以來，五十餘年，自西蜀而外，戶口皆有增無損。況在淮揚四達之都？……此時貧民惟恐不得富民之田而耕之。故豪家之田，不患無什五之稅；而貧民丁課，並不能辦當時戶調二十分之一。……善變法者，不若併丁之名而去之；條目歸一，人既易知而事不繁。……且仍立丁名，則富民意中若代貧民償丁課者，故去之善。……今欲爲井田可乎？欲官授田可乎？且田歸於民久矣，三代以下，無養民之權，而徒有取於民之名。既已取於民矣，顧不取於富，而取於貧，此經世者所當熟審也。』（切問齋文鈔卷十五）盛氏之丁地合一論，一則謂丁稅之負擔者，大部係無田者。二則謂均丁稅於田糧，其累及有田者甚細，而惠及無田者甚大。三則謂不收口賦，單徵地稅，併丁之名而去之，亦有所不卹也。

案以盛氏文中「鼎建以來五十餘年」考之，知此文成在康熙四五十年之間。其時，地丁固未嘗合一也。彼見富戶多田少丁，佃農有丁無田；故毅然主張廢丁稅地，併丁之名而亦去之。此殆有鑒於『富民之入恆不下一石』『不患無什五之稅（私租）』故擬單稅地主之土田，不稅貧佃之口算，是固地丁合一之思想背景也。

方苞望溪年譜（三十四葉 四部叢刊本）載苞上徵收地丁銀兩之期疏，內言：『爾來征收地丁銀兩，四月完畢，十月全完。此於國家，無分毫之益，而農民苦累不堪。蓋自三月至六月，正農民耕田車水刈麥插秧之時。……計一州一縣，富紳大賈，綽有餘資者，不過十餘家，或數十家。其次中家，有田二三百畝以上者，當可挪移措辦。其餘下戶有田數畝，數十畝者，皆家無數日之糧。……正當青黃不接之時，而開徵比較，典當無物，借貸無門。富豪扼之，指苗爲質，履畝計租。數日之間，利與本齊。是以雖遇豐年，場功甫畢，而家無擔食者，不厭糟糠者，十室而七也。』觀於方苞云云，則知帶徵丁銀於地糧之中，於富賈及「有田二三百畝」者，初無大病，然則徵丁銀於無田之民，其爲不平可知。

俞正燮癸巳類稿卷十二云：『謹案天下以戶口爲重，古人或虞其脫漏，言版籍者，議論紛然。然自丁歸地，而賦額不虧，吏民不擾。熙皞之盛，皆康熙五十年聖恩之所留。』俞氏云云，猶未得併丁入地，與貧佃痛苦之關係焉。

今案乾隆間袁守民作圖民錄云：『田多役多，田少役少。則上下戶須應役，而與褊枯之患，而爲力易也。若無田之丁，是爲窮丁，其可役者哉?』圖民錄卷三 謂窮丁之不可役，謂役法當隨田畝之多少以定，不啻言無田之丁，是爲窮丁，而不當負口稅焉。儲方慶田役說云：『昔人以田限田，田多者既不能驟減，而欲分富民之田以與貧民，則又拂於人情，而不可行。若今日以役限田耳。以役限田，固不禁民之有其田也。而田多者，苦於奔命之不暇，勢不能多佔，而兼併之弊自絕。』皇朝經世文編卷三十三引 謂多田者當命之多應力役，不啻言有田之戶，當於國家多負責任焉。

綜言之，帶徵丁糧於地糧之中，於大地主初無大損，代負貧民之丁課，伊輩亦未必引爲痛苦。且藉以救濟貧丁之無田者，雖曰盃水車薪，然盃水，自有其盃水之意義也。

七〇　清代地主略記

然地丁制度之成立，雖能使無田者免於賦役之徵；而無田者，仍無田；地主之勢力，固仍在焉。

其在康熙間，盛楓已言：『高貲坐擁土田分其什五』；乾隆間則昭槤嘯亭雜錄（卷二）又記本朝富戶之多云：『本朝輕徭薄稅，休養生息，百有餘年。故海內殷富素封之家，比戶相望，實有勝於前代。京師如米賈祝氏，自明代起家，富逾王侯。其家屋宇至千餘間，園亭瓌麗，人遊十日，未能竟其居。宛平查氏盛氏，其富麗亦相倣。懷柔郝氏，膏腴萬頃，喜施濟貧人，人呼爲郝善人。純皇帝嘗駐蹕其家，進奉上方水陸珍錯，至百餘品。其他王公臣侍，以及奴台輿隸，皆供食饌。一日之餐，費至十餘萬云。』是可見當時地主家之富埒王侯，謂區區地丁而能制限之耶？

王鳴盛西莊始存稿（卷十九）西莊課耕圖記云：『且彼富人田連阡陌，暇而行田，指揮傭奴，千百爲羣。以余莊絜之，不啻太倉之稊米。顧已不能自耕，而惘然欲課人之耕，茲余所以重有媿也。』是亦地主階級情不自禁之言矣。

鄭板橋寄弟墨書云：『我家業地雖有三百畝，總是典產，不可久恃。將來須買田二百畝，余兄弟二人，各得百畝，足矣。亦古者一夫受田百畝之意也。若再求多，便是占人產業，絕大罪過。天下無田無業者多矣。我獨何人，貪求無厭？窮民將何所措手足乎？或曰：「世上連阡逾陌，數百頃有餘者，可將奈何？」應之曰：「他自做他家事，我自做我家事。

世道盛則一德遵王；風俗渝，則不共爲惡』。然則，板橋固以「占人產業」爲「風俗之渝」焉。

其在嘉慶間，則邱琮山陽邱氏文獻私記（第十三葉）言：嘉慶十二年丁卯，邱璋爲廣西全州，『邑之細民，置田產，懼差役之累，立券書詭寄紳士門下，藉以蔭庇，而錢糧則自輸納。年遠，豪強者遂奪其田，細民多愚弱，不敢校。即有訟於官者，官即據券書姓氏爲證，而豪強又往賄遺鬻田者，使實其戶。於是訟每不勝，而反以無證受罪，呑聲忍泣，莫可控訴。聞公善折獄，紛紛兢以來告。公曰：「是不難」。即拘豪強奪田者鞫之，曰：「果爾田，則糧亦爾納！」應之曰：「唯。」公曰：「若是，當取列年糧票來驗過」，遂詞窮伏罪，立以田還民』。夫以土田之訟，而憑由糧票，本已險甚。且此案幸以賢有司而得白，其他見奪於富豪而不得白者，正不知凡幾矣。

案嘉慶東華錄（卷七）稱十一年十一月上諭，以廣東巡撫百齡供『單內有買房六處，買地五千餘頃，爲價不少。伊本年出京時，曾聞其稱盤費不敷，向人那借銀兩，竟似清貧有素。而見在查出所置產業如此；其平日所爲，恐未足深信。』然則豪民奪田之外，貪官污吏之置產營田，又躍躍紙底也。

故道光之末，太平天國起於廣西，亦嘗有土地革命之潛意識矣。

無名氏江南春夢庵筆記（頁八申報館聚珍板叢書本）云：『僞定田賦之制，以男子十六歲以上，五十歲以下者，爲丁。每丁耕田十畝，納賦三石六斗六升，錢三百六十六文。』是太平天國，於每丁耕田，有限制焉。陳迺勳新京備乘（卷中頁六四至六五）引太平天國史料（第一集）云：『田分爲九等，其田一畝，早晚二季可獲一千二百斤者爲上上田，可穫一千一百斤者爲上中田。可穫一千斤者，爲上下田。可穫九百斤者，爲中上田。可穫八百斤者，爲中中田。可穫七百斤者，爲中下田。可穫六百斤者，爲下上田。可穫五百斤者，爲下中田。可穫四百斤者，爲下下田。上上田一畝，當上中田一畝一分；當上下田一畝二分；當中上田一畝三分五厘；當中中田一畝五分；當中下田一畝七分五厘；當下上田二畝；當下中田二畝四分；當下下田三畝。凡分田，照人口，不論男婦，算其家男口多寡，人多則分多，人寡則分寡。雜以九等：如一家六人，良田磽田，各分三人，使均其肥瘠。凡天下田，天下人同耕；此不足，則移彼處；彼不足，則移此處。又豐荒相通，荒於此，則移彼豐者以賑此；荒於彼，則移此豐者以賑此。務使天下共享天父大福，有田共耕，有飯共食，有衣同着，有財同享，服用無不均之患，卽斯民無饑寒之虞。凡男婦每一人，自十六歲以上，受田多逾十五歲下一半。如十六歲以上，分上上田一畝，則十五歲以下減半之，分上上田五分。又十六歲以上者，分下下田三畝，則十五歲以下減半之；分下下田一畝五分。』——然則徵諸諸家所記，可知太平天國，雖末曾推行均田制度；然對於道咸之間，地主兼併，表示不滿；則碻然可徵者。

且也，上所言之地主虐民，猶不過廣佔頃畝，限於經濟上之兼併耳。

卽階級式之地主權威，求之於史，自淸初至淸季，亦嘗有之。換言之，卽農佃之徒，有時竟等於奴隸焉。附記於下。嘉慶東華錄卷九載嘉慶十四年十一月，諭禮部云：『世僕名分，統以見在是否服役爲斷，以示限制。若年遠文契無可考據，並非見在服役豢養者，雖經葬田主之山，及佃田主之田，著一體開豁爲良，以淸流品。』然則，當時固有佃田主之田，而下儕於臧獲奴婢者矣。

同光之間，戴蓮芬鸝砭館質言謂吳應和自父死之後，『應和愈無忌。家置刑具，撻臧獲，如遇重囚。有佃租，不時納，箠數百氣絕。佃家訴之宰，宰素稔應和不法狀，縶於獄，問如律。應和賄當道，不得免；光緒改元，大赦減等，折責發放。』（卷四吳應和條）由此觀之，則趙翼論明鄉官虐民之害，以爲「民之生於清世者其幸何如」，此其語，殊失之誇大矣。

七一 清代佃租及禁減佃租論者

知清代地主之橫行，知清代佃租之虐民矣。

蓋清自聖祖以後，清之國基漸固，而政治運用之惰性，亦愈甚。國家對於地主之憑其貨殖，恣行兼併，已若不聞不問。

卽如旗籍授田，圈地分給，當初如何雷厲風行！然雍正七年（一七二九）上諭：『八旗地畝，原係旗人產業，不準典賣與民，向有定例。今竟有典賣與人者，相沿既久，著從寬免其私相授受之罪。各旗務將典賣與人之地，一一清出；奏請動支內庫銀，照原價贖出，留在各該旗，給限一年，令原業主取贖。』（清通考卷五）是國家雖不曾主張耕者有其田，而於旗籍之「耕者」固思保「有其田」，而事實之不可能，至此。

案王慶雲石渠餘紀卷四又載乾隆四年至十四年，兩次官贖八旗地畝。然乾隆十年赫德上復原產籌新墾疏經世文編卷三十五竟言：『在旗地畝，向例不許賣與民間，俱有明禁。但旗人時有急需，稱貸無門。不敢顯然契賣，乃變名為「老典，」其實與賣無二。至今而旗地之在民者，十之五六矣。』然則，由圈給而給產，由給產而典賣，由典賣而老典，地主兼併，雖以帝皇之權威，不能敵此經濟之變遷已。

又清全盛時，嘗以普免天下田糧自詡盛德。但於偶有之官田，其田租之性質，與田糧迥異者，則不肯慨為豁免矣。乾隆東華錄卷八載十二年三月諭：『朕普免天下田糧，今歲係安徽輪免之年。聞該省有馬田稻租一項，係歸在公官田，不在蠲免之例。但念民佃終歲勤勤，不得一體邀恩，未免向隅。著加恩將馬田稻租息，蠲免十分之三，俾耕佃農民，均沾實惠。』是則，明知普免天下錢糧，與「民佃終歲勤勤，不得一體邀恩」！而於農佃能「沾實惠」之公田免租，僅免十分之三蓋如此其吝也。豈謂私租不當減耶？

案高宗謂官田租息，不在蠲免之列，是明以官糧與私租，分為截然不同之二事。清代官田，有更名地，屯田，灶地，旂地，鹽地，公田，學田，賑田，蘆田等等，詳清會典卷十七。此等官田之佃人，輸租公上，與輸租私家無異。故胡渭書揚州田賦後云：『夫奪民之產，以為官田，而重稅之，殊非為民父母之道。然其所奪者，皆豪家富民之田，與小民無涉。小官佃官田，亦與輸豪家富人之租，不甚相遠。』切文齋文鈔卷十五今觀高宗之言，以官田租為例外，在普免錢糧之誇大中，只允免其什三；（東華錄卷八，言乾隆十二年四月，免河南官地租課，亦僅蠲免什三）是國家重視地主之私租，過於國家之公賦。公賦可全免，而私租不可全免焉！

考私租當減，清初大儒，如顧炎武已言：『吳中之民有田者什一，爲人田作什九。其畝甚窄，而凡溝渠道路皆倂其稅於田之中。歲僅秋禾一熟，而一畝之收，不能至三石，少者不過一石有餘。而私租之重者至一石二三斗，少亦八九斗。佃人竭一歲之力，糞壅工作，一畝之費可一緡，而收成之日，所得不過數斗。至有今日完租，而明日乞貸者！故既減糧額，卽當禁減私租。』（日知錄卷十蘇松田賦之重）今但免地主之糧，而不及佃戶之租，則何以痛抑地主，嘉惠自耕乎？

案王夫之讀通鑑論（卷二）論鼂錯入粟拜爵免罪之計云：『三代以下，欲抑強豪富賈也難，而限田又不可猝行。則莫若分別自耕與（命人）佃耕者，而差等以爲賦役之制。人所自占爲自耕者，有力不得過三百畝。……輕自耕之賦，而（命人）佃耕者倍之。……水旱則蠲自耕之稅，而（命人）佃耕者，非極荒不得輒減。』是船山雖未嘗言減佃戶之租，而亦言重稅地主（命人佃耕者）輕賦自耕。其用心正與亭林同也。

然私租當減，究未如元代之成爲時勢要求也。

呂留良，因好言井田（六十五節）者。然其東莊詩存悵悵集有歲除雜詩云：『常說年難過，今年分外難；市門添糶賑，佃戶減租單。』（風雨樓叢書本第五葉）然則好爲井田說之呂留良，在災荒減租時，尙致其不滿之意，優卹佃戶云乎哉？與留良同時，張履祥亦言：『孟子曰：「諸侯之寶三：土地、人民、政事。」士庶之家蓋亦如此。家法，政事也；雇工人及佃戶，人民也；田產，土地也。佃戶終歲勤勤，祈寒盛暑，吾安坐而收其大半。……而俗每存不足意，任僕下額外誅求，脚尖斛面之類，必欲取盈，此何理耶？』農書佃戶 此君雖言佃租已重，當存體卹之心；爲地主者，當知自滿。然以佃戶爲人民，固猶時勢困人之見矣。

案自亭林隻眼獨具，倡減私租之外，其並世諸儒，如履祥之表示自滿，實已爲鳳毛麟角。方苞望溪集卷十七家訓云：『金陵上田十畝，一夫率家衆力耕，豐年穫稻，不役三十餘石。主人得半，乾曝減什二，米之得六石餘。……程子曰：「吾輩曁妻子奴僕，皆不耕而食，不織而衣，更不治經謀道，則爲世大蠹，可不畏哉。」計中人之家，主人一身調度，必殫上農夫五家之力。妻子一人，所費役三人；僕隸半之。吾家親屬爲僕隸，幾近四十人。嘗役上農夫百家以相奉給，果何德以堪之？』則望溪亦知地主食於佃農之所耕，私租爲佃農之血汗，故亦不忍而露知足之意。然未能言減免私租，使佃農稍得小饜其血汗於地主之家。以是，知亭林之究民生利弊，眞卓乎其不可及矣。

蓋清代佃租，以比例言之：方苞所謂「吾安坐而食其半，」「主佃各半，」已爲通行之事實。康熙雍正間，盛楓作江北均丁說亦言「高資坐而分其什五。」切問齋文鈔卷十五引 卽在嘉慶間李兆洛作鳳台縣志亦言：「佃人田者，牛種皆田主給之，收而均分。」而崔述無聞集卷一亦謂：『有田而佃於人，與佃人田而取其半。』則佃農胼胝之所得，地主乃安坐而得半，固通清代而皆然矣。

以量數言之：清初似以一石爲大限，亭林言吳中之田「私租之重，多至一石二三斗。」日知錄卷十 而繆朝荃陳安道（瑚）年譜，亦謂：『順治七年，有築堤書一卷。……愚嘗約略其數，爲田一畝，當出粟三升；百畝之產，出粟三石，當入租百石，是以三石而易百石也，千畝之產，出粟三十石，歲租千石，是以三十石而易十石也，』卷上頁二十二 是亦言畝出一石焉。

然案乾隆間，陳紹洙著江西新城田租說，其上篇云：『余聞南昌新建佃田者，上則，畝止租二石，中或一石五六斗，下則畝率一石。新邑志載每十五畝五分六厘有奇合科糧一石以俗例三升糧（一石租）額通計，每畝合租穀二石一斗餘。視他處上則稍溢。』其下篇云：『昔之議丈者，以平賦稅今則重在均租。……上田畝租二石，中一石六斗，下一石二斗，地或五六斗。……無溢無歉，租定賦平。即有訟獄，可案籍而理。』切問齋文鈔卷十五引 是則亭林所謂每畝一石二三斗，而以爲當減者，及乾嘉時，而竟有每畝二石者，且紹洙定議，尚以每畝二石，爲均當也？

是亦足以代表清世佃租之與時俱進。故至光緒十年，王邦璽縷陳丁漕利弊疏，疏中言『如有田百畝，應收租穀二百五十石』矣。是每畝收二石五斗也。

七二　清代佃租之虐民

私租漸重，私租太重，而言其當減者，不過一顧炎武而已。則清世佃租之虐民，可想見也。

案左宗棠盾鼻餘瀋第五四葉馮景庭（桂芬）家傳謂太平軍亂後『吳平，李公（鴻章）開府吳中。就君諮訪郡國利病，諸時政多取決焉。如蘇松減糟額，長元吳三縣減佃租，舉八百數十年歷代名公卿思爲民請命不可得積歎終古者，一旦如其言。』則桂芬對於吳縣等縣之佃租，亦曾提議酌減矣。

以清代佃租之虐民則如明代之鄧茂七，以減租而起糾紛者，求之於清，雖史有陻沒；然而東雲一鱗，西雲一爪，仍可見焉。

故在高宗乾隆時，亦有以抗租而械鬭拒捕之事矣。

乾隆東華錄卷七稱乾隆十一年八月諭：『據福建提督武進昇摺奏，汀州府上杭縣，因蠲免錢糧，鄉民欲將所納業戶田租，四六均分。有土棍羅日光羅日照等，聚衆械毆業主；……復敢聚衆拒捕等語。朕普免天下錢糧，原期損上益下，與民休息。至佃戶應交業主田租，惟令地方官勸諭有田之家，聽其酌減，以敦任卹之誼。初未嘗限以分數。即如朕之蠲租賜復，出自特恩，非民間所能自主；佃戶之於業主，其減與不減，應聽業主酌量；卽功令，亦難繩以定程也。豈有任佃戶自減額數，抗不交租之理！……從前御史等條奏，民風漸驕，不宜任其日熾，朕尚以此言爲太過。今閩省刁民，聚衆抗拒，……朕乃蹈所謂「莫知其子之惡」矣。羅日光等，藉減租起釁，呈兇不法，此風漸不可長，著嚴拿從重究處，以警刁頑。』由此事實，足見政治上之有皇帝，政治力足以減賦；而減賦，固有帝皇之自由也。經濟上之有地主，經濟力足以減租；而減租，亦有其地主之自由也。但政治權威者，有時尚能以誇大而減賦；謂經濟上之地主，願以誇大而免減私租乎？且以租務起釁，而致皇帝特爲下詔，亦可見政府與地主之勾結；而羅日光等起事，躬冒重典，讀史者當有以深諒其不得已耳。

無怪乎當時地主之減少佃租者，竟自詡爲曠恩特惠，上躋之於皇恩大赦，恩典異常也。乾隆四十三年，贛榆縣民韋玉振，爲父刻刊行述，內有於佃戶之貧者，赦不加息，並赦歷年積欠等語；巡撫楊魁，竟欲以大逆罪之。時高宗下諭云：『韋玉振於伊父行述內，叙其自免佃戶之租，擅用赦字，於理固不宜用。但此外並無悖逆之跡，豈可因一「赦」字，遂坐以大逆重罪乎？』（乾隆東華錄三十八）實則以時世而衡量，業主減免私租，猶之國家之皇恩特赦；則又何怪乎韋玉振之斤斤自持，而用「赦」字也。

故乾嘉之間，陳紹洙爲江西新城田租說云：『鄉民買田承種，田入稍薄，仇視其主。抗持之風，漫衍浸漬。雖豐入者，亦且效尤。爭訟盈庭，主佃交困。』（切問齋文鈔十五引）是言爭租，而有業佃糾紛焉。又於嘉慶二十年上諭，謂已革禮親王昭槤，『利欲熏心，將其屬下莊頭人等，禁押府內，非刑酷虐，種種貪暴無狀，孽由自作……昭槤以佃租細故，輒咨刑部傳追。甚至控詞追比，實屬倚勢妄爲；嗣後各王公等佃租，永不準咨部傳追。如有違旨咨部者，該部除駁回不理外，仍準指名參奏。』（嘉慶東華錄卷十三）然則業主之憑借政治勢力，以搾取田租，又嘉慶間之事蹟焉。

其在清季，則如餘姚謝敬，『以時方多故，而家雄於財。募丁壯，用兵法部勒之。……咸豐八年冬，縣民黃春生乘歲歉，創立十八局，以抗租。至擁衆焚掠城市，明年正月，再撲縣城，敬率所部馳援，擊退之。十八局以次破散。其後春生復聚黨梁弄圖再舉，遂擒春生，戮之市。』（餘姚縣志卷二十三）以抗租而起暴動，亦規模較小之鄧茂七矣。

重租之害佃也如是，業佃之糾紛也如是；然清人對於佃租，迄未嘗以功令制限之。高宗所謂「功令亦難繩以定程，」即放任政策之表幟矣。

「功令亦難繩以定程，」卽謂國家對於佃租，未嘗取干涉政策，僅一二地主之慈善者，略有自動之體卹，如李紱常熟知縣趙君行述言康熙二十九年庚午，『是歲，陝西災，辛未，繼告。天子加意軫惜。至壬子（康三十一年）春，麥猶未發。君有田若干畝，在涇陽，因遺書族人言吾鄉游遭旱災，今歲農恐不獲輒甦，夏季租，盡行讓免，至於次年夏秋二季租，交族人某收爲闔族輸官租之需，公私兩愜，食其德者，屬君門生張君大受爲救菑記云。』（穆堂別稿卷五十）菑異減租，而地主尙張大其事以爲市德，則知當時減免私租，固爲稀有之事，而值得大書特書者矣。

故高宗雖爲好大喜名之主，然其減免私租之詔，不如其減免公賦之活躍。乾隆三十二年（一七六七）四月，雖以『恩蠲漕糧，今業戶佃租，減少蠲數之半，』是於佃租中減少公賦之半，非命田主減私租也。三十五年正月上諭：『今年朕六十誕辰，明歲恭逢聖母八十萬壽，……是更宜沛非常之恩，以協天心而彰國慶，……著自乾隆三十五年爲始，將各省應徵錢糧，通行蠲免一次。』四月諭：『各省輪蠲之年，勸諭業戶，照蠲數十分之四，減佃戶租。』（均見乾隆東華錄卷二十六）亦不過於私租之中，減免田賦幾分之幾，其數甚有限。嚴格言之，所減免於佃戶者，仍爲田賦之一部分，與私租又何與耶？

然則以佃租之虐民，而國家不知措意，清殆有媿於元矣。

七三　清代奪地另佃考

且也，清代佃農之苦，固不止私租漸重而已。

蓋承平有年，人口滋殖，人之需地也愈亟，而業主之操縱佃戶，自更亟。故撤佃另佃，起於宋時，（第三十八節）為業主所以要挾佃戶者，在有清一代中，其風固甚烈焉。

雍正十年（一七三二）鄂彌達上開墾荒地疏，謂：『各佃遠來托居，雖有可耕之業，仍恐日後予奪憑自業戶，不能相安。應為從長計議，凡業戶領田百畝外，並令各佃俱帶領種地五畝，一例納糧，永為該佃世業，田主不得過問。』（經世文編三十四引）言日後予奪憑由業戶，即言業戶得自由撤佃也。

故增租挖佃，亦為乾隆間農田情弊之一。

石渠餘紀王慶雲（卷四）記不許增租奪佃云：『乾隆五年議定：民典旗地，動公項取贖，在百姓不苦於得價還地，實懼其奪田別佃。應令地方官於贖地之時，詢明見在佃種人姓名，及見出之租數，……嗣後無論何人承買，仍令原佃承種。……如本佃抗欠租銀，許地主呈官別佃。若並未欠租而莊頭土豪無故增租奪種者，審實治罪。再田主果欲自種，則佃人雖不欠租，亦得退地。若地主並非自種，而揑稱自種別佃者，審實亦量治其罪。』此以自耕爲撤佃之條件，而限制其增租撤佃不可謂無嘉惠貧佃之深意者。

案所謂不懼於得價還地而懼於奪地另佃，足見地主之自由撤佃，乃地主所以挾制貧佃者。石渠餘紀卷四稱：『乾隆五十六年奏准民人佃種旗地，其原佃額租本輕，見有別佃情願增租及情願自耕者，均由業主自便。從前不增租奪佃之例停止。』直至『嘉慶五年戶部奏言例禁增租奪佃使富戶地塲雖有謀奪之心，無所施其技倆。窮黎始可安生。自和坤管理戶部，將此例奏改。數年以來，旗人及府莊頭，撤佃另佃者，實復不少。而賴耕爲食之貧民，一旦失其生計，不免游手爲匪。實於政治民生，均有未協。請改照舊例，禁止增租奪佃，以安貧民，而杜壟斷。得旨允準纂入定例通行。』——可知禁止奪佃之令，於富豪有所不便，故和坤奏廢其禁也。

蓋奪地換佃，當時固明知其爲地主所要挾佃人者。

東華錄載乾隆十四年三月上諭：『據山東學政李因培奏：「東省連遭荒歉，……而天恩迭沛，所有積欠，允令分年帶徵。然僅及有田有糧之人，而貧者未能沾溉。請於將屆麥秋特頒諭旨，勸諭有田者，本年糧粒，與佃戶平分。積年宿逋，不得一概追索」等語。佃人終歲勤勤，固宜體邺……但有田之戶，經營產業，納糧供賦，亦圖自贍身家。豈能迫以禁令，俾其推予與人。況貧民多屬貧無聊賴，其中賢否不一，豐收之歲，不免陵其田主，抗負租息。若今明降諭旨，令地方大吏出示飭遵，在田主旣不能強以必從，而頑佃更得藉端抗欠。甚至紛爭鬭毆，獄訟繁興。田主懲前戒後，勢將收田另佃，轉致失所。是欲以施惠而適以長姦；欲以卹貧而適以貽累。』（乾隆東華錄卷十）觀此則收田另佃，確爲當時地主對付貧佃之一武器矣。

且石渠餘紀所載「不許增租奪佃，」事僅限於旗籍田畝，未嘗通之全國而皆準也。惟清通考（卷四）載乾隆六年議：『陝甘兩屬開墾之始，小民畏懼差徭，藉紳衿報墾，自居佃戶。迨相傳數世，忘其所自。業主子孫，輒欲奪田換佃。而原佃之家，紛爭越控，靡有底止。嗣後佃戶係原墾之子孫，業主不得擅更』而已。——然亦僅限於陝甘兩屬之開墾而已。

陳紹洙江西新城田租說（下篇）云：『建郡田，皆主佃兩業。佃人轉買承種，田主無得過問，其弊滋多。』（切問齋文鈔卷十五）足徵乾嘉間人，以地主自由撤佃爲當然，以佃戶擁有佃權爲有弊。然則清帝之不減私租，但免公賦，自有所驅策之也。

卷十一　今時田制考

七四　田制改革之近代背景

故舉有清二百餘年之農佃情弊而言，曰小試井田，曰小試授田，則乃不久而廢矣。曰井田之理想，則有斥其不可行者矣；曰「均田亦稱善政，」則有斥其爲窮儒之見者矣。清初雖有曠土，然不久而田價飛漲，兼併滋烈矣。至於國家之建立特種地主，設莊頭以厲民，而積歲以後，國家尚不能保證旗人之持有其田。則兼併之烈，豈區區併丁於地所能制限？減賦之事，亦僅恩及於地主，而惠不及於佃農。積弊因循，時日既久；不有厘革，何以奠安民生？——此則田制更革之背景一也。

中國雖無人口之確數，然農民佔數最多，佔地最少。有人謂中國農戶耕田在二十五畝以下者，皆爲貧窮綫以下之貧民。此等農戶，佔百分之六十三，約二萬六千六百餘萬農民。（東方二十六卷九號張鏡予中國農民經濟的困難和補救）有人謂：『十畝未滿之農戶佔全國戶數百分之四十四。而所佔農田面積，不過百分之七。百畝以上的農戶，不過佔全國戶數百分之四，而所佔農田面積，竟多至百分之三十八。』（新生命二卷七號實君中國農民問題）弱水墜羽，江河日下，『一人而數十百頃，或數十百人而必一頃，』（顏習齋語）農民數字之多，及其佔地之少，苦樂不均，比例倒置，——此則田制更革之背景二也。

宋李泰伯言：（旴江集卷二十潛書第一）『吾民之饑，不畊乎？曰，天下無廢田。吾民之寒，不蠶乎？曰，桑麻徧野。然則，如之何其饑且寒也？曰，耕不免饑，蠶不得衣，不耕不蠶，其利自至。耕不免饑，土地非其有也；蠶不得衣，口腹奪之也。鋤耰未乾，乾糇不甘矣。新絲出盎，膚不縫矣。鉅產宿財之家，穀陳而帛腐。傭饑之男，婢寒之女，所晉勿過升斗尺寸。烏乎，吾乃知井田之法，生民之權衡乎！』此亦言因無田，故貧佃困疲；因有田，故富民縱恣。土地非所有，則不免於饑；以不免於饑，又以口腹而不得衣焉。近張鏡予言：『江蘇浙江兩省的佃戶，特別是浙東一帶。一家只有六七畝田，可以耕種。這個負擔，極爲困難。例如一個佃戶，耕種租田六畝，每年總收入，不過一百二十元。用六十元，或稻十二擔作田租。自己只剩下稻十二擔，或洋六十元。除農場資本及其他開銷外，所餘者是否能供一家五六口的生活費？至於有幾處地方，田主得六成七成，農民生計，當然更不堪設想。這種重租制度之下，佃戶在實際上，變成地主之奴隸。』（東方二十六卷第九號）耕者不能飽食，桑者不得暖衣，其故由於私租太重，——此則田制更革之背景三也。

黃以周（一八二八至一九九）儆季雜著（史說略三）言：『漢董仲舒言，或耕豪民之田，見稅什五，此卽今之分租。耕者納其半於田主，而貧民困矣。而富者猶厭煩擾也。唐陸贄曰：「今京畿之內，每田一畝，官稅五升。而私家收租，有畝至一石者。是二十倍於官稅也。降及中等，租猶倍之。」此卽今之包租。每遇兇歲，糞其田且不足，而富者必取盈焉，而貧民愈困矣。而富者，猶虞其不輸納也；吾鄉（浙江定海）人多田少，耕者索田，如不可得，富者令其先一年出租，後一年耕田，謂之

「便田」（預租。）耕者一遇荒歲，估衣服且不足；再遇兇歲，妻子鮮有不凍餒者矣。既無分租之煩擾又無慮包租之不輸納，自謂可坐收其利者也。』論限田二 由分租而進爲包租，則地主無豐歉之虞矣；由包租進而爲預租，則地主無拖欠之虞矣。徵租方法，章炳麟曰：『孫文曰：兼併不塞，而言定賦，其治亦末矣。夫業主與傭畊者之利分，以分利給全賦，不任也。故所取於佃耕者，率三之二。古者有言，不爲編戶一伍之長，而有千室名邑之役。夫貧富斗絕者，寇盜之媒。……故不稼者，不得有尺寸耕土。故貢徹不設，不勞收受，而田自均。章炳麟曰：善哉，田不均，雖衰賦稅，民不樂其生。……今欲惠傭耕，宜稍稍定租法。昔者予在蘇州，過馮桂芬祠堂。人言同治時，桂芬爲郡人減賦，功德甚盛。嘗聞蘇州園田，皆在世族，大者連阡陌，農夫佔田寡，而爲傭畊。其收租稅，畝錢三千以上。有缺乏，即束縛詣吏，榜笞與逋賦等。桂芬特爲世族減賦，顧勿爲農人減租，其澤格矣』。檢論七定板籍 日益加密，——此則田制更革之背景四也。

至於地主之孳孳爲利，亦復有竿頭直上之勢，孫中山云：『從前俄國大地主所有的土地，都是幾百萬方里，甚至於幾千萬方里。那些大地主對於許多農奴，自然不能精神貫注……待遇農夫，自然寬大。我們這些小地主，終是孳孳爲利。收起租來，一斗一勺一文一毫，都是要計算。』十三年八月對農民運動講習會講詞 田主之孳孳爲利，蝕剝深微，——此則田制更革之背景五也。

此五背景者，蓋又得分析之如下矣。

積弊因循，爲日已久。此歷史之驅迫也。農民數目最多，而所佔地畝較少；爲政者雖不貴得罪於鉅室，然不能舍此「大衆」於不理。此環境之驅迫也。至於私租之數量太重，私租之方式太酷，私租之擁有者，太苛太細；則殆爲土地更制之目標也。

中山曾云：『考諸歷史，我國固主張社會主義者，井田之制，卽均產之濫觴。足見吾國人民之腦際，久蘊着社會主義之精神。宜其進行之速，有一日千里之勢。』民元社會主義之分析 而其政典民生主義中，又言『中國的人口，農民佔大多數，至少至八九成。但是他們由很辛苦勤勞得來的粮食，被地主奪去大半，自己得到手的，幾乎不能夠自養，這是很不公平的。』民生主義第三講 由是觀之，則中山定制，固有受乎歷史之驅迫，環境之驅迫，所以『要在政治法律上，制出各種規定，來保護農民』以期農民得以佔地，私租得以減輕也。

案太炎文別錄卷三『共和政體，於禍害爲差輕，固不得已而取之矣。爵位廢而兼併行，其亂政又何所異於美利堅。於是當置四法以節制之，一曰均配土田，使耕者不爲佃奴』亦保護佃農之意也。

七五　平均地權與近時土地法

使農民得以佔地，卽曰平均地權；使私租及以減輕，卽曰法減私租。前者爲治本之圖，後者則治標之法。二者，蓋並行而莫能左右輕重者。但中山之平均地權，與前人限田之論有異，惟當標之爲「限值」耳。

平均地權之說，最早見於光緒三十一年（一九〇五）同盟會宣言。其中云『核定天下地價其現有之價值，仍歸原主；所有革命後社會改良之增價，則歸於國家，爲國民所共享。肇造社會的國家，俾家給人足，四海之內，無一夫無不獲其所，敢有壟斷以制國民之生計者，與衆棄之。』限地主所能享有之地值，而不限地主所當享有之畝數，此限值論之始，原甚有異於前此之限田（限數）論者，

案此乃中山先生創造地制之精義也。甚異於昔日之限田畝者。章炳麟太炎文別錄（卷二代議然否論）云『限襲產之數，不使富者躡前功以自大也。田不自封植者，不得有；不使梟雄擁地以自肥也。』此與李塨言『地主之享地利，終其身』（第六十六節）者，猶是限制田畝數字也。

黃以周儆季雜著（史說略三）論限田二云：『限田之法行，而天下無無田之戶，無甚貧之民，無不耕之家。今之世，富者田連阡陌，而不耕；耕者向人索田，而歸其租於富人。是以富者坐享豐厚，而貧者益貧。……若夫限田之制行，而諸弊自息。貧者可自耕其田，穀米菽粟，不分於富人；官骸手足，不役於富人。人各饒於食，亦且自殫其力也。富者欲招人耕其田，勢必難，利必薄，則亦相率而力於田矣。故曰：限田之法行，而天下無無田之戶，無甚貧之民，無不耕之家。』此亦與中山同時之田制改革論者。但亦以限田（數目）自拘，不從限田（價值）着想。雖其主張耕者有其田，立意有同似處；然不得不謂中山立說與傳統的田制論者異焉。

中山限值之說，至光緒三十二年（一九〇六）言之更明。『比方地主有地價值一千元，可定價爲一千，或多至二千。就

算那地將來因交通發達，價漲至一萬。地主應得二千。已屬有益無損。贏利八千，當歸國家。這與國計民生，大有益處。少數富人把持壟斷的弊竇，自然永絕。』中國前途問題 立論較前更爲具體；然其不限地主所能享有之畝數，而主張僅限地主所能享有之地值，則亦述之更明矣。

淸季時譚獻著復堂日記，謂：『畢紫筠衡論，大旨在講宗法，持均食之制。通天下之田，通天下之食。數十年來，包愼伯周保緒及龔氏畢氏，皆有論議。世變亟矣，或者天心仁愛，引端於一寸之籍乎？』卷三 擧世所渴望者，中山固啓後承先者矣。

後至辛亥革命，南京政府成立，孫文云：『中華民國政府，從前在南京創立之後，兄弟便倡議平均地權，實行本黨的民生政策。有許多同志都不表示贊同。』三民主義的具體辦法 但孫文明知土地改制，有承前啓後之必要，故在總統解職臨別致詞，即明言要實行社會革命，以爲『由國家收買全國土地，恐無此等力量。最善者，莫如完地價稅一法。……然……必須有第二條件，國家在地契之中，應批明國家當需地時，隨地照地契之價收買。如人民料國家將買此地，故高其價，然國家竟不買之，年年須納最高之稅，則已負累不堪。即欲故減其價，以求少稅，則又恐國家從而買收，亦必不敢。』——此其言更較前具體矣。

案國家收買民間土地之辦法，惲皋聞已言：『收田之法，莫善於先限田。一戶不得過五十畝。其過五十畝者，爲逾制，必分之於人，賣之於官而後已。』平書訂卷七引 李塨又謂：『天下之不爲農而有田者，願獻於官，則報以爵；

願賣於官，則酬以貲。不能依其原價，酌立一價。』（平書訂卷七）但惲李兩說，未免有抑勒派買之譏。今定其價而取其增益，徵其稅以懲浮報，時或收買以懲其揑報，則視抑勒其價者，洵有間矣。

再後至民生主義，寫定而限值與收買徵稅之平均地權議，更爲完密。民生主義第二講云：『從定價那年後，那塊地皮的價格再行漲高，各國都是要另外加稅。但是我們的辦法，就要把以後所加之價完全收爲公有。』又云：『比方有一家地主，現在報一塊地價是一萬元，到幾十年之後，那塊地價漲到一百萬元，這個所漲高的九十九萬元，照我們的辦法，都要收歸衆人公有。』然則國家對於地主之頃畝，僅認其現值一萬，而不許其享有將來之增益值（九十九萬）焉。

民國十三年一月中國國民黨有第一次全國代表大會宣言，謂：『國民黨之民生主義，其最要之原則，不外二者，一曰平均地權，二曰節制資本。蓋釀成經濟組織之不平等者，莫大於土地權之爲少數人所操縱。故當自國家規定土地法，土地使用法，土地徵收法，及地價稅法，私人所有土地，由地主估價，呈報政府，國家就價徵稅，並於必要時，依報價收買之。此則平均地權之要旨也。』此宣言者，爲中山精神所貫注，後人踵武前修，當知有所師式矣。

案：依此宣言所陳述，則平均地權，非在乎收田而在乎收回增益，課稅現值，非在乎限制畝數而在限制地主所能享有之田值焉。第所限田值，每年又須課稅，則有田多者，納稅亦多。則限制畝數，亦在其中矣。

中山逝世已後，國民政府於民國十九年六月三十日公佈土地法（東方二十七卷十四號附錄）與中山措劃，略有出入，茲錄之於下。

『國家整理土地之目的，在使地盡其用，並使人民有平均享受使用土地之權。總理之主張平均地權，其精意蓋在乎此。欲求此主張之實現，必須防止私人壟斷土地，以謀不當利得之企圖。並須設法使土地本身，非因施以資本或勞力改良結果所得之增益，歸爲公有。爲求達此目的之惟一有效之手段，厥爲案照地值徵稅，及徵收土地增益稅之辦法。茲將各項辦法所根據之原則，及與原則有關係之主要各點，分別說明之。

『一、徵收土地稅，以地值爲根據，總理主張「人民（卽土地所有權者）自由申報地價，以所申報之數額，爲徵稅標準。但政府得案照申報之價收買之」……茲擬於此，辦法略加以補充：關於都市之土地，在人民申報地價後，政府再加以估定。每年徵收地稅，以政府估定地值爲標準。至徵收土地增益稅，則以申報地價爲標準。但政府，則保留其案照申報地價收買之權。』

案中山原意，地價概令地主自報。以其以多報少，則或恐收買；以少報多，則又恐納稅爲累也。今以估定地價抽取土地稅，則地主所申報之地價，可云與土地稅無關。使地主而知預防政府之收買者，且知申報地價之與地稅無關者，庸有不以少報多乎？蓋以少報多之後，則土地之增益必微，（因土地增值，以申報地價爲準）而可少納土地增益稅。同時又可減輕政府按價收買時之損失，豈非一舉兩得而何？

夫爲公正之估定時，卽眞實之地價；何必立地主申報之目，使地主得以避重就輕，避收買時之損失，減增益稅之負擔乎？

「二、土地稅率採漸進辦法。……

「三、對於不勞而獲的土地增益行累進稅。土地稅須與不勞而獲的土地增益稅（以下簡稱土地增益稅）一併施行，方能收平均地權之效，互相爲用，不可缺一。按照地值稅原理，由於人口增加，與社會及經濟的進步，非由於地主的力量得來，其增益應歸諸社會，以衆人之財富，還諸衆人，本極合社會的公道原則也。地值稅案年徵收，土地增益稅則於土地所有權移轉或經若干年而不移轉時，坐收之，其稅率之較重，互爲因果。蓋地值稅輕，土地增益必大，反之地值稅重，土地增益必微。……至輕課地值稅，並徵收土地增益全部，旣可收澈底之效，又於社會經濟現狀，不致有劇烈反響，此乃中庸之道。所以總理主張：「地值稅值百抽一，而增益全部歸公也。」惟是法貴施行有序，且貴乎便民。有主張分期辦法，先徵一部分，俟推行便利，然後逐漸增加稅率者。有主張累進增稅者。本立法原則，即決采用後者。卽主張祇定大體原則，予各地方以斟酌情形，決定辦法之餘地。」

案中山民生主義，固主張不勞而獲的土地增益完全收爲公有，而土地法中所決定之土地增益，僅用累進稅率，此亦歧異之一也。

土地法第三〇九條，述土地增益稅率如下：

「一、土地增值之實數額，爲其原地價數額百分之五十，或在百分之五十以內者，徵收其增益實數額百分之二十。

「二、土地增值之實數額，越過其原地價數額百分之五十者，就其未超過百分之五十部分，依前款規定，徵收百分之二十；就其已超過百分之五十部分，徵收其百分之四十。

「三、土地增值之實數額，超過其原地價數額百分之一百者，除照前款規定，分別徵收外；就其已超過百分之一百部分，徵收百分之六十。

「四、土地增值之實數額，超過其原地價數額百分之二百者，除照前款規定，分別徵收外就其已超過百分之二百部分，徵收其百分之八十。

「五、土地增值之實數額，超過其原地價數額百分之三百者，除照前款規定分別徵收外，就其已超過百分之三百部分，完全徵收。」（東方二十七卷十六號附錄土地法）

是則，增益之部，在超過原價之百分之三百以外者，國家始完全徵收。其在百分之三百以下者，國家但累進科税，未予完全徵收。較諸中山所云，增益全部歸公者，微有出入。

七六 二五減租事輯

然由平均地權而來之土地法，其見效也，必須在若干年後，始得以增益歸公。而佃農之水深火熱，在若干年以後，而始得救濟乎？然則治本之外，必將有以治標。

案土地增益之徵收，必有待於地值之重新估定。試問於地價申報估定後，何時何日，始決定其增益數額耶？土地法第三〇五條言土地增益之決定以下列四項爲標準。

『一、申報地價後，未經過移轉之土地，於絕賣移轉時，以現賣價超過申報地價之數額爲標準。二、申報地價後，未經過移轉之土地，於承繼或贈與移轉時，以移轉時之估定地價，超過申報地價之數額爲標準。三、申報地價後，未經過移轉之土地，於下次移轉，或於十五年屆滿，無移轉時，以估定地價超過申報地價之數額爲標準。四、申報地價後，曾經過移轉之土地，於下次移轉，或於十五年屆滿，無移轉時，以現賣價或估定地價，超過前此移轉時之賣價或估價爲標準。』

依此，則增益歸公之機會乃在乎土地買賣移轉，贈與移轉，繼承移轉時。如該地畝無買賣、贈與、繼承等事，則須在十五年無移轉之後也。

增益歸公期以十五年，不能視爲太長。因此係經土大計也。但在此十五年中，於過去積弊，何以暫時補匡耶？治標云云，卽如民生主義第三講所謂：『要在政治法律上，制出各種規定，來保護農民。』民生主義第三講而亭林所謂卽當禁減私租日知錄卷十者，正各種保護規定中之一事也。

故民國十五年一月中國國民黨第二次全國代表大會農民運動決議案，其經濟方面明言：『規定最高租價，及最低穀價。』（第三條）而是年十月，中央與各省區代表制定最近政綱又規定『減輕佃農田租百分之二十五。』此眞陸宣公盧世榮以來之減租法律矣。

後至民國十七年七月二十六日，浙江省黨部，與省政府，議定佃農繳租章程，其大略如下。

『第一條繳租原則：（一）定正產全收量百分之五十爲最高租額。（正產全收量，指本年主要農產之全收穫量而言。）（二）佃農依最重租額，減百分之二十五繳租。（三）無論任何租額，向例業主之實收數量，有低於本原則所規定或適合於本原則所規定者，均依向例。其有大租小租之分者，由佃業理事局，鄉區辦事處，斟酌當地情形，辦理之。』（四）正產全收量之估定，依各該鄉村同一地質，一般收穫量爲全收標準。其有因勤工加料而特別豐收者，或因怠工歉收者，均依此標準爲繳租數量之根據……（五）正產照原則繳租外，副產業之收入，概歸佃農所有……。

案以全收穫量百分之五十爲最重租額，自有其歷史的背景；詳第七一節。卽方苞所謂「主人得半」是也。

『第二條實施辦法：（一）量衡器具及米穀質地之標準：繳租所用斗斛桶秤，及米穀之折價，均以佃業理事局鄉區辦事處斟酌該鄉區通行方法而定之劃一辦法爲標準。（二）惡習慣的禁止，業方之租鷄、租鵝、人事、東米、脚米、等種種額外需索；佃方之和水、攙粃、過蒸等種種惡風。在現在的確定原則之下，都在禁止之列。（三）收租期限之規定，限二個月爲租事終了期，由縣佃業理事局預先定期公佈之。……

「第三條對付因繳租而起的辦法：（一）限制撤佃，……（詳第七十七節）……（二）限制不繳租。佃農如有不繳或少繳之行爲，經當地佃業理事局鄉區辦事處之證明者：（甲）有押租金者，扣押租金；（乙）有永佃權者，追租；（丙）無永佃權，又無押租金者，追租撤佃；（三）限制預租。向例徵收預佃者，依本年繳租量先交一半；不足之數，於明年繳租期依照明年應繳租額補足之。無此向例者，絕對禁止預租。……

案黃以周謂先一年出租，後一年耕田者，爲「便田」（七四節）即預租也。今準其暫徵豫租一半，以顧全業主生活；而於第二年後絕對禁止之，可謂得計。

浙省自民十七年訂定二五減租以後，中間似曾有停頓之勢。然翌年，又訂佃農二五減租暫行辦法，凡十五條。其分別正產副產，從百分之五十，減去百分之二十五，大率與前不殊。卽限制預租，取締惡習，限制撤佃，亦大略相似。如云：「土地收穫除副產全歸佃農所有外，雙方（業佃兩方）各就該田畝情形，以常年正產全收穫量百分之三七·五，爲繳租額，自行協訂新租約。有大租小租之分者，其分配比例，斟酌當地向來習慣辦理。但兩租之和，不得超過正產收穫百分之三七·五。」（第二條）「但向有租約，而繳租額在百分之三七·五以下者，由佃業雙方同至村里委員會，加蓋「驗訖」戳記，錄案備查。如向有租約在百分之三七·五以上者，應減至百分之三七·五。」（十八年八月十一日杭州民國日報）——蓋令業佃雙方依照百分之三七·五爲率，訂立新租約，或訂正舊租約也。

民國二十一年七月，浙省又訂修正浙江省佃農二五減租暫行辦法，亦照錄於下：

「第一條，自本辦法公布後，凡成立之租佃租佃契約，其繳租額應以該田地常年正產全收穫量百分之三七・五為標準。其副產應全歸佃農所有。

「第二條，在本辦法公布前已存在之租佃關係，其繳租額，暫照民國十六年以前正產舊租，減去百分之二十五，（即依舊額七五折）為繳租標準。其已依十八年頒布之浙江省佃農二五減租暫行辦法訂定新租約者照新租約繳租。

「第三條，凡向有小租之田地，其大租小租之分配，依當地向來習慣辦理。但大租小租應各依舊租額，減去百分之二十五。

「第四條，遇有荒歉年歲，如該田地全無收穫，或收穫在二成以下時，應全部免租，如收成歉薄時，依當地向來減成繳租習慣辦理。（即依前三條所規定之應繳租額內再行減成）

「第五條，……（至第十一條，均屬於佃權，撤佃，詳下。）……

「第十二條，繳租期依當地習慣辦理。如佃農逾期不繳，業主應限期催告。業主如故意怠於催告，不得籍口欠租而撤佃。

「第十三條；預租應行禁止。但公產學產祀產會產，不在此限。如預租租額，確較當地通常租額為輕者，得暫依習慣辦理。

『第十四條，押租金應行禁止。但已有押租金而其繳租額確較當地通常租額爲輕者，得暫依習慣辦理。

『第十五條，業主依本辦法收租外，不得違法多收。並不得有租鷄、租力、租脚等額外需索。佃戶繳租，亦不得有和水、攙秕、過蒸等不正當行爲。

『第十六條，佃業雙方，如因繳租撤佃，或協訂租約而發生爭議時，應依區鄉鎮坊調解委員會權限規程，及民事調解法先行調解。如調解不協，依法聲淸司法機關辦理。

『第十七條，爭議事件，有涉及刑事範圍者，其刑事部分，除依區鄉鎮坊調解委員會權限規程第四條得行調解者外，應訴請司法機關。

『第十八條，在未實行新度量衡之地方，得暫以各地方通行之舊度量衡交租。其已實行新度量衡之地方，得依各該地方適用之舊度量衡折合計算之。』

案，右錄二十一年九月二十五日中央日報。較諸前此浙省所頒者，其一爲措置撤佃（詳七十七節）之或異，其二爲預租押租之有條件的禁止。其三，繳租糾紛以及因糾紛而生之刑事爭論，得以提向司法機關。不如佃農交租章程之規定，僅能以刑事爭端提出於司法機關，而繳租糾紛，必須裁解於佃業理事局焉。（佃農交租章程第三條（乙）項「佃業間如有因繳租而起之糾紛，當直接訴諸佃業理事局，鄉區辦事處。如有不服，得上訴於省佃業理事局。如經省佃業理事局裁決者，則強制執行。（丙）項：『佃業間因繳租而起之糾紛，有涉及刑事部份者，佃業理事局先結束其糾紛，另以刑事部分，特別提出於司法機關。』）

所引爲憾者，減租法規，浙省而外，殆無全文足錄。然民國二十年六月一日通過之訓政時期約法，其第三十四條云：『爲發展農村經濟，改善農民生活，國家應實施左列事項：（一）墾植全國荒地，開發農田水利。（二）設立農業經濟機關，獎勵農村合作事業。（三）實施倉儲制度，預防災荒，充裕民食。』而第四十五條云：『借貸之重利，及不動產使用之重租，應以法律禁止之。』（六月一日中央日報慶祝約法特刊）然則陸宣公顧亭林以來之禁減田租論，於法律上已有明文，又奚止浙江一省，訂有細則而已哉？

七七　佃權保障與業佃關係

禁減私租，固足以嘉惠農民，但自永佃權存立（第七三節）以後，非維持農民之佃權，又何以合於耕者有其田之原則哉？否則，不將如清高宗之謂業主『收田另佃』而佃人『轉致失所』（第七三節）耶？

案北宋魏泰東軒筆錄，已言及佃權，是佃權者，固與私租制度同成其在爲佃農之生死問題焉。

大公報（二十二年二月六日）記江西田賦云：『中國之土地，無論何省，大概均有皮骨之分。所謂皮者，即耕種土地者也。骨者。完賦收租者也。此等耕種土地之人，與尋常之佃戶不同。因其對於此項土地有一半之所有權。業主對之，僅能收一定之額租，無自由處分之權。此制之來由，大抵由業主收買押租所謂頂頭者而來。質言之，業主將土地交於佃戶耕種時，受過佃戶之先交押租。如每畝先收二十元，或三十元。其租額與佃戶訂約時協定，佃戶即取有此田之耕種權。業主對之，此後即不能無條件收回此田之耕種權，及自由增租等。積習相沿，凡土地幾乎均有此習慣。江西之水田，本較北方之陸田爲優。故皮骨之分尤嚴。凡擁有多數產業之收租人，大抵爲持有田骨之人。當年僅向佃戶收租若干，佃戶如將田之耕種權，出賣於人，則業戶即向新佃戶收租。故農家稱田土，有收租田與自耕田之不同。收租田，即僅持有田骨，常年收一定之租，大率每畝田收租一石而已。自耕田，未必即須自耕，不過其田之皮骨，均在田主之手，田主不僅有收租權，並可自耕種之。此等田，在田主可以自田更換佃戶，而其租額亦可自由決定。大約每畝，可收租穀二石或更多數。凡田主購買收租田時，祇計租額給價。而置買自耕田，則須計畝分給價。故自耕田給價，恆倍於收租田也。凡收租田，可使復爲自耕田；即持有該田之收租權者，再向有耕種權之人，買回田皮，則皮骨均握於一手，而成爲自耕田矣。而自耕田，亦可使成爲收租田。即將該田之耕種權，永遠賣於人，約定年交一定之租，即成爲收租田。江西各縣之田土情形，容有不同。然以意度之，此風想各地皆有之。且各縣風氣，凡買收租田者，因須完賦收租，其契券須經過登記手續，而置買耕種權之田土者，多不經登記手續也。」

徵諸上述，則知今日土地之使用，不在乎所有權人也。所有權人，僅能收租，持有田骨故也。至於土地耕用之權，則完全屬於田皮，卽所謂佃權。因此事故，遂有二事，足以注意者矣。

地主擴允「所有」兩字的意義，以「所有」二字，而侵奪耕者之耕作權，是一事也。耕種權爲地主所購得，佃權中，又有不佃而擁有佃權者。則一地土上，有「所有權」之地主，有佃耕權之新地主，而眞實耕種者，反爲兩層地主以下之佃人，則又一事焉。

民國十七年，浙省佃農繳租章程，其第三條乙項，卽係限制撤佃。其文曰：『除下列各項情事，及有契約規定者外，業主不得撤佃。（甲）佃農不遵照章程繳租，經佃業理事局鄉區辦事處之查明裁決者。（乙）先一年通知，由於佃方之願意，有佃業雙方簽字之證明書者。（丙）自耕農收買或買得田畝，經佃業理事局鄉區辦事處證明，確係自耕者。』又同條（二）項，關於佃戶之不繳租者，有永佃權者追租。而同條五項（丁）目，謂『業主不遵章程無故撤佃者，處以本年應得租額價值加倍之罰金。』——遵此條例，則業主除收回自耕以外，甚無機會可以撤佃焉。

此卽防止佃權問題之第一事。恐地主之以「所有」二字，而侵奪耕者之耕種也。謂「自耕」始得收回，無異夫耕者始得佃田。所有人而非耕者，不能侵蝕佃權焉。

案王慶雲石渠餘記卷四言民種旗地之奪佃，『田主果欲自種，則佃人雖不欠租，亦當還地。若地主並非自種，而捏稱自種別佃者，審實亦量治其罪。』此卽自耕者收回佃權之先例。

然民國十八年十一月通過之民法，其物權編第四章，永佃權云『稱永佃權者，謂支付田租，永久在他人之地上爲耕作，或畜牧之權。永佃權之設定，定有期限者，視爲租賃，適用關於租賃之規定。（第八四二條）』『永佃權人得將其收利讓與他人。』（第八四三條）』『永佃權人，不得將地土出租於他人；永佃權人違反前項之規定者，土地所有人得撤佃。（第八四五條）』『永佃權人因不可抗力，致其收益減少或全無者，得請求減少或免除田租。（第八四四條）』『永佃權人積欠地租至二年之總額者，除另有習慣者，土地所有人得撤佃（第八四六條）』『前二條之撤佃，應向永佃權人以意思表示爲之。（第八四七條）』『永佃權人讓與其權利於第三人時，所有前永佃權人，對於土地所有人所欠之租額，由該第三人負償還之責。（第八四九條）』（十八年十二月二日申報）此法之進步於浙省減租法規所規定者；即永佃權之表現，以自己行使爲限，可讓渡與人而不得租賃與人故曰『永佃權人，不得將地土出租他人』此則防範田主以外之有佃主，而規定耕者始得佃田，毋使佃農之下，而更有「佃佃農；」雖不必謂耕者「有」（有卽所有及佃種之總名）其田，尚得謂耕者「佃」其田，毋使佃權之中，而有「佃主」也。此其意良深遠，防範及於佃權問題之第二事已。

案魏頌唐浙江經濟紀略（海鹽縣條）謂『甲佃不願承佃，讓渡乙佃，須由乙佃出錢於甲佃，俗謂之「頂首，」每畝約七八元不等。』今假如乙佃不能出此七八元時，則僅能向甲佃（佃主）佃田，而歲輸其「頂首」之息於甲佃；甲佃是爲「佃佃農」。則田土所有人而外，又有佃權所有人；而乙佃以上，有「田主」「佃主」之兩層主人已。案民法八五二條，謂『地役權以繼續並表現者爲限。』而於永佃權又有不得出租他人之制限。誠以既不能使耕者有其田，而聽其納租於田主；亦當使耕者佃其田，而毋使其再輸其租於佃主。毋使不耕之徒，擁有佃權，並不自耕，以爲新地主也。

民國二十一年浙省修正浙江省佃農二五減租辦法其第五條云：『非有下列情事之一者，業主不得撤佃：一、佃農死亡而無繼承人時。二、佃農自願拋棄其權利，經簽字證明，或非因不可抗力，繼續一年不爲耕作時。三、業主收回自耕時。四、經業主催告，而欠租達一年之總額時。五、佃農未經業主承諾，私行轉佃時。六、違反民法第四三二條及四六二條第二項之規定時。七、田地依法變更其使用時。』此泛言撤佃焉。

其第六條云：『有永佃權之佃農，非欠租達二年之總額時，業主不得撤佃。但當地有特殊習慣者，從其習慣。』第七條云：『買主買得附有佃權之土地，非依前二條規定，不得任意撤佃。』第八條云：『業主收回田地自耕時，應准原佃留佃一年。』是於佃權之保障，略本民法，而略有附益焉。

第九條云：『撤佃應於收益季節後，次期作業開始前爲之。其有當地特殊習慣者，從其習慣。（如春不撤佃等。）』第十條云：『業主將田地出賣時，原佃農依同樣條件有承買優先權。』第十一條云：『收回自耕之田地，再出租時，原佃農除有欠租及惡習者外，有優先承佃之權。自收回自耕之日起，未滿一年，而再出租時，原佃農得以原條件承佃。』（以上見二十一年九月二十五日南京中央日報）所謂業主將土田出賣，原佃農得優先承買，固猶後魏得買所不足之遺意。蓋永佃權人者，對於所有權而言，終嫌有所不足也。至於收回自耕之後，仍復出租之時，原佃人得優先承佃；則是防範業主之初則托詞自耕以撤佃，繼則托詞於不自耕而實行其換佃耳。

案宋史一七四食貨志載高宗紹興五年『出賣公田佃人請買者，聽佃及三十年者，減價十分之二。』此亦佃人得優先承買之先例。

七八　總結與芻獻

永佃權之法認存在，永佃權之不得租與他人，以及因平均地權而來之土地法，治標治本，誠有以赴數千年來之積弊而思所以更革之矣。

且也，覩吾先民之田制思想也如此，矚我農民之享受不均也如彼。則顧炎武所以稱許林勳者，「豈非知言」，況三百年之後乎？均田之論，自漢至清，未嘗息焉。張橫渠之試爲井田，庸詎無意？譚復堂之太息世變，亦有深心！然則以田制舊事言，以土地分配之不均，而思有所因革，固非一人一時之私言。

陸宣公之裁減租價，務利貧人，顧炎武之卽當禁減私租，前史備具，倡說已久，然則以倡減私租言之，又田制史中舊事焉。

又以中國農民數字之多，及其處境之苦，則知何休所論，羅研所謂，飢寒與社會之和平秩序，關係至密。更足徵田制更易之不可已。

爲地主者，於佃權之擁護，私租之減少，增益之歸公，地稅之徵取，當有所疑忌耶？「土地本王者所有」，於今言之，卽言本國家所有也。土地既非其生之所與俱，而兼併之徒，又見詆於前史，則衡情念舊，其忿自平。孫文於民國元年，對中國社會黨演詞云：『原夫土地公有，實爲精確不磨之論。人類發生以前，土地卽長此自然存在。人類銷沒以後，土地必長此自然留存。人於其間，又烏得而私之耶？或謂地主之有土地，亦以資本購來。今試問第一占有土地者，又何自購來乎？』（中山集社會主義的分析）鮑敬言云：『天生民而立之君，豈其諄諄然命之哉？』爰仿其意而使地主自訟曰：「有土斯有民，豈其爲某氏某姓，而天專爲之土田哉？」溯本窮源，由今溯昔，明達之地主，當悅然知所以自解者。

案李剛主云：『今立之法，有田者必自耕，毋募人以代耕。……不爲農，則無田；士工商，且無田，況官乎？官無大小，皆不可以有田，惟農爲有田耳。』又曰：『不使募人代耕，則兼併者雖欲多得田，無所用之。』（以上見平書訂卷七）則「耕者有其田」，不耕者毋得有田；「耕者佃其田」，不耕者無得佃田。固非新奇之說，而無勞夫地主之憂慮與不平矣。

爲政府者，當有所躊躇耶。

案自田制成爲問題以後，論者皆謂剷肥與瘠，勢必生亂。孫中山謂：『中國的人民，本來分做士農工商四種。這四種人民，除農民之外，都是小地主。如果我們沒有預備，就防傚俄國的急進辦法，把所有的田地，馬上拿來充公，分給農民，那些小地主，一定要起來反抗的。就是我們的革命，一時成功，將來那些小地主，還免不了再來革命。』（民生主義第三講）然陳之蘭則謂：『今之世，富者一而貧者百；（如能限田，）此百人者盡悅也。助人爲亂，以去己之利，愚者不爲。豪彊即挾異志，固已有將而無兵！』（切問齋文鈔卷十五引）則政府之疑慮，當有可以釋然者——況未嘗馬上拿來充公乎？

吾可以勉爲結論矣。

減租也，均田也，均自有其悠久之歷史。今裁減私租，已法有明文；平均地權，施行亦決步驟。佃權之維護，佃權之不容混入於不耕者流，亦有成案可稽。——然國家徵收土地之增益而收買業主之土田，土田歸公之後，其如何斟酌分配，以符於「事豫則立」之訓乎？

案收取增益收買土田，爲平均地權制度之要件。如僅僅以徵收增益爲主，則制限雖及於地主，而德惠未及於貧佃也。故必以所收之增益爲收買土田之用歟？如已收買土田，則國家如何分配與人？亦當先爲注意。民國二十一年，國民政府剿共之後，改安徽之六安縣爲扶煌縣。『據某君云：赤黨盤踞稍久的地方，爲了敷衍他們的打土豪分田地的口號，於是把當地的田地，實行分割。』『現在剿匪總部，經過專家討論的結果，已經擬訂了剿匪區域屯田條例。規定凡剿匪區內，各縣之荒廢地面積，超過全縣全耕地面積十分之六者，即劃爲屯田縣。凡屯田縣之荒廢地，一律收歸公有。依計口授田的辦法，分配於現役兵士耕種之。大約每兵士授田三畝至七畝。』九月二十六日中央日報此殆公家收買土田後，計口均給之先河乎！

蓋自讀史者觀之，維護佃權，而不能均配佃權，法減私租，而不能使私租自減。猶不過介「耕者有其田」不過商君「聽人所耕，不限多少」之政。則進一步的措施，在減免私租，維護佃權之外，在土地徵稅，增益歸公之後，知有所因，知有所革，亦爲政者所不可不先事籌畫者乎？